Collection **marabout service**

Dans la même série :

— **100 grandes citations expliquées,**
P. Désalmand et Ph. Forest (MS 89).

— **50 grandes citations philosophiques expliquées,**
A. Amiel (MS 99).

— **25 grands romans français,**
G. Conio (MS 100).

— **100 grandes phrases historiques expliquées,**
P. Désalmand et Ph. Forest (MS 98).

— **100 grandes citations littéraires expliquées,**
P. Désalmand et Ph. Forest (MS 103).

— **100 livres en un seul,**
M. Arnould et J.F. Coremans (MS 87).

— **100 chefs-d'œuvre à la loupe,**
G. Borile (MS 765).

Philippe FOREST

50 mots clés de la culture générale contemporaine

MARABOUT

Du même auteur :

— *Le Symbolisme, ou naissance de la poésie moderne,* Pierre Bordas et fils, Collection *Littérature vivante.*

— *Qu'est-ce qu'une nation? de Renan. Littérature et identité nationale : 1871 à 1914,* Pierre Bordas et fils, Collection *Littérature vivante.*

« Un peu de chaque chose et rien du tout,
à la française... »

Montaigne, *Essais*

Introduction

Que trouvera-t-on dans ce livre ? Cinquante articles qui, dans leur ensemble, composent un panorama éclaté de la culture contemporaine. Chaque article débute par une définition du terme étudié et présente en quelques lignes les axes essentiels autour desquels le problème évoqué sera abordé. Sous le titre de « repères », une rubrique vise à prolonger chaque article en proposant au lecteur une série de pistes bibliographiques. Les questions évoquées sont d'une telle importance qu'il est impossible de les épuiser en quelques pages; d'où la nécessité de renvoyer à des ouvrages qui compléteront le livre que vous avez entre les mains. Des encadrés permettront enfin d'évoquer ou d'illustrer, dans certains cas, des aspects secondaires mais dignes d'attention.

L'ensemble est disparate — à l'image de la culture elle-même — et lacunaire — à l'image de toute culture. L'accent a été tout particulièrement mis sur la culture de notre temps. Les problèmes évoqués sont ceux qui s'inscrivent dans notre actualité (écologie, droits de l'homme, individualisme...); les mouvements intellectuels ou artistiques étudiés sont ceux qui ont fait la culture dans laquelle nous vivons (surréalisme, existentialisme, structuralisme...). Cependant, la compréhension du présent n'étant possible qu'au prix de l'intelligence du passé, il est quelquefois nécessaire de remonter loin en arrière pour saisir la nature des questions qui se posent à notre temps.

Ainsi conçu, cet ouvrage s'adresse aux étudiants et tout particulièrement à ceux qui préparent l'une des épreuves de culture générale au programme de certains concours administratifs. D'une manière plus large, également, il s'adresse à tous ceux qui, se sentant un peu perdus dans le champ d'une culture à la fois vaste et complexe, éprouvent cependant le besoin de s'y aventurer. Ce livre ne leur fournira pas toutes les réponses : il ne cherche pas à être l'impossible manuel de l'honnête homme du XXe siècle, car celui-ci tout simplement n'existe pas. Aucun ouvrage n'enseignera jamais tout ce que vous avez voulu savoir sur la culture sans jamais oser le demander. L'ambition est moindre : il s'agit de mettre en place les repères simples permettant de s'orienter dans le champ de la culture et de décider ainsi du chemin propre que l'on désire y tracer.

Liste des entrées

Pour les livres conseillés dans la rubrique « Repères », nous donnons l'édition dans laquelle il est le plus facile de se procurer l'ouvrage aujourd'hui et la date de l'édition originale.

Absurde

Le sentiment de l'absurde est celui d'un non-sens généralisé.

Défini ainsi, l'absurde est caractéristique d'une sensibilité philosophique propre au XXe *siècle et que traduit tout particulièrement l'existentialisme. Sartre le définit dans* La Nausée *comme la certitude de la « gratuité parfaite » de ce qui est. Dans* Le Mythe de Sisyphe, *Camus, quant à lui, préfère parler du « silence déraisonnable » qui s'interpose entre l'homme et le monde.*

Est absurde ce qui est dépourvu de sens, privé de logique.

Cette définition simple, et semblable à celles que livrent les dictionnaires, serait singulièrement dépourvue d'intérêt si le mot d'absurde n'avait servi, au-delà de lui-même, à traduire, pour nombre d'écrivains et de philosophes, une certaine attitude par rapport au monde, une certaine forme de présence à ce qui est.

Dans cette perspective, l'absurde est ce sentiment qui saisit l'individu lorsque celui-ci réalise que rien — ni le monde, ni l'histoire, ni lui-même — ne se trouve justifié. L'absurde en cela s'oppose à tous les systèmes qui prétendent nous révéler le sens ultime du réel : philosophies ou religions. Il n'y a rien à découvrir au-delà de ce qui est, rien à déchiffrer dans la présence des choses ou les gestes des êtres.

Sartre : la gratuité parfaite

Ce sentiment de l'absurde est au cœur de l'expérience existentialiste — ce mot étant ici entendu au sens large : l'homme découvre qu'aucune valeur divine n'est là pour décider de ce qu'il doit être, du sens qu'il convient de donner au monde. Le réel apparaît alors dans une forme d'inquiétante nudité, de totale gratuité.

Quand bien même Sartre préfère parler de « contingence » plutôt que d'« absurdité », son premier roman *La Nausée* (1939) est dans une large mesure le récit de la découverte de l'absurde. Au cours d'une scène célèbre de ce roman, son personnage, Roquentin, s'absorbe dans la contemplation d'une racine de marronnier et, en une sorte d'illumination, il découvre que toute réalité, à l'image de ce morceau de bois, n'est rien de plus qu'une masse sans signification, et que tout, y compris lui-même, du coup se trouve « en trop » :

> **« L'essentiel, c'est la contingence. Je veux dire que, par définition, l'existence n'est pas la nécessité. Exister, c'est *être là*, simplement; les existants apparaissent, se laissent *rencontrer*, mais on ne peut jamais les *déduire*. Il y a des gens, qui ont compris ça. Seulement ils ont essayé de surmonter cette contingence en inventant un être nécessaire et cause de soi. Or, aucun être nécessaire ne peut expliquer l'existence : la contingence n'est pas un faux semblant, une apparence qu'on peut dissiper; c'est l'absolu, par conséquent la gratuité parfaite. Tout est gratuit, ce jardin, cette ville et moi-même. Quand il arrive qu'on s'en rende compte, ça vous tourne le cœur et tout se met à flotter… »**

Camus : le silence déraisonnable du monde

L'expérience est très proche que relate Camus dans son roman *L'Etranger* (1942) ou qu'il interroge dans le plus conséquent des essais consacré à l'absurde : *Le Mythe de Sisyphe* (1942).

Cependant, la définition que Camus propose de l'absurde est largement décalée par rapport à celle de Sartre. Pour lui, ce n'est pas le monde qui par lui-même est absurde, mais le précipice infranchissable qui se creuse inévitablement entre lui et l'homme. Il le dit de manière superbe dans ce texte :

> **« Je disais que le monde est absurde et j'allais trop vite. Ce monde en lui-même n'est pas raisonnable, c'est tout**

ce qu'on peut en dire, mais ce qui est absurde, c'est la confrontation de cet irrationnel et de ce désir éperdu de clarté dont l'appel résonne au plus profond de l'homme. L'absurde dépend autant de l'homme que du monde. Il est pour le moment leur seul lien. »

Ou encore de manière plus ramassée :

« L'absurde naît de cette confrontation entre l'appel humain et le silence déraisonnable du monde. »

Quelle sera dès lors l'issue de ce long et douloureux face-à-face ? Il ne faut pas, déclare Camus, se dérober à l'absurde, que ce soit par le suicide ou par la foi. Il est en effet notre seul bien et c'est à lui que nous nous devons fidèles pour découvrir la forme de notre bonheur. Camus nous invite alors à une forme de stoïcisme moderne par lequel, ayant reconnu en l'absurde la vérité de notre condition et de notre destin, nous adhérons à lui. L'acceptation de l'absurde et la lutte : tel est, nous dit-il, notre lot et le prix de notre félicité. A l'instar de Sisyphe condamné par les dieux à rouler pour l'éternité un rocher, l'homme absurde doit trouver dans son fardeau même la force de soulever celui-ci :

« Je laisse Sisyphe au bas de la montagne ! On retrouve toujours son fardeau. Mais Sisyphe enseigne la fidélité supérieure qui nie les dieux et soulève les rochers. Lui aussi juge que tout est bien. Cet univers désormais sans maître ne lui paraît ni stérile ni futile. Chacun des grains de cette pierre, chaque éclat minéral de cette montagne pleine de nuit, à lui seul forme un monde. La lutte elle-même vers les sommets suffit à remplir un cœur d'homme. Il faut imaginer Sisyphe heureux. »

REPÈRES

Albert Camus, *Le Mythe de Sisyphe*, (Folio Essais) Gallimard, 1942; *L'Etranger*, (Folio) Gallimard, 1942.
Jean-Paul Sartre, *La Nausée*, (Folio) Gallimard, 1938.

► **Existentialisme, Révolte.**

Art moderne

L'art moderne peut être défini comme un art de rupture. Il est rupture vis-à-vis des codes esthétiques qui le définissaient mais rupture également vis-à-vis du cadre social dans lequel il s'inscrit. Ayant produit aujourd'hui tous ses effets, cette double rupture semble nous avoir introduit dans une configuration nouvelle du rapport art/société où, pour reprendre le titre de l'un des numéros de la revue Art Press, *la mort de l'art semble paradoxalement se conjuguer avec la mode de l'art.*

Dans le domaine de l'art moderne, il est particulièrement difficile de s'essayer à une synthèse. Chaque discipline procède de sa propre logique, progresse à son propre rythme : l'art total n'est rien de plus qu'une hypothèse. Du coup, toute transversale, de la peinture à la musique ou de la musique à la littérature, est suspecte. A ne considérer qu'une seule discipline, on ne saisit guère davantage ce qui en ferait l'unité. Au XXe siècle, les courants, les chapelles, les mouvements se sont succédé à une vitesse impressionnante interdisant qu'on les réduise à la rassurante simplicité d'un modèle unique. De plus, chaque œuvre véritable vit d'une vie propre en laquelle se manifeste la singularité de son auteur.

Il n'est donc pas de proposition générale qui ne coure le risque d'être invalidée, pas de définition d'ensemble que ne contredisent une multitude d'exemples. Cependant, à vouloir retenir pour l'art moderne un trait caractéristique, le moins insatisfaisant — car le plus général — est sans doute celui qui consiste à présenter celui-ci comme un art de rupture.

Rupture esthétique

L'art moderne, en effet, se définit d'abord par le refus clairement affirmé de toute continuité artistique.

Sans doute cela n'est-il pas entièrement nouveau. Comme le souligne le dramaturge Ionesco dans *Notes et contre-notes* :

> **« ...dans l'histoire de l'art et de la pensée, il y a toujours eu, à chaque moment vivant de la culture, une "volonté de renouvellement". Cela ne caractérise pas seulement la dernière décennie. Toute l'histoire n'est qu'une suite de "crises" — de ruptures, de reniements, d'oppositions, de tentatives, de retours aussi à des positions abandonnées (mais avec de nouveaux points de vue, autrement les retours seraient "réactionnaires" ou "conservateurs"). S'il n'y a pas "crise", il y a stagnation, pétrification, mort. Toute pensée, tout art est agressif. »**

Jamais cependant, autant que depuis la fin du XIXe siècle, cette « volonté de renouvellement » sur laquelle insiste Ionesco n'avait défini aussi clairement l'activité artistique. A tel point qu'une œuvre, aujourd'hui, ne semble valoir que d'être à la fois recherche du nouveau et rejet de l'ancien.

A cet égard, l'art moderne apparaît bien comme l'exacte antithèse de l'art immobile qui caractérise les sociétés traditionnelles. Dans ces dernières, la valeur d'une œuvre d'art est jugée en fonction de sa perfection technique, de sa conformité au regard de normes immuables que l'artiste n'a ni vocation à changer ni latitude pour le faire. A l'inverse, dans les sociétés modernes, l'œuvre doit, pour être reconnue, être le lieu d'un équilibre entre conformité et innovation, le second élément de cet équilibre étant d'ailleurs celui sur lequel l'accent est mis sans ambiguïté.

Pour rendre compte d'une telle conception, on a quelquefois introduit le terme de « darwinisme esthétique ». Par lui, on cherche à traduire l'idée que le progrès existe en art et que, comme les formes biologiques se succèdent, doivent se succéder les formes artistiques. Le rôle de l'artiste ne doit donc plus être de se conformer à une tradition qui est condamnée par le sens même de l'histoire mais d'inventer des formes nouvelles, adaptées à son époque et destinées à périmer les formes artistiques précédentes.

Peu de mouvements ont été aussi loin dans cette volonté d'en finir avec l'art du passé que le futurisme. On lit à cet égard dans le *Manifeste* de 1909 :

> **« Nous sommes sur le promontoire des siècles !... A quoi bon regarder derrière nous, du moment qu'il nous faut défoncer les vantaux mystérieux de l'impossible ? Nous voulons démolir les musées, les bibliothèques. »**

L'exaltation de la modernité artistique passe par le désir violent de repousser en bloc l'héritage du passé. Le temps n'est pas loin, où, par dérision, l'on agrémentera de moustaches le portrait de la Joconde.

Concrètement, cette volonté de rupture passe par la destruction systématique des codes artistiques sur lesquels reposait l'art traditionnel. Au tournant du siècle, un nouveau langage s'invente. Dans le domaine de la poésie, le recours au vers libre, avec Rimbaud puis Apollinaire et Cendrars, fait comme éclater la structure traditionnelle du discours poétique sur laquelle, depuis la Renaissance, avait vécu la littérature française. En musique, l'école de Vienne, avec Schönberg, Berg et Webern, rompt avec le langage même de la composition musicale afin d'ouvrir à celle-ci de nouvelles voies où se donnent à entendre de déroutantes et fascinantes sonorités.

Mais la métamorphose la plus spectaculaire est celle qui se réalise dans le champ de la peinture. Puisant aux sources les plus diverses — celles-là même qui, comme l'art nègre ou la peinture japonaise, étaient étrangères à la tradition occidentale — les artistes rompent, par étapes, avec l'ambition figurative qui, de tout temps, avait défini leur discipline. Le peintre découvre qu'il ne s'agit plus pour lui de représenter avec le maximum de fidélité un spectacle qui soit celui du monde. Il lui faut arranger sur la toile des combinaisons de formes et de couleurs qui, sans forcément rompre tout lien avec le réel, tirent d'elles-mêmes le principe de leur beauté. Les formes, du coup, avec Monet, s'estompent dans le jeu répété des nuances et des couleurs. Elles éclatent, de Cézanne au cubisme, obligeant le modèle ou l'objet à l'exposition simultanée et impossible de tous ses profils. Elles s'affirment enfin libres de toute attache à un sujet désormais introuvable, lorsque, à la suite de Kandinsky, la peinture se résout à devenir abstraite.

Rupture sociale

A rompre ainsi avec son propre passé pour s'aventurer sur des voies jusqu'alors inexplorées, les artistes modernes ont souvent pris le risque de trancher tous les liens qui les arrimaient au monde environnant et à la société à laquelle, pourtant, ils appartenaient.

De manière très nette, à la fin du XIXe siècle, l'art le plus novateur s'est tout d'abord soustrait aux contraintes du goût majoritaire. On a assisté à une dissociation entre l'esthétique que cherchaient à produire les artistes et celle qu'était prêt à consommer le public de leur temps. L'art va délibérément à contre-courant de l'idéologie et du goût dominant. Manet et Wagner font scandale, Van Gogh sombre dans l'indifférence. Mallarmé ne tire des lecteurs qu'un sourire de commisération. Baudelaire et Flaubert sont traînés la même année devant les tribunaux bourgeois qui montrent là un grand sens littéraire d'avoir su saisir, dans la production de 1857, les deux grandes œuvres qui, l'une dans le domaine de la poésie — *Les Fleurs du Mal* — l'autre dans le domaine du roman — *Madame Bovary* — révèlent l'envers véritable de la société bourgeoise.

Baudelaire écrit alors dans ses *Journaux intimes :*

> **« Tous les imbéciles de la Bourgeoisie qui prononcent sans cesse les mots : "immoral, immoralité, moralité dans l'art" et autres bêtises, me font penser à Louise Villedieu, putain à cinq francs, qui m'accompagnant une fois au Louvre, où elle n'était jamais allée, se mit à rougir, à se couvrir le visage, et me tirant à chaque instant par la manche, me demandait devant les statues et les tableaux immortels, comment on pouvait étaler publiquement de pareilles indécences. »**

Le procès de l'artiste est ouvert. On le calomnie pour son immoralité ou pour l'imposture qui inévitablement se dissimulerait derrière ses audaces. Rappelons que le temps n'est pas très loin où le plus grand artiste du XXe siècle — Pablo Picasso — était communément tenu pour un barbouilleur doublé d'un escroc.

La mort de l'art

Quel a été le résultat de ce processus de rupture dans lequel l'art moderne s'est engagé? On a pu présenter notre temps comme celui de la mort de l'art. Non content de rompre avec tout ce qui l'avait fondé, l'art se serait défini par le projet d'en finir avec lui-même. Que faut-il entendre exactement par là?

La mort de l'art a d'abord été l'un des mots d'ordre de l'art du XXe siècle. L'origine de celui-ci est sans doute à chercher dans le dadaïsme qui, fondé à Zurich pendant la Première Guerre mondiale, se proposait comme horizon la négation de toute valeur et de toute réalité, y compris l'art et le dadaïsme eux-mêmes. L'art devait donc participer de cette négation iconoclaste, de cette dérision totale que traduit à la perfection le geste de Marcel Duchamp envoyant, en 1917, au Salon des Indépendants de New York, un urinoir pour y être exposé sous le titre de « Fontaine ».

Cette volonté de négation sans appel fut reprise dans les années 1950-1960 par une série d'artistes qui cherchèrent à abolir l'art en abolissant toute distinction entre l'art et la réalité. D'où des œuvres stimulantes et déroutantes mais qui n'ont d'autre valeur que celle de la surprise qu'elles produisent, de la provocation à laquelle elles aspirent.

Simple jeu? Peut-être, mais Picasso invitait à se méfier des gens qui prétendent en finir avec l'art car, disait-il, il n'est pas exclu que ce soit là leur but véritable.

Il ne s'agit pas ici de reprendre le lassant refrain selon lequel, décadente, notre époque serait impuissante à sécréter un art digne de ce nom, mais de constater que l'art moderne, dans ses percées les plus audacieuses et les plus intéressantes, s'est voulu réflexion constante sur lui-même et jeu perpétuel sur la possibilité de sa propre disparition. La poésie de Mallarmé est miroir d'elle-même ne reflétant que le vide d'un texte qui prend pour objet sa propre impossibilité à naître. A refuser toute trace de figurativité, peinture et sculpture vont vers un dépouillement et une ascèse au terme de laquelle l'œuvre elle-même semble s'effacer et disparaître. De négation en négation, l'art moderne s'engage dans une périlleuse escalade qui débouche sur la raréfaction de lui-même. Pas de meilleure image de ce point final sans doute que le célèbre « carré blanc sur fond blanc » de Malevitch : la toile vide est la plus radicale mais aussi la dernière possible des ruptures.

La mode de l'art

Ce point atteint, les artistes n'ont plus d'autre solution que l'invention d'une voie nouvelle qui, à l'heure actuelle, se cherche. A défaut de pouvoir rendre compte de ce qui n'est encore qu'ébauche difficile à saisir et plus encore à apprécier, on voudrait pour finir souligner la place particulière que l'art occupe aujourd'hui dans la société.

Place d'une certaine manière si importante qu'on serait fondé à parler d'une véritable mode de l'art. Les milliardaires japonais s'arrachent ces mêmes grandes toiles du passé que des visiteurs, par millions, s'empressent d'admirer dans les musées.

Il faut faire la part, bien entendu, de ce que peut avoir d'artificiel un tel engouement. L'art est devenu un signe que la bourgeoisie, passant du philistinisme au snobisme, consomme au même titre qu'un autre pour façonner son image dans le grand jeu d'apparences qu'organise la société de consommation. Le mécénat d'entreprise est la bonne conscience d'un patronat qui trouve plus prestigieux — et aussi moins onéreux — d'agrémenter d'une sculpture moderne la cour d'une usine que de procéder à une urgente revalorisation des salaires. La jouissance esthétique est vécue moins comme une forme de dépense que comme une sorte d'investissement. En courant les musées, on thésaurise les images dont on compose son « bagage » culturel, passant d'un éphémère engouement pour la peinture viennoise à un engouement tout aussi éphémère pour tel artiste subitement jeté sur le devant de la scène par la rétrospective consacrée à son œuvre.

L'art comme réponse à un double besoin

Au-delà, cependant, de ces formes de « détournement », on peut poser que l'art est perçu aujourd'hui comme pouvant répondre à un double besoin.

Il est d'abord référence dans un monde à la recherche de son identité. Dans le miroir de l'art du passé, les sociétés cherchent à se découvrir une généalogie collective; dans celui du présent, elles se mettent en quête d'une définition d'elles-mêmes. D'où une « réconciliation » récente avec l'art moderne qui prend des formes diverses et significatives : découverte par le grand public des figures principales de la peinture moderne, succès des institutions chargées de la promotion de l'art contemporain, développement du marché de l'art.

L'art est également perçu comme le lieu possible d'une transcendance dans un monde à la recherche d'une signification pour lui-même. Les instances productrices de sens — religions, idéologies... — avec lesquelles l'art avait toujours été engagé dans un rapport complexe ont en effet disparu. De par ses origines et sa fonction, l'art reste comme le réceptacle d'une transcendance devenue orpheline. La Beauté est la dernière forme d'absolu avec laquelle il nous soit possible de communiquer à l'intérieur de ces musées dans lesquels Malraux voyait à juste titre les cathédrales de notre temps.

La question du sens n'est donc plus posée au prêtre, au politique, au philosophe mais à l'artiste. Cependant l'art étant moins une réponse à la crise de la transcendance que l'un des symptômes de celle-ci, nous n'obtenons pas de réponse. L'œuvre d'art se contente de nous renvoyer le reflet de la question que nous lui posons.

REPÈRES

Elie Faure, *L'Esprit des formes,* (Folio Essais) Gallimard, 1933.

Art Press n° 100, Février 1986, « De la mort de l'art à la mode de l'art et comment s'en sortir ».

► **Avant-garde, Culture, Modernité, Post-moderne.**

Avant-garde

On nomme « avant-garde » toute élite artistique qui, rompant avec l'esthétique traditionnelle, se veut en avance sur son temps.

Empruntée au vocabulaire militaire, l'expression d'avant-garde est en soi des plus discutables : elle n'a de sens en effet que si l'on admet la thèse peu convaincante d'un Progrès en Art. C'est pourquoi il est préférable de définir l'avant-garde par la triple volonté révolutionnaire qui la caractérise : esthétique, théorique et politique. Tel est en effet le dénominateur commun qui permet de rendre compte de l'aventure des avant-gardes principales du XXe siècle et de la crise que celles-ci traversent à l'heure actuelle.

Une métaphore militaire

L'expression « avant-garde » en elle-même — sinon la réalité artistique à laquelle elle renvoie — est des plus anciennes. On trouve son existence attestée dès le Moyen Age où elle appartenait tout d'abord au vocabulaire militaire, au lexique guerrier. L'avant-garde désignait alors cette fraction d'elle-même qu'une armée envoie devant elle pour reconnaître le terrain et s'engager dans les premiers combats avec les troupes adverses. Le mot changea de sens à la fin du XVIIIe siècle ou plutôt il se mit, alors, à renvoyer à une réalité nouvelle : élite en avance sur son temps, aussi bien dans le domaine de la politique que dans le domaine de l'art. C'est en ce sens que, tout au long du XIXe siècle, le mot sera employé et aussi bien par Chateaubriand que par Hugo, par Balzac que par Michelet.

Un mot du vocabulaire militaire transplanté dans le domaine politique et littéraire : telle est donc, résumée sommairement, l'histoire de ce terme d'« avant-garde ». On peut s'étonner bien entendu du rapprochement auquel nous oblige l'évolution de ce mot : rapprochement entre le domaine militaire et le domaine littéraire, entre les soldats et les écrivains; domaines assez éloignés a priori et dont on peut trouver étonnant que la langue les ait ainsi réunis.

Telle était en tout cas la réaction de Baudelaire qui, dans *Mon Cœur mis à nu* écrivait :

> **« A ajouter aux métaphores militaires :**
> **Les poètes de combat.**
> **Les littérateurs d'avant-garde.**
> **Ces habitudes de métaphores militaires dénotent des esprits, non pas militants, mais faits pour la discipline, c'est-à-dire pour la conformité, des esprits nés domestiques, des esprits belges, qui ne peuvent penser qu'en société. »**

Appliquer le vocabulaire militaire à la littérature, c'était, pour l'auteur des *Fleurs du Mal,* démontrer qu'on ne comprenait rien à l'art, c'était « être belge » — étant entendu que pour Baudelaire, la Belgique n'était si haïssable que d'être semblable à une France perdue par les valeurs et les goûts de la bourgeoisie.

Des artistes en avance sur leur temps

On peut trouver plus ou moins heureuse la métaphore militaire par laquelle le mot d'avant-garde a pris son sens moderne. L'essentiel est cependant ailleurs : comprendre la signification particulière de ce terme.

On a esquissé plus haut, en s'autorisant des dictionnaires, une première définition. L'avant-garde se présenterait comme « une élite en avance sur son temps dans le domaine politique ou artistique ». La formule en soi est assez curieuse et l'on peut l'interpréter ainsi : il s'agirait en quelque sorte, pour les individus concernés, de précéder ou de produire les évolutions inévitables et positives qui marqueront le futur, d'anticiper l'histoire.

Il est évident qu'une telle conception de l'avant-garde n'a de sens que si l'on accepte l'idée que l'Histoire elle-même a un sens, qu'elle est le lieu d'un progrès, d'un cours convenu. Cheminement donné que l'Avant-Garde vise à précéder, accompagner, à accélérer ou à favoriser.

En politique, soit. C'est en ce sens que dans la perspective de la révolution finale, on a pu définir le parti communiste comme l'avant-garde du prolétariat. Mais en art et en littérature ? L'idée de progrès devient ici des plus suspectes. Victor Hugo l'a bien montré dans son livre consacré à Shakespeare : ce qui distingue l'art de la science c'est que, par nature, la science est le lieu d'un progrès constant et non l'art. Chaque scientifique va plus loin que ceux qui l'ont précédé en prenant appui sur leurs travaux, en intégrant leurs théories dans une théorie plus puissante qui reprend leurs résultats en les haussant jusqu'à un niveau supérieur d'explication du réel. En art, il en va tout autrement : en aucun cas, on ne saurait affirmer que Dante va plus loin qu'Homère ou Hugo plus loin que Dante. C'est un autre espace que définit la création littéraire où le temps, perpétuellement retrouvé, n'a plus cours, le temps linéaire, en tout cas, celui du progrès.

C'est pourquoi le terme d'avant-garde est des plus ambigus. En tête de quelle improbable armée les artistes défilent-ils ? Et en vue de quelle terre promise, encore plus improbable, guideraient-ils l'humanité en lui désignant, dans le présent, le visage imaginé de son futur ?

Une triple ambition révolutionnaire

C'est une autre définition qu'il convient de proposer pour rendre compte des mouvements littéraires et artistiques qui, au XXe siècle, se sont eux-mêmes présentés comme d'avant-garde — définition qui ne prétend pas poser un cadre dans lequel chaque mouvement automatiquement rentrerait, mais qui permet de mieux approcher la dynamique et la nature véritables de l'avant-garde.

On pourra parler d'avant-garde chaque fois que l'on sera confronté à un groupe d'artistes et d'écrivains dont l'ambition est de s'engager sur la voie d'une triple révolution : poétique, théorique et politique.

Reprenons un à un les différents éléments de cette définition.

Le mot de « groupe » est tout d'abord à souligner. L'avant-garde, en effet, se définit en principe par une dimension collective obligée, comme le laissait bien entendre d'ailleurs l'origine même du mot. Rien n'interdit, bien entendu, de présenter de grands artistes solitaires tels Joyce, Proust ou Céline comme des artistes d'avant-garde dans la mesure où leur œuvre manifeste quelque chose de radicalement neuf Cependant, on réservera d'ordinaire le terme à des groupes — surréalisme, formalisme, futurisme... — dont la dimension collective, bien entendu, peut être plus ou moins marquée, allant d'une simple et vague sensibilité commune à une structure quelquefois très rigidement organisée.

Le terme clé de la définition qui précède est bien entendu celui de « révolution » : ce qui caractérise d'abord une avant-garde, en effet, c'est une volonté systématique de rupture, de rejet, de refus de l'ordre ancien. On détruit ce qui est, au nom d'une réalité nouvelle que l'on voudrait voir naître. Et c'est ici que l'on retrouve ce qui a été notre définition de départ : élite accompagnant ou favorisant les évolutions positives.

Eugène Ionesco le souligne dans ses *Notes et contre-notes* (1966) :

> **« L'homme d'avant-garde est comme un ennemi à l'intérieur même de la cité qu'il s'acharne à disloquer, contre laquelle il s'insurge, car, tout comme un régime, une forme d'expression établie est aussi une forme d'oppression. L'homme d'avant-garde est l'opposant vis-à-vis du système existant. Il est un critique de ce qui est, le critique du présent... »**

Rupture, donc. Mais ce qu'il faut souligner, c'est le triple champ dans lequel se déploie cette ambition révolutionnaire qui définit l'avant-garde.

Elle est d'abord poétique — au sens large du terme — c'est-à-dire littéraire, formelle ou artistique. L'avant-garde se définit d'abord comme un mouvement esthétique et ce que, du coup, elle remet en question, c'est la tradition artistique, l'académisme littéraire; elle se veut rejet d'un langage usé et invention d'une nouvelle pratique littéraire. Sa position se résume pratiquement en ce mot que Joyce, à la fin de *A Portrait of the Artist as a Young Man (Dedalus)*, prête à son héros Stephen Dedalus : *« Je désire presser dans mes bras la beauté qui n'a pas encore paru au monde. »* Faire advenir cette beauté nouvelle : tel est l'objectif premier de l'avant-garde.

Mais, pour comprendre véritablement l'ambition qui a été celle des mouvements d'avant-garde, il est nécessaire de ne pas s'en tenir là. On ne saurait en effet toucher à la pratique esthétique sans toucher en même temps à l'image que nous nous faisons du monde dans lequel nous vivons, sans toucher aussi à l'idée que nous nous faisons de ce que doit être notre place dans la société. Autrement dit, la révolution poétique ne saurait aller sans révolution théorique et révolution politique. Changer la littérature ou l'art nous mène obligatoirement à changer le savoir dont nous disposons et à changer la société dans laquelle nous vivons.

L'aventure des avant-gardes du XXe siècle

C'est sur ce triple front que se livre la révolution au service de laquelle s'engagent les avant-gardes. Quelques exemples empruntés à l'histoire artistique du XXe siècle permettront de s'en convaincre.

Le plus explicite est sans doute celui du mouvement surréaliste. On y retrouve tous les éléments de définition présentés dans les lignes qui précèdent. La dimension collective, tout d'abord, puisque, au cœur de cette vaste et incertaine nébuleuse que constitua le mouvement surréaliste, existait une structure très organisée autour de la personnalité d'André Breton, avec ses réunions, ses dogmes, ses exclusions. La volonté de renouveler le langage poétique, également, qui constitue bien entendu le trait essentiel du surréalisme et qui passa par des techniques comme celle de l'écriture automatique. L'ambition théorique, ensuite, dont témoignent d'abord les deux *Manifestes du surréalisme* mais aussi l'intérêt précoce et déterminant porté par Breton à la psychanalyse et aux travaux de Freud. La dimension politique enfin, qui consista en la volonté assumée de renverser l'ordre social et de mettre le surréalisme au service de la révolution, en s'engageant aux côtés du marxisme. Volonté que traduit parfaitement cette déclaration célèbre de Breton : *« Transformer le monde, a dit Marx, changer la vie, a dit Rimbaud, ces deux mots d'ordre pour nous n'en sont qu'un. »*

Dimension collective, triple ambition d'une pratique révolutionnaire dans le champ de l'art, de la théorie et de la politique : c'est donc de la conjonction de ces éléments que le surréalisme se définit explicitement comme une avant-garde. Mais une démonstration largement similaire aurait pu être menée également pour les principales des avant-gardes européennes du XXe siècle. Ainsi des futuristes italiens qui prônaient la destruction systématique de toutes les valeurs artistiques du passé, le culte d'une modernité qu'ils confondirent avec le visage qu'en offrait le fascisme mussolinien. De même les formalistes russes, fascinés pour certains par la révolution bolchevique, et travaillant à la fois dans le champ de la théorie linguistique et dans celui de la pratique poétique. Ou plus près de nous, le groupe *Tel Quel* qui, dans la proximité avec le post-structuralisme, poussa plus loin le travail de mise en question des formes littéraires amorcé par le nouveau roman et s'engagea aux côtés des mouvements maoïstes français au début des années 70.

La crise de l'avant-garde

Défini par cette triple ambition, l'avant-gardisme est aujourd'hui en crise. La volonté de rupture systématique des formes artistiques a débouché sur une sorte d'académisme négatif et répétitif, voire sur la stérilité absolue. La surenchère du discours théorique et son incapacité à rendre compte véritablement de la création artistique ont étouffé, bien souvent, toute production véritable dans le champ de l'art ou de la peinture : le discours sur l'art se substituant à l'art lui-même. Le rêve révolutionnaire par lequel s'étaient laissé séduire les surréalistes s'est largement dissipé avec la révélation de la nature véritable des régimes communistes.

Si bien qu'au total c'est le triple socle sur lequel reposait l'avant-gardisme qui, dans le courant des années 70, s'est effondré. D'où la situation actuelle qui, dans le champ de l'art, se caractérise, dans le pire des cas, par la régression pure et simple vers les théories de l'art pour l'art ou une forme de néo-classicisme épuisé ou, dans le meilleur des cas, par la recherche d'une forme d'expression artistique qui saurait intégrer à elle-même les acquis de l'avant-garde tout en évitant les impasses et les illusions dans lesquelles s'était enfermé ce type de pratique.

Tel Quel :
l'avant-garde littéraire des années 70

Dans le champ de la littérature française, le groupe organisé autour de la revue *Tel Quel* constitua sans doute la dernière des avant-gardes.

Fondée en 1960 aux Editions du Seuil par de jeunes écrivains — au nombre desquels Philippe Sollers — la revue se proposait tout d'abord de participer à une rénovation en profondeur de la création littéraire. Elle apporta son soutien au poète Ponge comme aux nouveaux romanciers. Elle contribua à la redécouverte et à la lecture de ces deux grands marginaux du surréalisme que furent Artaud et Bataille.

Dès le milieu des années 60, *Tel Quel*, cependant, s'engagea dans un travail à la fois plus théorique et plus politique. Proches de Barthes et de Derrida, de Lacan et d'Althusser, les membres de *Tel Quel* — avec notamment Julia Kristeva — firent de leur revue un des hauts lieux de ce que l'on a coutume de nommer le structuralisme. Dans le même temps, suivant en cela la trace ouverte par les surréalistes, ils découvrirent que la révolution poétique à laquelle ils travaillaient ne pouvait aller sans la participation active à la révolution politique. *Tel Quel* se rangea donc aux côtés du Parti communiste français en 1968, avant que d'apporter son soutien aux mouvements maoïstes au début des années 1970.

Le « telquelisme » vivait bien entendu sur une contradiction qui allait vite devenir intenable. Les romans de Sollers, les essais de Kristeva ou encore les poèmes de Marcelin Pleynet et Denis Roche étaient d'une telle complexité que seuls des lecteurs rompus aux textes les plus difficiles de la littérature contemporaine étaient en mesure de les apprécier. Un fossé gigantesque séparait donc sans retour les écrivains et les « masses », les auteurs de la révolution poétique et les acteurs potentiels de la révolution politique.

Le « telquelisme » fut incontestablement fécond dans le champ de la littérature et de la théorie. Des romans comme *Nombres* (1968) de Sollers ou le plus tardif *Paradis* (1981) comptent parmi les plus importants de la littérature contemporaine. De même, certains essais de Kristeva, comme *La Révolution du langage poétique,* ont bouleversé notre approche du texte littéraire. Cependant, en ce qui concerne le champ de la politique, il faut bien entendu conclure à un échec qu'a rendu encore plus évident la révélation du caractère totalitaire des systèmes communistes.

A l'occasion d'une conférence donnée en décembre 1977 à Beaubourg, Sollers pouvait affirmer que la notion d'avant-garde était désormais à dépasser. La triple crise du marxisme, de la psychanalyse et d'une tradition artistique fondée sur la recherche systématique du nouveau, lui ôtait toute signification. Une autre forme de littérature restait, cependant, à expérimenter, qui procéderait non pas de la régression en deçà de l'avant-gardisme ainsi défini, mais au contraire du dépassement de celui-ci.

REPÈRES

Eugène Ionesco, « Discours sur l'avant-garde », « Toujours sur l'avant-garde », *Notes et contre-notes,* (Idées) Gallimard, 1966.

▶ **Art moderne, Engagement, Modernité, Postmoderne, Surréalisme.**

Consommation (société de)

La société de consommation est celle qui s'assigne comme objectif essentiel l'augmentation du niveau de vie des individus qui la composent.

Définie ainsi, la société de consommation a été l'objet de critiques nombreuses et convergentes. Jean Baudrillard en a démonté les mécanismes. Les mouvements contestataires de la fin des années 60 en ont dénoncé le caractère aliénant. Malgré cela et en dépit de la crise économique, la société de consommation demeure aujourd'hui, en Occident, le modèle dominant, exclusif.

De l'ordre du culturel à l'ordre de l'économique

Dans son ouvrage, *La Consommation, culture du quotidien* (1983), Victor Scardigli met en évidence trois logiques du social, trois ordres qui, dans l'histoire de l'humanité, se seraient succédé : l'*ordre culturel,* caractéristique des sociétés pré-industrielles visant à perpétuer, de manière statique, la culture qui les fonde; l'*ordre politique,* ensuite, défini par la poursuite d'un projet de société meilleure; l'*ordre économique,* enfin, dans lequel s'inscrivent nos sociétés industrielles et dont l'objectif ultime consiste dans le bonheur de l'individu par le progrès matériel.

Au sein de cet ordre économique, Scardigli distingue à nouveau trois étapes qui correspondent à la réalisation progressive de ce modèle : les sociétés duelles où coexistent encore archaïsme et modernité; les sociétés industrielles ou de production qui ont déjà basculé à l'intérieur de l'ordre économique sans que tous les liens soient cependant coupés avec l'ordre culturel; les sociétés post-industrielles ou de consommation, enfin, définitivement ancrées dans l'ordre économique et où l'ordre culturel ne subsiste plus qu'à l'état de vestige.

Grâce à la grande transversale historique qu'il dessine, le schéma de Scardigli nous permet de mieux comprendre la spécificité de la civilisation qui est la nôtre et la nature de ce que nous nommons une société de consommation. Bien entendu, la dimension économique est l'une des dimensions obligées de toute collectivité qui se doit d'assurer la subsistance de ses membres. Mais jamais jusqu'à aujourd'hui cette dimension économique n'avait occupé ce rôle central qui fait d'elle l'alpha et l'oméga de tout le discours que la société tient sur elle-même, l'alpha et l'oméga d'un projet collectif qui propose comme seule perspective d'avenir le bonheur par le progrès matériel, le « salut » par l'augmentation du bien-être. Telle est cette société de consommation dans laquelle nous vivons et qu'il est peut-être possible de définir comme celle à l'intérieur de laquelle l'objectif — à la fois de la collectivité et de chaque individu qui la compose — est l'augmentation de la consommation, et qui mobilise donc à cette fin toutes les énergies et toutes les ressources.

Un apologue sur la société de consommation

On ne peut cependant se contenter d'une telle définition. Plus qu'une réalité strictement économique, la société de consommation est en effet d'ordre idéologique. Son lieu véritable est moins le tissu industriel et le réseau de diffusion commercial d'une nation que l'esprit même de ceux par qui elle vit et prospère. Par elle, en effet, se dessine une certaine conception du monde et de l'individu; par elle s'imposent à nous — et quelquefois à notre insu — les valeurs qui déterminent notre existence la plus quotidienne et façonnent ainsi le visage que nous donnons à notre vie.

Nul mieux que Jean Baudrillard dans son livre *La Société de consommation,* n'a décrit ce phénomène caractéristique du monde dans lequel nous évoluons. En une brève fable, il nous amène à saisir la logique véritable de la consommation :

> **« Les indigènes mélanésiens étaient ravis par les avions qui passaient dans le ciel. Mais jamais ces objets ne**

> **descendaient vers eux. Les Blancs, eux, réussissaient à les capter. Et cela, parce qu'ils disposaient au sol, sur certains espaces, d'objets semblables qui attiraient les avions volants. Sur quoi les indigènes se mirent à construire un simulacre d'avion avec des branches et des lianes, délimitèrent un terrain qu'ils éclairaient soigneusement la nuit et se mirent à attendre patiemment que les vrais avions s'y posent. »**

Nous sommes semblables à ces indigènes, poursuit Baudrillard. Nous disposons autour de nous, dans notre appartement, les signes d'un bonheur stéréotypé, faits d'objets luxueux et inutiles, et nous attendons que, comme par magie, le bonheur docilement se pose sur nous. En ceci, la mentalité consommatrice relève d'une pensée magique :

> **« ... c'est une *pensée magique* qui régit la consommation, c'est une mentalité miraculeuse qui régit la vie quotidienne, c'est une mentalité de primitifs, au sens où on l'a définie comme fondée sur la croyance en la toute-puissance des pensées : ici, c'est la croyance en la toute-puissance des signes. L'opulence, l'"affluence" n'est en effet que l'accumulation des *signes* du bonheur. »**

Ainsi s'explique l'espèce de course effrénée à la consommation qui définit l'existence dans les sociétés développées. Nous croyons consommer des objets pour la satisfaction que ceux-ci nous procurent : ainsi nous accumulons les produits les plus sophistiqués de la technique la plus avancée ou les gadgets les plus inutiles car le bonheur, pour nous, ne peut être synonyme que d'aisance et de confort. En réalité, nous consommons des signes : les signes d'une réussite sociale qui est perçue désormais comme la seule forme de l'accomplissement personnel. Et au bout de cette course, le bonheur est bien entendu tout aussi improbable que l'arrivée de cet avion qu'essayaient d'attirer à eux les indigènes mélanésiens. L'individu est bien le jouet d'un discours mystificateur — qu'amplifie, caricature et diffuse la publicité — qui lui assure qu'il n'est pas d'autre salut possible que celui qui passe par la consommation outrancière et vide de sens des produits dont l'écoulement est nécessaire au dynamisme de l'économie et à la vitalité du système.

On ne tombe pas amoureux d'une courbe de croissance

C'est contre cette vacuité par quoi se solde toute existence qui se perd dans les pièges de la mentalité consommatrice, que réagit largement la jeunesse de la fin des années 60. La société de consommation devint alors la cible de toutes les dénonciations. A travers elle, on s'en prenait au système social dans son ensemble, accusé de sombrer dans un matérialisme médiocre et monotone.

Mai 68 fut sans doute le moment où, avec le plus de verve et le plus de force, s'exprima cette remise en question de la société de consommation. L'événement est complexe et les interprétations en ont été nombreuses. Cependant, derrière la phraséologie révolutionnaire, on peut avancer que c'est d'abord un massif refus d'une société vouée exclusivement au développement économique et à l'enrichissement qui se fait entendre. Les slogans des situationnistes et les graffitis des étudiants le proclamaient : *« On ne tombe pas amoureux d'une courbe de croissance »* ou encore : *« Nous ne voulons pas d'un monde où la garantie de ne pas mourir de faim s'échange contre le risque de mourir d'ennui »*. La société tout entière réclamait ce que, quelques années plus tard, Jacques Chaban-Delmas, alors Premier ministre, allait nommer *« un supplément d'âme »*.

Cependant, Mai 68 ne fut jamais que l'angle le plus saillant et le plus visible d'un mouvement beaucoup plus large qui visa à la dénonciation de la société de consommation. Une contre-culture véritablement se met en place aux Etats-Unis comme en Europe, avec les hippies, prône la fraternité, le dépouillement, la paix, et se refuse à jouer le jeu qu'on attend d'elle. Les intellectuels ne sont pas en reste — et ceci quelles que soient leur nationalité ou leurs convictions. Que l'on se reporte, en effet, aux ouvrages de Bertrand de Jouvenel, de John Kenneth Galbraith ou de Jacques Attali publiés à l'époque, c'est d'une même voix pratiquement que se trouve condamnée une civilisation qui fait du rythme de la croissance et du volume de la consommation les critères exclusifs qui permettent d'apprécier sa réussite.

Autour de l'année 73, deux rapports officiels sont publiés par les experts du Club de Rome sous le titre de *L'Humanité au tournant* et *Les Limites de la croissance.* Ils constituent comme un plaidoyer pour l'arrêt de la croissance économique : étant donné le caractère limité des ressources naturelles, la dynamique démographique de l'humanité et les menaces liées au système industriel, le monde court à sa perte s'il ne réussit pas à contrôler le processus de développement dans lequel il s'est engagé. Dans le langage sec des modèles et des théories économiques, un tableau apocalyptique de l'avenir de l'humanité est tracé, qui prévoit une sorte d'asphyxie planétaire pour une humanité qui, insouciante de son environnement, a tout sacrifié au progrès de son bien-être. La conclusion est claire : il faut en finir avec la société de consommation et de croissance. La seule solution est celle d'une croissance zéro pour l'économie mondiale.

Un modèle en crise ?

Dans les années 70-80, la croissance zéro est devenue notre horizon obligé. La faute en est moins aux avertissements solennels des experts qu'au marasme économique dans lequel l'Occident, et à sa suite le monde tout entier, s'est enfoncé. Du même coup, les préoccupations et les priorités du tout au tout ont changé. Le procès de la société de consommation s'est achevé sans bruit : quand les pays d'Afrique ou d'Asie croulent sous le poids d'une dette extérieure qu'ils ne sont plus en mesure d'assumer et que disparaît tout espoir de régler le problème du sous-développement, quand dans les pays occidentaux émerge une nouvelle classe de marginaux, contraints à la misère par le chômage de longue durée, c'est la pauvreté et non plus la richesse qui redevient objet de scandale.

Dans ce nouveau contexte économique et social, le terme même de *« société de consommation »* fait presque figure d'anachronisme et les procès intentés hier encore apparaissent des plus désuets. Est-ce à dire que les analyses et les critiques formulées à la fin des années 60 ont désormais perdu toute pertinence ? Rien ne serait plus erroné que de le croire.

Dans les bastions préservés de l'Occident, la société de consommation ne s'est en fait jamais mieux portée qu'aujourd'hui. Il suffit pour s'en convaincre d'observer les statistiques. Le ralentissement de la croissance n'a en rien remis fondamentalement en cause le modèle économique et social qui, depuis la fin des années 60, n'a cessé de se développer selon sa propre logique. Ce modèle semble totalement échapper à la crise, les habitudes de consommation restant inchangées. Dans certains domaines, tels les loisirs et la santé, c'est même à une accélération que l'on assiste depuis quelques années. L'engrenage ne s'est en rien enrayé.

Mieux encore, à observer l'invraisemblable légitimité pseudo-artistique qu'a fini par acquérir le langage pauvre, répétitif et aliénant de la publicité, à voir comment la presse exalte le succès des chefs d'entreprises, à constater l'envahissement de la télévision par les programmes de jeu, à mesurer la « marchandisation » générale des loisirs, de la culture, voire du corps, à laquelle on assiste aujourd'hui, on serait tenté de conclure que l'âge d'or de la société de consommation est encore à venir.

Perec : « les prisons de l'abondance »

Cette illusion sur la base de laquelle fonctionne la société de consommation, le romancier Georges Perec en a démonté les mécanismes dans un bref récit intitulé *Les Choses*. Il y met en scène un jeune couple qui, pas à pas, va se laisser prendre aux pièges que dresse devant lui la mentalité consommatrice. Pièges d'autant plus pernicieux qu'ils sont d'apparence anodine et qu'ils semblent n'offrir rien d'autre qu'une première approximation du bonheur. La révolte est de ce fait pratiquement impossible :

> **« Ils voulaient se battre, et vaincre. Ils voulaient lutter, conquérir leur bonheur. Mais comment lutter ? Contre qui ? Contre quoi ? Ils vivaient dans un monde étrange et chatoyant, l'univers miroitant de la civilisation mercantile, les prisons de l'abondance, les pièges fascinants du bonheur.**
>
> **Où étaient les dangers ? Où étaient les menaces ? Des millions d'hommes, jadis, se sont battus, et même se battent encore, pour du pain. Jérôme et Sylvie ne croyaient guère que l'on put se battre pour des divans Chesterfield. Mais c'eut été pourtant le mot d'ordre qui les aurait le plus facilement mobilisés. »**

D'acquisition en achat, de crédit en déménagement, se fait donc l'existence des héros de Perec. Jusqu'à cette conclusion :

> **« Quelque chose qui ressemblait à une tragédie tranquille, très douce, s'installait au cœur de leur vie ralentie. Ils étaient perdus dans les décombres d'un très vieux rêve, dans des débris sans forme.**
>
> **Il ne restait rien. Ils étaient à bout de course, au terme de cette trajectoire ambiguë qui avait été leur vie pendant six ans, au terme de cette quête indécise qui ne les avait menés nulle part, qui ne leur avait rien appris. »**

REPÈRES

Jean Baudrillard, *La Société de consommation,* (Folio Essais) Gallimard, 1970.

Victor Scardigli, *La Consommation, culture du quotidien,* PUF, 1983.

Edgar Morin, *L'Esprit du temps,* (Biblio/Essais) Le Livre de Poche, 1976.

Georges Perec, *Les Choses,* (10/18) U.G.E., 1965.

► **Crise économique, Individualisme.**

Crise économique

On nomme « crise » une période où l'activité économique d'un pays ou d'un ensemble de pays, d'un secteur ou d'une région traverse une phase de dépression.

Les deux grandes crises du XXe siècle — celle de 1929 et celle de 1973 — ont eu ceci en commun de remettre en question les principales théories économiques alors en vigueur. Ni les schémas classiques ni les modèles keynésiens ne sont véritablement en mesure de rendre compte de la phase de dépression que traversent actuellement les économies développées. En ceci, il y a moins une théorie de la crise qu'une crise de la théorie.

Cycles et crises

L'histoire économique tout entière — au moins depuis la première révolution industrielle — est faite d'une succession de cycles d'amplitude et de nature variables par lesquels alternent des phases d'expansion et des phases de dépression. Définie au sens strict, la crise est le moment exact du basculement, du retournement : celui où le mouvement de l'économie s'inverse dans le passage de la phase ascendante à la phase descendante. Mais d'une manière moins exacte, on utilisera le terme de crise pour désigner la phase de dépression elle-même et toute période néfaste à l'activité économique.

Par leur périodicité et leur importance, ces crises et ces cycles rythment de manière décisive l'histoire des sociétés modernes. A ce titre, ils ont attiré l'attention des théoriciens et des analystes qui ont cherché à rendre compte des fluctuations d'amplitude diverse qui définissaient le mouvement d'ensemble des économies développées. Tout autant qu'objets d'analyse, les crises ont été enjeux politiques. Dans une société qui se donne comme valeur essentielle le développement du niveau de vie et du bien-être, un gouvernement est jugé avant tout sur les performances économiques du pays dont, à tort ou à raison, l'opinion publique, c'est-à-dire l'électorat, le tient pour responsable. Avec plus ou moins d'habileté, les gouvernements se sont donc essayés à atténuer les effets des crises en agissant sur les leviers économiques à leur disposition. En relançant de manière artificielle l'activité, à la veille des élections, pour appuyer brutalement sur le frein dès la victoire acquise, il est nécessaire d'ajouter qu'ils ont également contribué aux fluctuations qu'ils prétendaient combattre.

1929-1973
Théories de la crise, crise des théories

Deux grandes crises ont marqué l'histoire du XXe siècle : celle de 1929 qui se prolongera jusqu'à la Seconde Guerre mondiale et celle de 1973 qui dure encore aujourd'hui. Par leur nature, leurs causes et leur amplitude, elles sont loin d'être similaires. Cependant, si l'on considère l'histoire économique avec assez de recul, elles constituent comme les deux lieux d'un retournement considérable de l'activité économique : arrêt ou ralentissement de la croissance, écroulement ou difficultés très graves du système financier, développement surtout du chômage.

Encore une fois, les différences sont considérables entre les deux événements : la crise actuelle est beaucoup moins spectaculaire et dramatique que celle de 1929. Le système économique international a gagné en stabilité et en résistance et se trouve mieux capable de gérer les difficultés qu'il rencontre; et surtout, le développement de l'Etat-Providence a permis d'atténuer pour les individus le choc du chômage, de manière il est vrai encore insuffisante.

Il existe cependant au moins un point commun entre la crise de 1929 et celle que traverse aujourd'hui l'économie mondiale : chacune d'elles a été l'occasion d'une remise en cause totale des concepts, des théories économiques et des solutions politiques qui les accompagnaient.

Dans les années 1930, la persistance d'un chômage considérable a obligé les économistes à abandonner les schémas classiques selon lesquels ils vivaient depuis les origines de leur discipline. Ils ont dû perdre la confiance aveugle qu'ils portaient à un marché qui devait assurer par son seul fonctionnement l'équilibre général de l'économie. Face à cette carence, cette insuffisance de la grille de lecture classique, un Britannique, Keynes, est venu reformuler totalement la théorie économique et apporter une solution neuve au problème du chômage, et cela en donnant une interprétation inédite de la crise économique. Du coup, le keynésianisme est devenu le dogme central sur lequel se fondèrent théories et politiques économiques.

La crise de 1973 est venue ébranler l'hégémonie du keynésianisme tout comme la crise de 1929 avait ébranlé celle du classicisme. Il a fallu en effet se rendre à l'évidence : les recettes préconisées par les keynésiens étaient dans l'impossibilité de faire sortir les économies occidentales de la crise. Pour élaborer de nouvelles politiques économiques, il aurait fallu avancer de nouvelles explications théoriques, se mettre en quête d'une nouvelle synthèse. Celle-ci demeurant introuvable, par un prévisible retour du balancier, on a souvent abandonné les théories keynésiennes pour revenir au classicisme, sans pour autant trouver une solution à la crise.

Classiques et keynésiens : deux interprétations de la crise

Quelles sont les deux théories de la crise en présence?

Le modèle classique propose une interprétation de l'équilibre économique général. Le point central est le suivant : l'équilibre économique est automatique; il va se créer spontanément. Pour peu qu'on laisse fonctionner librement le marché, on atteindra un état de stabilité correspondant au fonctionnement optimal de l'économie. Il faut s'en remettre au libre jeu des mécanismes économiques pour que l'équilibre se réalise par le phénomène simple de la hausse et de la baisse des prix, de l'offre et de la demande. Pour ne prendre que l'exemple simple et central du chômage, les classiques affirment que l'équilibre spontané de l'économie produit automatiquement le plein emploi. Il ne peut donc pas y avoir de chômage. Sauf si des rigidités ou des interventions néfastes de l'Etat viennent perturber le bon fonctionnement du marché de l'emploi. Poussé à l'extrême, le raisonnement classique consiste à dire que la cause véritable du chômage est l'aide apportée aux chômeurs et la fixation d'un salaire minimum par l'Etat. De telles règles empêcheraient la libre confrontation de l'offre et de la demande sur le marché du travail. Il faut donc rendre au marché sa liberté pour que cesse la crise et qu'on revienne à l'équilibre.

La crise de 1929 et les analyses que Keynes en proposera vont remettre en cause cette foi dans l'équilibre qu'avaient les économistes classiques. La démonstration de Keynes est assez complexe mais on peut la résumer de manière simple : l'économie, pour lui, peut fonctionner — c'est-à-dire être en équilibre — avec un niveau insuffisant d'emploi, si offre et demande s'ajustent ainsi. Ce qui implique que les explications du chômage proposées par les classiques et les keynésiens sont complètement opposées. Pour les classiques, comme on vient de le voir, le chômage est dû au mauvais fonctionnement du marché du travail, aux rigidités de ce marché. A l'inverse, pour les keynésiens, le niveau de l'emploi est déterminé par le niveau de la demande finale. S'il y a chômage, c'est donc que la demande finale est insuffisante.

De ces analyses divergentes découlent des politiques divergentes. Pour les classiques, l'Etat doit intervenir le moins possible de manière à laisser jouer le marché. Pour Keynes, à l'inverse l'Etat doit intervenir, agir sur la demande globale en relançant l'économie de manière à réduire le chômage.

L'apport keynésien à l'intelligence de la crise est donc double. Keynes a compris que le plein-emploi n'était pas automatiquement réalisé par le fonctionnement de l'économie et qu'il ne pouvait être atteint que par l'augmentation de la demande finale qui, elle-même, ne pouvait être réalisée que par l'intervention des pouvoirs publics.

Vers un nouveau cycle?

Le keynésianisme repose donc sur une analyse nouvelle de l'équilibre économique et sur une conception nouvelle du rôle de l'Etat. Double base sur laquelle économistes et gouvernants ont vécu jusqu'au début des années 1970.

Aujourd'hui, cependant, le modèle keynésien connaît une remise en question égale au moins à celle qu'a connue le modèle classique dans les années 30. La relance systématique de l'économie que préconisaient les keynésiens n'a pas permis la résorption du chômage et n'a souvent eu pour conséquence que le redémarrage de l'inflation et l'augmentation du déficit extérieur. Témoin la malheureuse expérience de relance menée par les socialistes en France au début des années 1980 et qui a dû être rapidement abandonnée.

Commence ainsi une période d'incertitude et d'effervescence intellectuelle dans laquelle nous nous situons encore à la recherche d'une réponse cohérente aux défis économiques auxquels les sociétés modernes se trouvent confrontées.

Souvent séduisantes, rarement totalement convaincantes, les nouvelles constructions théoriques n'ont pas manqué. On se contentera de quelques exemples. Sous la présidence de Ronald Reagan, avec Laffer, l'« économie de l'offre » a connu son heure de gloire. Le président américain croyait avoir trouvé la solution miracle : sorte de nouveau Robin des Bois qui, lui, aurait volé les pauvres pour donner aux riches, il misait sur une diminution du taux d'imposition qui, en redonnant courage et motivation aux entrepreneurs, aurait permis la relance de l'économie et, à terme, l'augmentation des recettes fiscales. Assez marginal, Serge-Christophe Kolm élabora une stratégie keynésienne qui, combinée à une politique adaptée du taux de change, aurait permis une relance sans déficit extérieur.

Mais la plus répandue des convictions est sans doute celle qui s'inspire des travaux de Kondratiev (1925-1979) et de leur interprétation par Schumpeter. Le premier de ces deux économistes mit en évidence — ou crut mettre en évidence selon certains — des cycles de longue durée qui détermineraient le mouvement d'ensemble de l'économie. Ainsi, depuis la fin du XVIIIe siècle, quatre cycles se seraient succédé, avec leur phase ascendante et leur phase descendante. Schumpeter élabora la thèse selon laquelle chacun de ces cycles serait lié à une innovation technologique majeure : l'industrie textile pour le cycle 1780-1843, les chemins de fer pour le cycle 1843-1896, l'industrie électrique et chimique pour le cycle 1896-1940. Nous serions nous-mêmes dans la phase descendante d'un quatrième cycle qui, ayant débuté en 1940, devrait en principe s'achever aux alentours de l'an 2000 lorsqu'une nouvelle vague d'innovations se diffusant dans le tissu économique insufflera à celui-ci le dynamisme nécessaire pour que débute un nouveau cycle. L'analyse est passionnante sans doute, mais elle ne nous invite guère à autre chose qu'à une très longue patience. Pour le court terme, nous restons dans la plus totale des incertitudes.

L'impossibilité de bâtir une théorie de la crise a ouvert pour les économistes une véritable crise des théories.

REPÈRES

André Grjebine (Dir), *Théories de la crise et politiques économiques*, (Points Economie) Seuil, 1986.

▶ **Etat, Technique (progrès).**

Culture

La culture est l'ensemble des connaissances que maîtrise une société ou un individu.

Contre les stéréotypes que véhicule le discours dominant, il faut affirmer que la culture contemporaine est moins le lieu d'un déclin que le théâtre d'une métamorphose. Elle n'est plus unitaire mais éclatée. Elle cesse d'être sûre d'elle-même et se découvre en procès. Au terme de cette remise en question d'elle-même, elle n'en demeure pas moins, selon les mots mêmes d'Artaud, ce « moyen raffiné de comprendre et d'exercer la vie ».

Crise de la culture

Régulièrement, revues, quotidiens, essais, éditoriaux annoncent la même et imminente catastrophe : la culture serait en crise, moribonde; jamais le niveau de l'enseignement n'aurait été aussi bas, jamais plus exsangue et dénuée d'inspiration véritable la littérature nationale. Avec délectation ou désolation, c'est le même constat de décès qui périodiquement se trouve dressé, ici ou là.

Il n'y a sans doute pas de débat plus vain et plus répétitif, pourtant, que celui qui porte sur le thème d'un éventuel déclin culturel. La culture d'une nation ne se mesure pas comme son Produit National Brut et, en ce domaine, les données corrigées des variations saisonnières ne sont ni disponibles ni même envisageables. Comment, en effet, évaluer objectivement ce qui relève du non-quantifiable, ce qui n'est rien d'autre que l'affirmation répétée de l'irréductible singularité d'un artiste, d'un écrivain ou d'un philosophe ? Qui, par exemple, dans le Paris des années 20, aurait pu tracer le bilan véritable de l'activité culturelle alors que les grands noms de la littérature officielle étaient ceux de Paul Bourget ou de Pierre Benoit et que personne encore ne prenait au sérieux Proust ou Joyce, ces deux romanciers dont Jdanov allait faire le signe le plus indéniable de la décadence culturelle occidentale? Ce que rappelle de manière très salutaire Philippe Sollers dans *Théorie des exceptions,* c'est que toute culture authentique ne se produit que par l'effraction, le refus de la loi du groupe : en marge, irrécupérable.

De même en ce qui concerne ce qu'on peut nommer du terme largement impropre de « consommation culturelle ». On peut bien entendu multiplier les statistiques et les truismes pour enfoncer quelques portes ouvertes et se désoler de ce que les gens lisent ou plutôt ne lisent pas, pour se lamenter de l'obscurité dans laquelle le goût public cantonne les plus exigeantes des figures intellectuelles de notre temps pour leur préférer les éphémères et souvent dérisoires vedettes du star-system. Sans doute tout cela est-il vrai — quand bien même d'importantes nuances seraient à formuler.

L'essentiel, cependant, n'est pas là, car, à considérer de façon honnête la situation, force est de reconnaître qu'il convient de parler non de crise de la culture mais bien plutôt de démocratisation de celle-ci. Sur un siècle, les progrès de la scolarisation — qui reste bien entendu la voie d'accès minimale et privilégiée à la culture — mais aussi le dynamisme d'un marché culturel qui, du fait de sa propre logique, a intérêt à une augmentation continue de la gamme de ses produits et de sa clientèle potentielle, se sont conjugués pour parvenir à une situation dans laquelle, par le livre de poche ou le disque compact, les œuvres les plus importantes de la culture ont cessé d'être le privilège d'une élite sociale et deviennent disponibles pour le plus large public. Les effets pervers, certes, existent et se multiplient, qui tendent à faire de la culture un objet de consommation. Cependant, l'essentiel est bien là : à chaque nouveau livre lu ou écrit s'abolit la crise d'une culture dont rien ne nous permet de mesurer en toute objectivité la croissance ou le déclin.

Renonçons donc à dresser, pour notre satisfaction ou notre mortification, des palmarès illusoires. Reconnaissons plutôt dans le discours alarmiste de ceux qui dénoncent un quelconque « déclin culturel », l'évidente et laborieuse manœuvre de ceux qui ne se désolent de l'« abêtissement » de la « masse » que pour tenter lourdement de souligner l'« immensité » de leur propre culture personnelle.

La culture échappe donc aux jugements de valeur trop sommaires qui, ces dernières années, se sont développés. Mais nier la réalité d'un déclin culturel qui est, avant tout, de l'ordre du phantasme, ne saurait revenir à affirmer l'immutabilité, la permanence des formes culturelles. Force est de constater, en effet, que la culture a été l'objet d'une profonde transformation : transformation à la fois du contenu qui la définit et des objectifs qu'elle s'assigne.

Une définition problématique

Le mot de culture, tout d'abord, ne recouvre plus aujourd'hui les mêmes réalités que celles qu'il désignait hier. En simplifiant, disons qu'on est passé d'une conception unitaire et cohérente à une conception fragmentaire et plurielle de la culture : le terme a perdu en cohérence ce qu'il a gagné en extension.

Pour reprendre le mot du philosophe Brice Parain que Godard met en scène dans *Vivre sa vie* et que A. Finkielkraut reprend au tout début de son ouvrage, *La Défaite de la pensée :* la culture, c'était « la vie avec la pensée ». A ceci près que l'image de la vie et de la pensée qui était retenue était assez étroite. La pensée tout d'abord, ne pouvait être que la pensée occidentale — les cultures autres étant considérées comme négligeables, elles pouvaient être acceptées comme des curiosités ethnologiques ou des témoignages sur notre propre et lointain passé; en aucun cas, une dignité véritable ne leur était reconnue. De plus, la pensée, estimait-on, ne pouvait s'exprimer véritablement que dans les plus hautes réalisations de l'esprit humain — art, littérature, philosophie ou science : tout ce qui ne relevait pas de ce champ étroit ne méritait pas non plus le nom de culture. Dès lors, la culture — qu'elle soit d'ailleurs celle fermée et étriquée du « pédant » ou, dans une certaine mesure, celle, ouverte et large, de l'« honnête homme » — se confondait avec l'étude des grandes œuvres et demeurait l'apanage d'une élite qui tirait de celle-ci les armes de sa supériorité sociale.

En rupture avec cette conception, la modernité a pris conscience de ce qu'il n'y avait pas une culture — se limitant au domaine exigu que définissaient les classiques — mais des cultures d'une amplitude beaucoup plus vaste mais aussi d'une cohérence beaucoup plus problématique. Tout le mouvement de la culture moderne a donc été d'intégrer des faits et des domaines auxquels n'était pas reconnue, dans le passé, une véritable dignité : le domaine des cultures extra-européennes, celui des arts populaires nés de la conjugaison de la technique et de la société de consommation (cinéma, bande dessinée, chanson...), celui de la créativité quotidienne (mode, design...).

Au total, une considérable extension donc, un formidable enrichissement mais aussi une fondamentale incertitude car si tout peut devenir culturel, il n'est rien qui ne le soit en puissance, et de cette culture fragmentaire et omniprésente dans laquelle nous évoluons tous, il devient pratiquement impossible de définir les limites et de cerner le statut. C'est contre cet état de fait qu'Alain Finkielkraut, dans son livre, s'élevait, dénonçant cet amalgame généralisé dans lequel le meilleur se trouve ravalé au rang du pire ou plutôt le pire artificiellement haussé au rang du meilleur :

> **« Le terme de culture, en effet, a aujourd'hui deux significations. La première affirme l'éminence de la vie avec la pensée; la seconde la récuse : des gestes élémentaires aux grandes créations de l'esprit, tout n'est-il pas culturel ? Pourquoi alors privilégier celles-ci au détriment de ceux-là, et la vie avec la pensée plutôt que l'art du tricot, la mastication du bétel ou l'habitude ancestrale de tremper une tartine grassement beurrée dans le café au lait du matin ? »**

Dans son *Eloge des intellectuels*, Bernard-Henry Lévy renchérit :

> **« ...la même étrange notion de « signal culturel » sert à penser ensemble, sans nul moyen de les distinguer, un emballage de Saint-Gobain et une page de Saint-John-Perse. »**

Poser que tout est culture, c'est effectivement courir le risque d'un nivellement généralisé, d'une sorte de nihilisme esthétique ou philosophique clandestin.

Hors de toute ambition polémique, il convient de reconnaître au moins le caractère éclaté de la culture contemporaine. Les cultures, les discours, en chacun de nous, comme le montre très bien Edgar Morin dans *L'Esprit du temps*, se conjuguent, se contrarient, se multiplient en dehors de la cohérence unique qui viendrait leur donner signification :

> **« Les sociétés modernes sont polyculturelles. Des foyers culturels de natures différentes sont en activité : la (ou les) religion(s), l'Etat national, la tradition des humanités affrontent ou conjuguent leurs morales, leurs mythes, leurs modèles au sein de l'école et hors de l'école. A ces différentes cultures, il faut joindre la culture de masse. Le même individu peut être chrétien à la messe du matin, français devant le monument aux morts, avant d'aller voir *Le Cid* au TNP et de lire *France-Soir* et *Paris-Match*. »**

Chaque culture — personnelle ou nationale — éclate ainsi en une mosaïque de cultures différenciées.

La culture en procès

Cette transformation de la culture s'est accompagnée d'une remise en cause des objectifs qu'elle s'assignait. Conçue traditionnellement comme un élément de libération et d'épanouissement personnel, la culture — avec l'école qui en assure la transmission — a été accusée d'être avant tout un instrument d'aliénation et de mystification.

Certes, la critique de la culture est aussi ancienne que la culture elle-même : qu'on pense ici à la condamnation des sophistes par Socrate ou à celle des « sorbonnagres » par Rabelais. Montaigne, dans le célèbre chapitre de ses *Essais* consacré au pédantisme, tournait déjà en ridicule ces philosophes qui oublient la vie à trop se perdre dans les sophismes que contiennent leurs livres : avant de répondre à la moindre de vos questions, il faut qu'ils commencent par disserter et décider, définissant les termes de votre énoncé, de ce qu'est l'homme et s'il est ou non un être doué de raison. C'est une critique de la culture bien proche dans son esprit que propose le romancier J.M.G. Le Clézio lorsque, dans *L'Extase matérielle,* il écrit :

> **« La culture n'est rien; c'est l'homme qui est tout. Dans sa vérité contradictoire, dans sa vérité multiforme et changeante. Ceux qui se croient cultivés parce qu'ils connaissent la mythologie grecque, la botanique, ou la poésie portugaise se dupent eux-mêmes. Méconnaissant le domaine infini de la culture, ils ne savent pas ce qu'ils portent de vraiment grand en eux : la vie. »**

Opposer la culture à la vie pour dévaloriser le premier de ces termes : le geste est donc, à travers l'histoire, constant — ce qui d'ailleurs ne l'empêche pas d'être des plus ambigus et des plus discutables. Cependant, avec la modernité, cette critique de la culture a pris un visage social et politique : la culture a été dénoncée, comme un instrument inégalitaire de sélection sociale visant, avant tout, à mesurer la manière dont les invividus intériorisent les normes et acceptent de se plier à elles. Il semble en effet légitime d'affirmer, détournant une formule marxiste, que la culture dominante n'est rien d'autre que la culture de la classe dominante, celle par laquelle cette classe, diffusant ses valeurs dans l'ensemble de la société, assure sa domination sur celle-ci. Louis Althusser l'a clairement démontré : par le biais des *Appareils Idéologiques d'Etat* — et notamment de l'école — les valeurs bourgeoises sont présentées comme *les* valeurs de la culture.

D'où les réactions de rejet que, de Mai 68 à la révolution culturelle chinoise, notre époque a enregistrées : la culture y est dénoncée comme une mystification qui doit céder devant la réalité concrète, devant la véritable activité utile, celle du peuple opprimé. Les nihilistes russes se sont rendus célèbres par le jusqu'auboutisme apparent de leur rejet de la culture. Ainsi Nekrassov, qui déclarait préférer un morceau de fromage à tout Pouchkine ou Pisarev, qui affirmait : *« J'aimerais mieux être un cordonnier russe qu'un Raphaël russe »* ou encore : *« Une paire de bottes est plus utile que tout Shakespeare ».* L'idée est simple : la culture nous détourne de l'essentiel; lire Shakespeare est un crime quand des hommes, de par le monde, vont nu-pieds; se plaire aux drames inventés de *Macbeth* ou de *Hamlet* est ignoble et irresponsable quand le drame le plus terrible est celui qui se déroule sur la scène d'un monde que dominent le crime et l'injustice.

Simple, l'idée est pourtant des plus contestables, qui passe tout simplement sous silence le rôle considérable qui peut être celui de la culture dans la lutte contre l'injustice sociale et politique. Condamnation vaine et trop rapide de la culture que cet affrontement entre Shakespeare et le cordonnier. Camus, d'ailleurs, le faisait remarquer dans *L'Homme révolté :*

> **« Le procès de l'art est engagé définitivement et se poursuit aujourd'hui avec la complicité embarrassée d'artistes voués à la calomnie de leur art et de leur intelligence. On remarquera en effet que dans cette lutte entre Shakespeare et le cordonnier, ce n'est pas le cordonnier qui maudit Shakespeare ou la beauté mais au contraire celui qui continue de lire Shakespeare et ne choisit pas de faire les bottes, qu'il ne pourrait jamais faire au demeurant. »**

La culture pour vivre

Dans ce procès ainsi intenté à son égard, la culture, cependant, ne manque pas d'arguments à faire valoir en sa faveur. Elle ne saurait en effet se réduire à l'image négative que ses détracteurs ont proposée d'elle. Elle n'est pas seulement la maîtrise d'un répertoire de références sophistiquées et exotiques destinées à impressionner dans le monde : à quoi servent, comme le montrait déjà Montaigne, ces références si elles ne viennent pas informer notre vie et la bouleverser ? Elle n'est pas davantage ce patrimoine, gage et signe de réussite sociale, qu'il faudrait faire prospérer et ceci même si, trop souvent, aujourd'hui on thésaurise la culture comme au XIXe siècle on amassait sa fortune : contresens total car la culture n'a de valeur que si elle est expérience et dépense.

Au-delà de ces images réductrices, la culture n'a de sens que si, conçue comme la possibilité d'un regard critique, elle se révèle absolument indispensable à la liberté de chacun. Ainsi que le déclarait Antonin Artaud dans la préface de *Le Théâtre et son double,* la culture véritable est protestation :

> **« Protestation contre le rétrécissement insensé que l'on impose à l'idée de culture en la réduisant à une sorte d'inconcevable Panthéon; ce qui donne une idolâtrie de la culture, comme les religions idolâtres mettent des dieux dans leur Panthéon.**
>
> **Protestation contre l'idée séparée que l'on se fait de la culture, comme s'il y avait la culture d'un côté et la vie de l'autre; et comme si la vraie culture n'était pas un moyen raffiné de comprendre et d'*exercer* la vie. »**

Etre cultivé, c'est donc d'abord se refuser à une image trop étroite de la culture et, du coup, prendre appui sur la réflexion et l'expérience d'autrui pour mener à bien sa propre réflexion et ses propres expériences, et se dissocier ainsi des impostures ou des illusions du discours dominant; c'est être en mesure de s'affirmer et de se découvrir dans l'intelligence de la complexité du monde. Ainsi de la culture littéraire : la littérature n'a de valeur que si, loin de nous distraire, elle nous ramène invariablement à ce que nous sommes : lire Proust doit être moins plonger dans le monde clos d'une haute société révolue que découvrir, dans le plaisir du texte, la vérité enfouie de notre propre désir.

Définie ainsi, la culture devrait permettre à la société de ne pas sombrer dans ces deux périls symétriques que sont le fanatisme et l'indifférence, c'est-à-dire le trop-plein du sens ou l'absence de celui-ci. Face au fanatisme, la culture, dans la tradition de la philosophie et de l'humanisme, peut affirmer la vertu du doute et de la tolérance. Mais face à l'indifférence, elle peut, de manière inverse, poser l'existence de valeurs là où la société actuelle trop souvent n'affirme que la confusion ou la disparition des valeurs. Elle doit être, en somme, pour reprendre une formule de Jacques Rigaud, *« un langage commun pour nous préserver d'un retour à la barbarie » :* en réponse aux divisions inévitables d'une société, elle est un terrain de rencontre possible; devant la crise du sens que nous traversons, elle est le lieu d'un sens possible.

REPÈRES

Montaigne, « Du pédantisme », *Les Essais,* 1580-1595, GF.
Antonin Artaud, *Le Théâtre et son double,* Gallimard, 1938.
JMG. Le Clézio, *L'Extase matérielle,* (Idées) Gallimard, 1967.
Jacques Rigaud, *La Culture pour vivre,* (Idécs) Gallimard, 1975.
Alain Finkielkraut, *La Défaite de la pensée,* Gallimard. 1987.

► **Education.**

Darwinisme

Le darwinisme est la théorie élaborée par le naturaliste anglais Charles Darwin et selon laquelle les espèces évoluent et dérivent les unes des autres sous l'effet de la sélection naturelle.

Théorie scientifique qui a bouleversé notre conception du vivant et de la place que l'homme occupe en son sein, le darwinisme a été l'objet d'une appropriation idéologique des plus suspectes : sous le nom de « darwinisme social » ou plus récemment de « sociobiologie », on a tenté d'expliquer la société humaine à partir de la description, proposée par Darwin, du monde animal. Cette relecture du darwinisme va pourtant à l'encontre de la lettre même du texte de Darwin : privée de fondement scientifique, elle ne vise en fait qu'à justifier une idéologie inégalitaire et raciste.

Darwin et *L'Origine des espèces*

L'œuvre de Darwin est considérable tant par son volume — elle est loin en effet de se limiter à cet ouvrage central qu'est *L'Origine des espèces* — que par son importance. Elle nous a amenés en effet à reconsidérer l'image que nous nous faisions de l'humanité et tout particulièrement de la place que celle-ci occupe au milieu des autres espèces vivantes. Cette œuvre si décisive, on serait tenté d'avancer qu'elle procède tout entière d'un événement dont Darwin lui-même confessait, dans son autobiographie, qu'il avait été le plus important de toute son existence.

En 1831, Darwin, en effet, obtient un poste de naturaliste sur la *Beagle*, un navire en partance vers les mers du Sud et qui, pendant cinq ans, sillonnera celles-ci. C'est l'occasion pour lui, ainsi qu'il le rapportera dans l'un de ses ouvrages les plus lus, *Le Voyage de la Beagle*, de découvrir l'Amérique du Sud, l'Australie, la Nouvelle-Zélande, bien d'autres terres encore et surtout, de collecter des spécimens minéraux, végétaux ou animaux d'espèces jusqu'alors inconnues de la science.

Au terme de ce voyage, avec l'acquis de toutes ces connaissances nouvelles accumulées, Darwin est pourtant loin encore d'avoir clairement à l'esprit ce qui deviendra son apport théorique essentiel. Il est seulement frappé par l'extraordinaire adaptation des espèces à leur environnement, qu'il a pu constater au long de son voyage. Revenant sur ces faits, laissant les idées mûrir en lui, retardé également par une perpétuelle maladie, Darwin ne publiera son œuvre majeure, *L'Origine des espèces*, qu'en 1859.

Quel est le contenu de ce texte décisif ? Darwin montre que les représentants d'une même espèce sont tous soumis à des variations qui leur sont soit favorables soit défavorables. La sélection artificielle telle que l'homme la pratique consiste d'ailleurs à encourager la diffusion des variations favorables de manière à améliorer la qualité d'une race. On choisit les meilleurs animaux pour la reproduction, on écarte les autres. Or, continue Darwin, dans la nature, de manière spontanée, un mécanisme similaire est à l'œuvre. En effet, dans la lutte pour l'existence qui oppose les animaux entre eux, l'individu porteur d'une variation avantageuse l'emportera sur celui affligé d'une variation désavantageuse : le premier éliminera donc le second et, à terme, sa progéniture survivra seule. Tel est le mécanisme de la sélection naturelle qui explique l'évolution et la divergence des espèces.

Du darwinisme au darwinisme social

La tentation était grande, sans doute, d'étendre par analogie la théorie darwinienne du monde animal à la société humaine.

Dans cette lutte pour la vie où seul survit le plus fort et que Darwin avait décrite, ne fallait-il pas lire en fait le plus juste des tableaux du monde moderne où les individus, pour s'imposer, n'ont pas d'autre alternative que la mise à mort de leur rival ? Marx en faisait d'ailleurs la remarque dans une lettre adressée à Engels en 1862 :

> **« Il est remarquable de voir comment Darwin reconnaît chez les animaux et les plantes sa propre société anglaise, avec sa division du travail, sa concurrence, ses ouvertures de nouveaux marchés, ses inventions et sa malthusienne lutte pour la vie. »**

Considéré dans cette perspective, plus fort que Esope ou La Fontaine, Darwin apparaîtrait comme le plus noir et le plus grand des fabulistes.

La lecture de Marx visait à découvrir dans le texte de Darwin l'homme derrière l'animal. Le darwinisme social et la sociobiologie se proposent à l'inverse de retrouver l'animal derrière l'homme. Il s'agit de montrer, pour Spencer hier ou de manière légèrement différente pour Wilson aujourd'hui, que les mécanismes qui régissent la nature sont les mêmes que ceux qui régissent la société. Reprenant à Darwin l'idée que l'homme appartient au règne animal, les tenants du « darwinisme social » affirment en effet que la lutte pour la vie et l'élimination des plus faibles par les plus forts sont la règle unique et universelle qui s'impose tout le long de l'échelle du vivant. Le raisonnement, on le voit, est on ne peut plus simple, qui vise à présenter comme juste pour la société humaine ce qui est naturel dans le monde animal. La théorie de l'évolution élaborée par Darwin est donc présentée comme l'irréfutable garantie scientifique qui vient fonder une conception violente, inégalitaire, voire raciste de l'humanité. C'est la nature même qui veut que les individus soient inégaux et que, pour le salut de l'espèce, les plus forts écrasent les plus faibles !

L'effet réversif : anthropologie darwinienne contre darwinisme social

Qu'une telle conception soit inacceptable politiquement et moralement est — ou devrait être — une évidence. Mais ce qui importe tout autant, c'est qu'il s'agit d'une imposture scientifique. En aucun cas, en effet, l'idéologie inégalitaire du darwinisme social n'est en droit de se prévaloir de la scientificité de la découverte darwinienne.

Darwin, en effet, n'a jamais prétendu que les lois de la sélection naturelle s'appliquent à l'être humain et à la civilisation. Il a même affirmé exactement et en toutes lettres le contraire dans un ouvrage de 1871 intitulé *La Descendance de l'homme*. On y lit notamment :

> **« A mesure que l'homme avance en civilisation et que les petites tribus se réunissent en communautés plus nombreuses, la simple raison indique à chaque individu qu'il doit étendre ses instincts sociaux et sa sympathie à tous les membres de la même nation, bien qu'ils ne lui soient pas personnellement connus. Ce point atteint, une barrière artificielle seule peut empêcher ses sympathies de s'étendre à tous les hommes de toutes les nations et de toutes les races. »**

Avec ce texte de Darwin qui exalte la solidarité et la fraternité entre les hommes, on est aux antipodes exactes des caricatures habituelles du darwinisme qui visent à présenter celui-ci comme un éloge de la violence et de la lutte.

On doit au philosophe Patrick Tort d'avoir mis à jour tout ce versant occulté de l'œuvre darwinienne et d'en avoir proposé une analyse qui ruine toute tentative de faire servir celle-ci à un projet idéologique inégalitaire Dans *La Pensée hiérarchique et l'évolution* et dans *Misère de la sociobiologie*, Tort insiste sur ce qu'il nomme l'« effet réversif ». Celui-ci, décrit par Darwin dans *La Descendance de l'homme*, consiste en une inversion du processus de la sélection naturelle qui accompagne le développement de l'espèce humaine et l'accès de celle-ci à la civilisation. Tort explique ainsi le phénomène :

> **« ...la civilisation apparaît naturellement comme l'état au sein duquel la sélection démontre qu'elle s'est, sans avoir cessé un instant d'agir sélectivement, renversée**

progressivement en elle-même, pour favoriser, au lieu de l'extermination des faibles, des comportements d'aide et d'assistance envers les moins aptes, au lieu du dépérissement des moins armés pour la lutte, leur réhabilitation par des technologies compensatoires (médecine, hygiène, sport, etc.), au lieu de l'éternisation des hiérarchies naturelles, l'assimilation sympathique, et, au lieu de l'égoïsme, la solidarité. Cet effet de retournement interne et continu de la sélection naturelle — la sélection naturelle sélectionne la civilisation, qui s'oppose à la sélection naturelle —, c'est ce que j'ai nommé l'*effet réversif* de l'évolution. »

Contre la menace que constitue le darwinisme social, le retour à l'anthropologie darwinienne elle-même apparaît donc comme le meilleur des recours. Ainsi que le souligne Tort :

« ...aucune sociologie inégalitaire ou sélectionniste, aucune politique d'oppression raciale, aucune idéologie discriminatoire ou exterminatoire, aucun *organicisme* enfin ne peuvent être légitimement déduits du darwinisme. »

REPÈRES

Patrick Tort, *La Pensée hiérarchique et l'évolution,* Aubier, 1983.

Patrick Tort (Sous la direction de), *Misère de la sociobiologie*, PUF, 1985.

► **Science.**

Décadence

On nomme « décadence » le long et complexe processus de décomposition historique qui mène à l'abaissement puis à la disparition des sociétés les mieux établies, des nations les plus puissantes.

Malgré l'inévitable référence à la chute de l'Empire romain dont elle se nourrit, l'idée de décadence est une idée moderne. Elle vise à asseoir la certitude que les civilisations, au même titre que les individus, naissent, croissent et meurent : leur disparition serait donc inéluctable. La décadence pourtant n'est qu'un mythe qui, s'il resurgit périodiquement, est privé de tout fondement historique.

La référence romaine

Il n'est pas de réflexion possible sur le phénomène de la décadence qui ne commence par un retour sur cet épisode déterminant de l'Histoire : le déclin et la chute de l'Empire romain. La cité latine, qui avait imposé sa domination à l'ensemble du monde connu, s'effondre au terme d'un long et complexe processus de décomposition. Celui-ci, malgré l'éphémère retour à l'ordre et à la grandeur qui fut l'œuvre de Constantin, débute avec la mort de l'empereur Commode en 192 et s'achève avec la prise de Rome par les Huns en 410. Miné à l'intérieur par les rivalités et les conflits, l'Empire est menacé sur ses frontières et jusque dans ses provinces par le déferlement des Barbares. Incapable de résister davantage, il s'écroule et l'une des pages les plus importantes de l'Histoire de l'humanité se trouve du même coup tournée : l'Europe est livrée à un désordre dont jailliront les structures nouvelles du monde médiéval.

Telle est la décadence romaine que relatent les manuels d'histoire. Et dans cette réalité historique s'origine la hantise de la décadence qui habite des sociétés modernes se croyant promises à un avenir similaire.

Et pourtant, alors même que la référence romaine est inévitable, l'idée de décadence est tout sauf une idée antique. Le mot même de décadence n'existait pas en latin et les contemporains de la chute de Rome ignoraient tout de cette façon de concevoir leur sort. L'historien Henri Irénée Marrou, qui a contribué de manière décisive à détruire les mythes que le destin de la Rome finissante avait suscités, écrit :

> **« L'attitude des contemporains de l'écroulement de l'Empire romain peut se résumer en un seul mot : ils n'en ont pas eu conscience. Le problème du déclin et de la chute du monde antique est un problème moderne. »**

Un cadeau de la modernité

Dans son livre, *Histoire et décadence*, Pierre Chaunu renchérit : *« La décadence est un cadeau de la modernité. »*

Il est impossible de dire avec précision où débute cette modernité. Cependant, on peut affirmer qu'à partir du XVIIIe siècle, les historiens se mettent à penser l'histoire de Rome en termes de décadence. Montesquieu publie, en 1734, *Considérations sur les causes de la grandeur des Romains et de leur décadence.* L'année 1776 voit la publication du premier volume de l'œuvre monumentale de l'historien anglais Edward Gibbon : *Le Déclin et la chute de l'Empire romain.* L'intérêt porté par ces deux grandes figures de la culture européenne à la décadence romaine est loin d'être anecdotique. Il traduit peut-être le fait que, pour la conscience occidentale, le destin de Rome apparaît à la fois comme une réfutation et une mise en garde : réfutation de l'optimisme des Lumières qui engageait à croire possible la perspective d'une humanité s'avançant sur la voie d'un progrès irréversible et continuel; mise en garde également, car si le plus puissant des Empires a fini par s'écrouler, alors n'en ira-t-il pas de même de toute civilisation ? Méditant sur Rome, l'Europe pressent que toutes les civilisations sont mortelles.

Les civilisations sont mortelles

Car tel est bien le sens de cette obsession de la décadence qui saisit l'Occident et ne le lâchera plus désormais. Les empires et les sociétés ont la même fragilité que les êtres. Il leur faut passer par les mêmes épreuves : après le temps de la jeunesse et de la vitalité, celui de la vieillesse et de la mort. Une fatalité quasi biologique pèse sur les sociétés, à laquelle il est vain de vouloir se dérober. Mieux que nul autre, Valéry a exprimé cette idée dans le célèbre texte intitulé « La crise de l'esprit » et publié au lendemain de la Première Guerre mondiale :

> **« Nous autres, civilisations, nous savons maintenant que nous sommes mortelles.**
>
> **Nous avions entendu parler des mondes disparus tout entiers, d'empires coulés à pic avec tous leurs hommes et tous leurs engins; descendus au fond inexplorable des siècles avec leurs dieux et leurs lois, leurs académies et leurs sciences pures et appliquées, avec leurs grammaires, leurs dictionnaires, leurs classiques, leurs romantiques et leurs symbolistes, leurs critiques et les critiques de leurs critiques. Nous savions bien que toute la terre apparente est faite de cendres, que la cendre signifie quelque chose. Nous apercevions à travers l'épaisseur de l'histoire, les fantômes d'immenses navires qui furent chargés de richesse et d'esprit. Nous ne pouvions pas les compter. Mais ces naufrages, après tout, n'étaient pas notre affaire. »**

Mais, continue Valéry, tout est peut-être sur le point de changer :

> **« *Elam, Ninive, Babylone* étaient de beaux noms vagues, et la ruine totale de ces mondes avait aussi peu de signification pour nous que leur existence même. Mais *France, Angleterre, Russie...* ce seraient aussi de beaux**

> **noms. *Lusitania* aussi est un beau nom. Et nous voyons maintenant que l'abîme de l'histoire est assez grand pour tout le monde. Nous sentons qu'une civilisation a la même fragilité qu'une vie. »**

Chaque traumatisme historique est susceptible de susciter une angoisse identique à celle qu'exprimait Valéry. C'est pourquoi, de guerre en crise, l'Occident ne cesse de considérer avec une fascination quasi morbide la perspective sinistre de sa propre disparition.

Le mythe de la décadence

La décadence, pourtant, n'est rien d'autre qu'un mythe. Pour saisir ce qu'elle est, il convient de se placer plus dans le domaine des représentations collectives que dans celui des réalités historiques. Ou plutôt, parler de décadence revient inéluctablement à se situer au lieu même où se nouent de manière indissociable la réalité historique et le mythe qui, à partir d'elle, se développe.

Il est en effet impossible de dresser pour une société donnée, un constat objectif de décadence. La première preuve en est qu'il n'est pas une seule époque qui, au cours de ses derniers siècles, ne se soit présentée elle-même comme une époque de décadence : charnière définitive autour de laquelle avec fracas allait basculer l'histoire tout entière de l'humanité. Or, si la décadence est de toutes les époques, il est bien évident qu'elle n'est plus d'aucune. Parler de décadence n'est plus que le signe de cette répétitive nostalgie par laquelle les peuples idéalisent leur passé pour déprécier leur présent.

L'argument essentiel est cependant ailleurs. Il est possible, certes, d'apprécier objectivement un certain nombre des éléments quantitatifs qui définissent une société : c'est pourquoi il est raisonnable, sur la base de statistiques contrôlées, de parler de déclin démographique ou économique. Mais comment, à partir de là, fonder un jugement global de décadence sur l'état d'une société ? Comment en effet situer l'apogée d'une civilisation du fait de la multiplicité des critères disponibles et de la diversité des dimensions à étudier ? Pierre Chaunu le concède d'ailleurs dans l'avant-propos de son livre *Histoire et décadence* :

> **« Je ne crois pas au cycle des civilisations. Ayant consacré une partie de ma carrière scientifique à l'étude des fluctuations, je sais quel effort requiert la constitution d'une seule série homogène, on ne peut mesurer que ce qui est mesurable, quand vous vous rappelez que l'on ne peut utiliser un indice des prix, sans le modifier au XXe siècle sur plus de quinze/vingt ans parce que la gamme des produits offerts a été bouleversée, vous comprendrez que la mise en parallèle de Mycène, des Sumériens, de la Chine des Mings et de l'Amérique, hier, du président Carter me laisse quelque peu sceptique. Je ne hais rien de plus que la fausse science, que tout l'à-peu-près qui se glisse sous une défroque de rigueur. »**

Lorsqu'il n'est pas le fait des poètes et des artistes, le discours de la décadence ne peut être que celui de la fausse science, de l'idéologie : morne et monotone complainte qui, sans que cela ne doive rien au hasard, fut celle de tous les mouvements d'extrême-droite. Ceux qui, hier comme aujourd'hui, ne se lamentent de l'abaissement de l'Occident que pour préparer l'avènement d'un ordre nouveau.

Fin de siècle

Le terme de décadence a servi également à désigner un mouvement littéraire et artistique de la fin du XIXe siècle. Dans un passionnant ouvrage intitulé *Les Décadents,* Séverine Jouve en retrace l'histoire et en évoque quelques-unes des principales figures.

Le livre le plus représentatif de la sensibilité décadente est paradoxalement le fait d'un romancier qui a pris toutes ses distances par rapport à elle : Joris-Karl Huysmans. Celui-ci, transfuge du naturalisme, évoque dans *A rebours* (1884) un fin de race, des Esseintes, qui, lassé du monde et de son temps, se retire dans une demeure d'où il méprise ses contemporains et se consacre entièrement à la culture de ses sens et de ses plaisirs.

Le personnage de Huysmans est le modèle accompli de l'esthète fin de siècle qui, membre à part d'une société en pleine décadence, se livre à toutes les perversions les plus subtiles, à toutes les corruptions les plus rares.

Des Esseintes est sans doute un cas limite et c'est bien là ce qui fait son exemplarité. Cependant, on retrouverait chez les plus prestigieux des écrivains de la seconde moitié du XIXe siècle — ainsi Baudelaire ou Mallarmé — des convictions bien proches de celles qu'exprime le personnage de Huysmans. Pour eux, le temps qu'ils vivent est celui d'une plate et médiocre fin de l'histoire dans laquelle règnent les valeurs d'une bourgeoisie à l'écart de laquelle le véritable artiste se doit de se tenir.

Les œuvres décadentes sont d'une qualité très inégale. Chez les épigones, le décadentisme n'est rien de plus qu'une pose rapidement fastidieuse. Le mérite du mouvement, cependant, est ailleurs : la décadence est en effet la face d'ombre qui rappelle à sa vérité le mythe véritable du XIXe siècle : le Progrès. Sur l'optimisme et l'étroitesse bourgeoise de leur temps, les décadents, parfois jusqu'à l'excès, posent la lucidité d'un regard distancié et critique.

REPÈRES

Pierre Chaunu, *Histoire et décadence,* Perrin, 1981.
Joris-Karl Huysmans, *A rebours,* GF, 1884.
Séverine Jouve, *Les Décadents,* Plon, 1989.
Montesquieu, *Considérations sur les causes de la grandeur des Romains et de leur décadence,* GF, 1734.
Paul Valéry, « La crise de l'esprit », *Variétés,* 1919.

▶ **Europe, Modernité.**

Démocratie

La démocratie est le système politique dans lequel le pouvoir émane du peuple.

Née en Grèce, la démocratie antique était à la fois limitée dans le nombre des citoyens qui y participaient et directe dans les modalités de cette participation. Tout à l'inverse, la démocratie moderne se veut à la fois universelle et indirecte : par l'instauration du suffrage universel, elle n'exclut personne de son fonctionnement; de ce fait, elle rend obligatoire la mise en place d'un système représentatif. D'où des risques considérables de dérapage qui, cependant, ne remettent pas en cause la légitimité du modèle démocratique.

Le terme de « démocratie » nous vient du grec. Il désigne tout système politique dans lequel le pouvoir émane du peuple. Mais à cette condition unique peuvent satisfaire de nombreux régimes fort différents par leur nature.

Démocratie antique

Historiquement, le premier de ceux-ci fut la démocratie antique. Tel était en effet le régime politique d'un certain nombre de cités grecques, dont la principale, Athènes, aux Ve et IVe siècles avant J.-C. En regard de nos conceptions modernes, la démocratie antique peut apparaître à la fois comme le plus parfait et le plus inacceptable des régimes.

Le plus inacceptable, tout d'abord, dans la mesure où le statut de citoyen n'était réservé qu'à une très faible partie de la population : se voyaient écartés du pouvoir et les femmes et les métèques et les esclaves. En un sens, et en faisant la part de l'inévitable anachronisme qu'il y a à juger le passé à l'aune des valeurs du présent, la situation n'était pas radicalement différente de celle qui existe aujourd'hui encore au sein de l'Etat sud-africain qui prive les Noirs de leurs droits politiques.

Mais simultanément, la démocratie grecque peut légitimement apparaître comme le plus parfait des systèmes. En effet, le pouvoir y appartenait véritablement au peuple et ceci sans nul intermédiaire. Les citoyens se réunissaient au sein de l'« ekklesia » pour délibérer et décider du destin de leur communauté. Les fonctions essentielles, telle celle de magistrat, leur appartenaient, pour lesquelles ils étaient désignés par tirage au sort. La brièveté des mandats interdisait que ne se constitue, au sein de la Cité, une classe politique autonome et distincte qui aurait pu confisquer à son avantage le pouvoir. En un mot, la démocratie athénienne constituait la forme la plus pure de la démocratie : la démocratie directe.

Ainsi définie, la démocratie antique était pourtant loin de faire l'unanimité parmi les Grecs, comme le montre Jacqueline de Romilly dans son ouvrage, *Problèmes de la démocratie grecque*. De grands philosophes comme Aristote et surtout Platon ne l'épargnèrent pas de leurs critiques. Démocratie ne pouvait en effet être synonyme à leurs yeux que de démagogie et d'anarchie. Confié à une masse aveugle et incapable de comprendre où était son bien véritable, le pouvoir de tous ne pouvait que dégénérer pour devenir le pouvoir du plus habile ou le chaos. En aucun cas, le meilleur système politique possible ne pouvait être la démocratie : il fallait lui substituer le règne des philosophes (Platon) ou un régime mixte dans lequel s'équilibreraient défauts et avantages de chaque régime (Aristote).

Démocratie moderne

Ainsi stigmatisée par les fondateurs mêmes de la pensée politique, la démocratie antique n'en constitua pas moins un modèle tout au long de l'histoire occidentale. C'est pourtant largement à rebours de ce modèle — tout autant qu'en référence à lui — que se constitua la démocratie moderne. En effet, alors que, comme on vient de le voir, la démocratie antique se voulait à la fois limitée — dans le nombre des citoyens qui étaient en droit d'y participer — et directe — dans les modalités mêmes de cette participation —, la démocratie moderne, elle, aura comme caractéristique d'être illimitée mais indirecte. On peut donc bien parler d'une véritable inversion du modèle antique.

Celle-ci ne se fit pas en une fois. On ne passa que lentement du modèle élitiste, qui réservait à quelques-uns l'exercice des droits politiques, à la conception qui préside à l'heure actuelle à notre vision de la démocratie. Les révolutionnaires de 1789 proclamèrent bien l'égalité de tous devant la loi mais réservèrent aux plus fortunés le droit de voter, faisant ainsi des bourgeois les plus favorisés les citoyens exclusifs du nouveau système qu'ils étaient en train de fonder. Par le principe du suffrage censitaire était donc créée une nouvelle élite qui s'arrogeait le monopole du pouvoir. Entre « citoyens actifs » et « citoyens passifs », une frontière était tracée. Seul le suffrage universel allait faire de chacun un citoyen à part entière et donner au mot de démocratie son sens véritable. Si l'on se rappelle qu'en France le droit de vote ne fut accordé aux femmes qu'au lendemain de la Seconde Guerre mondiale et qu'aujourd'hui n'en bénéficient toujours pas ces nouveaux « métèques » que sont les travailleurs immigrés, on conçoit ce que la démocratie peut avoir de tardif voire d'inachevé.

Dans le même temps, l'extension des droits politiques à l'ensemble de la population rendait inconcevable le maintien des procédures en vigueur dans la démocratie antique. La démocratie directe ne peut en effet fonctionner que dans des communautés réduites et pour des problèmes relativement simples. Seul le caractère limité de la démocratie athénienne permettait que tous les citoyens y participent à l'exercice effectif du pouvoir. Par leur taille et la complexité des questions à traiter, les nations modernes interdisent ce type de pratique. C'est pourquoi les démocraties modernes, inévitablement, consistent en des systèmes représentatifs : les citoyens n'y ont d'autre fonction que d'élire des représentants qui exercent, en leur nom ou plus précisément au nom de la nation tout entière, les responsabilités politiques. Le système n'est pas sans inconvénient : dans la pratique, l'individu se démet en effet entièrement du pouvoir qu'il devrait détenir. Une caste se constitue — la classe politique — qui, sous prétexte de servir le pays, dispose en fait, dans les bornes de la légalité, de tout pouvoir. Le risque est gros d'une dérive de la démocratie à l'oligarchie, voire, étant donné la concentration actuelle du pouvoir au profit de l'exécutif, de la démocratie à la monarchie déguisée. Par glissements successifs, on passe du pouvoir de tous au pouvoir d'un seul. La démocratie n'est plus alors qu'une apparence, une fiction.

C'est pourquoi la démocratie se définit sans doute moins comme un système dans lequel le pouvoir appartient effectivement au peuple — car cela n'est jamais le cas — que comme le régime dans lequel, par le pluralisme politique, le suffrage universel, l'éducation civique, la séparation des pouvoirs, la soumission au droit, le détenteur du pouvoir est soumis à un certain nombre de contrôles et de contraintes. Ceux-ci lui interdisent d'abuser de son autorité et l'obligent à exercer celle-ci dans le respect relatif du mandat que les électeurs lui ont confié. Barrière fragile contre l'arbitraire du pouvoir mais qui fait cependant de la démocratie, pour reprendre le célèbre mot de Winston Churchill, *« le pire des régimes à l'exception de tous les autres »*.

La marche vers le suffrage universel en France

1791 : la première constitution française n'accorde le droit de vote qu'aux citoyens actifs qui payent une contribution égale à la valeur de trois journées de travail. Le suffrage censitaire est donc préféré au suffrage universel par les révolutionnaires. Les électeurs sont au nombre de 4 300 000.

1793 : le principe du suffrage universel — limité aux hommes cependant — est posé. Le droit de vote est même accordé — sous certaines conditions — aux étrangers ayant vécu en France plus d'une année.

1795 : retour au suffrage censitaire. Seuls sont citoyens ceux qui payent l'impôt.

1798 : Bonaparte rétablit le principe du suffrage universel mais lui ôte toute substance du fait d'un système électoral d'une grande complexité imaginé au départ par Sieyès et dans lequel les citoyens ont plus un pouvoir de proposition que de désignation véritable.

1802 : Bonaparte décide que seules les assemblées cantonales seront élues au suffrage universel. Pour la désignation des collèges électoraux dont émanent les candidats aux Assemblées, le système censitaire est rétabli.

1814 : Louis XVIII maintient le système mis en place par Bonaparte et le restreint encore davantage. Le cens est si élevé que, pour la désignation des députés, le nombre des électeurs n'est que de 100 000 pour toute la France.

1830 : Louis-Philippe qui succède à Charles X maintient le principe du suffrage censitaire.

1848 : au terme de l'article 24 de la constitution du 4 novembre 1848, la Seconde République instaure le suffrage universel. Le 10 décembre de la même année, Louis-Napoléon Bonaparte est le premier président de la république élu au suffrage universel.
Avec la Seconde République, le principe du suffrage universel est acquis.

1944 : par l'ordonnance du 21 avril 1944, le droit de vote est donné aux femmes. Le suffrage est enfin universel !

1974 : par la loi du 5 juillet 1974, la majorité électorale est fixée à 18 ans.

REPÈRES

Raymond Aron, *Démocratie et totalitarisme,* (Folio Essais) Gallimard, 1965.
Philippe Bénéton, *Introduction à la politique moderne,* (Pluriel) Hachette, 1987.
Jacqueline de Romilly, *Problème de la démocratie grecque,* (Agora) Hermann, 1975.
Alexis de Tocqueville, *De la démocratie en Amérique,* (Folio Histoire) Gallimard, 1835.

▶ **Droits de l'Homme, Libéralisme, Politique, Politique (bipolarisation).**

Droits de l'homme

Les droits de l'homme sont les droits fondamentaux dont dispose tout individu de par sa seule qualité d'homme.

Ils furent proclamés en 1789 par les révolutionnaires français et restent aujourd'hui l'un des éléments essentiels de l'ordre juridique national et international. Les droits de l'homme, cependant, ne sont pas à l'abri de toute critique : les philosophes de la contre-Révolution notamment ont mis en évidence le caractère discutable de leur fondement théorique. La question essentielle qui, sans leur ôter leur valeur, se pose aujourd'hui, est celle de leur adaptation au monde qui est le nôtre.

Proclamés en France en 1789, les droits de l'homme et du citoyen ont constitué sans doute la plus prestigieuse des tentatives pour concilier l'exigence de liberté que tout individu porte en lui et l'impératif d'ordre et de cohésion qui s'impose à toute société. Recherche d'un équilibre sans cesse précaire et cependant toujours nécessaire entre l'intérêt du groupe et l'intérêt de ceux qui le constituent.

Aujourd'hui, c'est-à-dire plus de deux siècles après que l'Assemblée constituante française en a proposé la formulation, les droits de l'homme constituent un incontestable et irréfutable point de repère philosophique et politique par rapport auquel se situent, et souvent avec courage, ceux qui de par le monde luttent pour le respect de la dignité humaine et contre l'arbitraire sanglant du pouvoir.

Une telle permanence historique mérite qu'on en interroge les causes : les droits de l'homme constitueraient-ils aujourd'hui encore la plus neuve des idées, le plus urgent des idéaux ?

La Déclaration des droits de l'homme et du citoyen

La réponse à une telle question ne peut aller sans l'étude de la formulation première de ces droits de l'homme. Celle-ci est à chercher dans le texte de la *Déclaration des droits de l'homme et du citoyen* du 26 août 1789.

Non pas que la notion de *« droits de l'homme »* naisse véritablement avec la Révolution française. Le mythe d'Antigone est là pour nous montrer que, dès l'Antiquité, se fait jour, de manière incertaine il est vrai, l'idée que face aux droits de la Cité existent les droits de chaque individu. Plus près de nous, il faut reconnaître que les Anglais avec le *« Bill of rights »* et, surtout, les Américains, avec leur *Déclaration d'indépendance,* ont quelques droits — qu'ils ne manquent pas d'ailleurs de faire valoir — à la paternité de la notion.

Il est légitime, cependant, d'affirmer que par la perfection de sa rédaction et le retentissement lié à son adoption, c'est avec le texte français que les droits de l'homme trouvent leur première et leur plus importante formulation. Adoptée par l'Assemblée constituante le 26 août 1789, la Déclaration a été placée en tête de la Constitution de 1791. Il en est de nombreuses lectures qui, selon le parti pris qu'on choisit, en soulignent soit les audaces, soit les timidités, soit l'ambition universelle qui l'animait, soit l'influence décisive que le contexte historique a pu exercer sur elle.

Le texte débute ainsi :

> **« Les représentants du peuple français, constitués en Assemblée nationale, considérant que l'ignorance, l'oubli ou le mépris des droits de l'homme sont les seules causes des malheurs publics et de la corruption des gouvernements, ont résolu d'exposer, dans une déclaration solennelle, les droits naturels, inaliénables et sacrés de l'homme, afin que cette déclaration, constamment présente à tous les membres du corps social, leur rappelle sans cesse leurs droits et leurs devoirs; afin que les actes du pouvoir législatif et ceux du pouvoir exécutif,**

pouvant être à chaque instant comparés avec le but de toute institution politique, en soient plus respectés; afin que les réclamations des citoyens, fondées désormais sur des principes simples et incontestables, tournent toujours au maintien de la Constitution et au bonheur de tous. »

Suivent dix-sept articles qui mériteraient chacun de longues analyses et qui s'attachent à abolir les fondements de l'ordre ancien pour mettre en place ceux du système nouveau : l'égalité des citoyens devant la loi est reconnue, sont proclamées la liberté d'opinion, de religion, d'expression. On retrouve dans ces quelques lignes comme la synthèse des principes essentiels que s'était attaché à définir tout au long du XVIIIe siècle la philosophie des Lumières : la séparation des pouvoirs avec Montesquieu (art. 16), la lutte contre le fanatisme et l'intolérance avec Voltaire (art. 10), la foi en la loi avec Rousseau (art. 6).

Au total, la Déclaration de 1789 affirme que, compatible avec l'ordre et le bon fonctionnement de la société, il existe pour chaque individu comme une sphère d'autonomie et de liberté irréductible à toute intervention extérieure, que celle-ci soit le fait d'un autre individu ou surtout de l'Etat.

Un élément essentiel de l'ordre juridique national et international

Décisive par sa formulation et son contenu, la Déclaration de 1789 constitue un élément essentiel de l'ordre juridique national et international. En ce sens, sa portée n'est pas purement symbolique, mais également essentiellement pratique.

En effet, en ce qui concerne le système juridique français, la Déclaration de 1789 pose des principes auxquels le législateur et l'Etat sont aujourd'hui encore tenus de se soumettre. La Constitution de la Ve République déclare en effet dans son préambule :

« Le Peuple français proclame solennellement son attachement aux droits de l'homme et aux principes de la

souveraineté nationale tels qu'ils ont été définis par la Déclaration de 1789, confirmée et complétée par le préambule de la Constitution de 1946. »

Ces simples lignes donnent toute sa force juridique au texte de 1789. Ce qui signifie concrètement — et en simplifiant énormément une situation autrement complexe dans la pratique — qu'aucune loi ne peut être en principe promulguée, ou aucune décision administrative prise, qui irait à l'encontre d'un des dix-sept articles votés il y a maintenant plus de deux siècles. Si le législateur ou l'administration se laissait aller à enfreindre la Déclaration des droits de l'homme, le Conseil constitutionnel dans le premier cas, les tribunaux administratifs et le Conseil d'Etat dans le second, seraient en droit de s'y opposer comme ils l'ont fait et continuent à le faire à de nombreuses reprises. La Déclaration de 1789 n'est donc pas lettre morte pour les Français mais elle constitue, de manière quotidienne pour les citoyens, un élément essentiel à la défense de leurs droits.

Dans une moindre mesure, il en va de même au plan international. En effet, de nombreux pays ou groupements de pays ont éprouvé la nécessité de se lier eux-mêmes par une déclaration de droits calquée sur le modèle français : c'est le cas par exemple de la Convention américaine des droits de l'homme (1969), de la Charte africaine des droits de l'homme (1981), de la Convention européenne des droits de l'homme (1950) et surtout de la Déclaration universelle des droits de l'homme (1948). L'efficacité concrète de ces différents textes est des plus variables dans la mesure où il n'existe aucun moyen, en droit international, pour obliger par la force un Etat à respecter ses engagements, notamment dans le domaine des droits de l'homme. Cependant, la multiplication des textes inspirés de celui de 1789 montre assez l'importance au moins symbolique qu'a pu revêtir la *Déclaration des droits de l'homme et du citoyen* qui constitue aujourd'hui une référence proprement universelle.

La critique philosophique des droits de l'homme

Référence universelle, la Déclaration des droits de l'homme n'est cependant pas à l'abri de toutes les critiques. Les plus pertinentes sont celles qui portent sur l'abstraction et l'universalité de ces deux concepts que réunit la formule « droits de l'homme ». De quel « homme » en effet parle-t-on et de quels « droits » ?

Le philosophe savoyard, Joseph de Maistre, l'avait souligné dès le début. La notion d'homme telle qu'elle est au centre de la Déclaration de 1789 et des constructions constitutionnelles des révolutionnaires, pourrait bien n'être qu'une fiction, qu'une coquille vide. En une formule devenue célèbre, il résumait son objection majeure dans ses *Considérations sur la France :*

> **« ... il n'y a point d'homme dans le monde. J'ai vu dans ma vie des Français, des Italiens, des Russes, etc.; je sais même, grâce à Montesquieu, qu'on peut être Persan; mais quant à l'homme, je déclare ne l'avoir rencontré de ma vie; s'il existe, c'est bien à mon insu. »**

De manière plaisante et percutante, Joseph de Maistre affirme que ce qui existe dans la réalité, ce n'est pas l'homme — abstrait et universel — mais la pluralité des individus réels qui ne se définissent que par une culture, une langue, une tradition propres. Dès lors, l'ambition universaliste de la Déclaration de 1789, qui prétendait poser des principes valables pour toutes les époques et sous toutes les latitudes, ne peut être que l'œuvre de la bêtise ou de la prétention françaises. Il faut renoncer à légiférer dans l'abstrait au nom de l'homme et pour lui, et se résoudre à n'agir que pour la collectivité à laquelle on appartient et pour le temps qui est le sien.

Le débat peut sembler un peu secondaire, il est pourtant essentiel. Il s'agit en effet de savoir si l'être humain a des droits qui sont les mêmes quelle que soit la communauté historique à laquelle il appartient : y a-t-il, au-delà des lois de l'Etat, des lois plus hautes auxquelles les premières doivent se soumettre ? C'est seulement si l'on répond à cette question par l'affirmative que la notion de droits de l'homme conserve un sens.

L'objection est donc de taille, qui mine déjà en partie la notion de « droits de l'homme ». Une autre vient s'y ajouter, plus décisive sans doute et qui porte sur le premier des deux termes conjugués dans l'expression : celui de « droits ». Quel sens y a-t-il, en effet, à proclamer — dans l'abstrait là encore — des droits ? La position serait tout à fait soutenable, qui consisterait à affirmer qu'il n'est pas de droit sans la contrepartie d'un devoir et, surtout, qu'un droit n'est rien sans la garantie concrète de la possibilité d'exercice de celui-ci. Telle était, par exemple, la position du Britannique Edmund Burke qui, dans ses *Réflexions sur la Révolution de France,* écrivait :

> **« A quoi bon discuter du droit abstrait d'un homme à la nourriture ou à la santé ? La véritable question est celle des moyens de les lui procurer. Dans ce débat, je recommanderai de s'adresser au fermier ou au médecin plutôt qu'au professeur de métaphysique. »**

Sous une forme plus brutale, les marxistes ont repris au XXe siècle un peu de ces critiques en demandant de manière abrupte quels étaient les droits véritables d'un chômeur noir américain.

Considérés sous cet angle, les droits de l'homme apparaissent au mieux comme une naïveté, au pire comme une imposture : on proclame en effet les droits les plus ambitieux, alors que l'état réel de la société interdit véritablement qu'on puisse exercer ceux-ci. Le décalage entre le texte de 1789 et la réalité politique et sociale des systèmes qui s'en inspirent se donne à lire ici dans toute son amplitude. Les droits de l'homme semblent ne nous proposer que l'image d'un individu théorique, détaché de tout contexte et de toute réalité, fantôme abstrait et universel.

Moderniser les droits de l'homme ?

La solution la plus raisonnable, une fois évalué ce gouffre entre le texte de 1789 et la réalité à laquelle il renvoie, consisterait sans doute dans un travail d'adaptation, de modernisation des principes exposés en 1789. C'est dans cette voie effectivement que les gouvernements se sont engagés au XXe siècle. Ainsi les Constituants de 1946 qui, en France, s'attachèrent à formuler toute une série de nouveaux principes censés correspondre plus directement à la réalité contemporaine; de même, les rédacteurs de la Déclaration universelle de 1948.

On distingue de ce fait plusieurs générations de droits de l'homme. La première est celle de 1789 : elle consacre les droits politiques et civils que l'Etat, par son abstention, garantit aux individus. La seconde génération est celle de l'après-guerre et se traduit essentiellement dans les deux textes cités au paragraphe précédent. Il s'agit d'ajouter aux principes de 1789 tous les droits rendus nécessaires par l'entrée du monde dans l'âge de la révolution industrielle : droit de grève, droit à la santé, liberté syndicale, droit au travail, égalité entre les hommes et les femmes.

On parle quelquefois aujourd'hui de la nécessité d'une troisième génération de droits de l'homme. Ceux-ci constitueraient comme la nécessaire réponse à l'évolution scientifique et technique foudroyante dont le XXe siècle a été le lieu. Il est vrai que, avec le développement de l'informatique ou de la biologie, de nouvelles menaces pèsent sur notre liberté et notre dignité, qui auraient relevé, pour les Constituants de 1789, de la science-fiction. De Maistre déclarait ignorer ce qu'est l'homme. Que dire alors aujourd'hui, quand la maîtrise croissante de la fécondation et la prolongation de la vie humaine, l'exploration des marges de l'existence, nous interdisent de savoir avec certitude quand commence l'être humain et où il finit ? La nécessité de nouveaux textes se fait sentir, qui devraient proclamer le droit à la maîtrise de son propre organisme — menacé autant que protégé par les progrès de la médecine —, de son environnement — face à la pollution —, de son intimité — face aux médias et à l'informatique.

Les années qui viennent nous apporteront peut-être cette nouvelle et moderne déclaration des droits de l'homme. Au sujet de son opportunité, les opinions sont cependant loin d'être unanimes. Les nouvelles questions du monde moderne appellent certes de nouvelles réponses, mais il n'est pas évident que la déclaration des droits de l'homme soit le meilleur cadre pour formuler celles-ci. A trop vouloir multiplier les droits de l'homme, on risque en effet de banaliser ceux-ci et de diluer la signification symbolique et politique qui est d'abord la leur. Ajouter à la liberté d'expression le droit aux vacances, n'est-ce pas finalement confronter l'incomparable et courir le risque d'un nivellement généralisé ? A l'occasion de la célébration de la Déclaration de 1948, le philosophe Claude Lefort s'exprimait ainsi :

> **« La formulation de ces nouveaux droits constitue un danger dans la mesure où ils tendent à faire perdre la signification originaire de la notion de droits de l'homme. A la limite, tout ce qui n'est qu'intérêt d'une catégorie ou bien désir de l'individu tend à se travestir en droit. »**

On ne saurait conclure cet aperçu sans souligner que malgré — ou à cause de — leur ambiguïté et la distance historique qui nous en sépare, les droits de l'homme constituent aujourd'hui une référence essentielle dans le combat multiple qui se mène pour la défense de la liberté. Comme le déclarait Andreï Sakharov à l'occasion du transfert des cendres de René Cassin au Panthéon :

> **« Aujourd'hui, l'idée de la défense des droits de l'homme est la base sur laquelle s'unissent dans le monde entier les gens de convictions, de foi et de nationalités diverses. »**

REPÈRES

Edmund Burke, *Réflexions sur la Révolution de France* (Pluriel) Hachette, 1790.
Joseph de Maistre, *Considérations sur la France,* Complexe, 1796.
La Déclaration des droits de l'homme et du citoyen, présentée par Stéphane Rials, (Pluriel) Hachette, 1988.

▶ **Démocratie, Etat, Révolution.**

Ecologie

Science de l'environnement, l'écologie est aussi prise de conscience des menaces nouvelles qui pèsent sur celui-ci.

En cela, l'écologie est d'abord dénonciation légitime des méfaits de la société industrielle; de manière plus discutable, elle se constitue également en projet politique visant à remédier de manière globale à ceux-ci.

L'homme et la nature

Formé en 1866 à partir de deux racines grecques, le terme « écologie » est l'œuvre du biologiste allemand Ernst Haeckel (1834-1919). Il signifie « science de l'habitat ».

L'écologie est donc d'abord une science. Elle se propose d'étudier le milieu dans lequel évoluent les espèces vivantes et les relations qui s'établissent entre les êtres et leur milieu. A cette fin, elle met en place la notion d'« écosystème » affirmant que, dans la nature, tout se tient et que, du coup, seule une approche globale des phénomènes permet de rendre compte de la complexité du monde dans lequel nous vivons. Chaque espèce, à sa manière, participe de l'équilibre d'ensemble dont, en retour, elle profite.

La question se pose, dès lors, de la place que l'homme occupe dans cet ensemble, du rôle qu'il joue dans cet équilibre. Etre de culture, en effet, plus que de nature, il dispose de cette capacité unique de s'opposer à ce qui est et de transformer le monde dans lequel il vit. Cette capacité est synonyme de progrès mais tout autant de déséquilibre.

Une protestation contre les méfaits du monde industriel

Or, un constat, aujourd'hui, s'impose : le progrès se paye au prix d'un déséquilibre chaque jour de plus en plus insupportable si bien que la notion même de progrès devient du coup des plus suspecte. Les capacités techniques dont nous disposons aujourd'hui sont telles que l'exploitation des ressources naturelles tourne à leur gaspillage pur et simple, que la transformation positive du monde ne se distingue plus très clairement de sa totale destruction.

L'écologie — non plus en tant que science, mais en tant que philosophie — vise moins à étudier cette situation qu'à dénoncer celle-ci. Elle se constitue en un discours militant qui attire l'attention de l'opinion publique sur toutes les formes de déprédation dont notre environnement est victime : pollution, gaspillage, disparition des espèces animales menacées... Telle est par exemple l'action du mouvement Greenpeace qui œuvre de par le monde pour la protection des baleines ou l'arrêt des expérimentations nucléaires.

Mais allant au bout de leur logique, les écologistes affirment qu'il n'est pas suffisant de « réparer », de résoudre au coup par coup les problèmes que pose le système industriel contemporain. La situation est d'une telle gravité que le salut n'est possible qu'au prix d'une remise en question globale du modèle de développement qui est le nôtre. C'est pourquoi, mettant au jour les impasses dans lesquelles la société industrielle s'est engagée, l'écologie invite à transformer radicalement les structures d'ensemble de notre civilisation.

Telle est par exemple la position qu'expose Ivan Illich en 1973 dans un ouvrage intitulé *La Convivialité* :

> **« Au stade avancé de la production de masse, une société produit sa propre destruction. La nature est dénaturée. L'homme déraciné, castré dans sa créativité, est verrouillé dans sa capsule individuelle. La collectivité est régie par le jeu combiné d'une polarisation exacerbée et d'une spécialisation à outrance... Le monopole**

du mode industriel de production fait des hommes la matière première que travaille l'outil. Et cela n'est plus supportable. Peu importe qu'il s'agisse d'un monopole privé ou public : la dégradation de la nature, la destruction des liens sociaux, la désintégration de l'homme ne pourront jamais servir le peuple. »

Une force politique

Telle est la logique écologiste. On voit qu'elle s'articule en deux temps. Elle est d'abord dénonciation des atteintes à l'environnement dont se rend coupable la société industrielle. Elle est ensuite proposition d'un système alternatif qui permettrait de rétablir l'équilibre rompu entre l'homme et la nature. Il ne s'agit pas, pour les écologistes, de refuser le progrès mais de rechercher une autre forme de développement qui permettrait à la Nature de survivre et à l'individu de s'épanouir.

En cela, l'écologie est bien une utopie mais au sens le plus noble du terme. Elle est le rêve d'une société nouvelle qui, dans le respect de l'environnement et de l'homme, par l'autogestion, la décentralisation, saurait nous tirer du terne cauchemar dans lequel la civilisation industrielle nous a quelquefois contraints de vivre.

Aussi bien dans les critiques qu'elle formule que dans les propositions qu'elle énonce, l'écologie est donc bien indissociable d'un projet politique. Et dans une large mesure, les années récentes ont bien vu l'émergence de la question écologique sur la scène politique.

D'un côté, les institutions internationales et les partis nationaux, sous la pression de l'opinion publique et de l'électorat, ont manifesté un intérêt nouveau pour les problèmes de l'environnement. Les résultats sont encore loin d'être convaincants et les intentions véritablement transparentes. Les intérêts économiques et stratégiques en jeu sont tels que les politiques se contentent bien souvent d'une sorte de bricolage électoraliste de leur programme, destiné à drainer les voix écologistes à la veille d'un scrutin. L'ampleur du programme nucléaire et l'attentat mené par les services secrets français contre le navire du mouvement Greenpeace, le *Rainbow Warrior*, suffisent malheureusement à démontrer ce que peut avoir de superficiel, voire d'hypocrite, la conversion à l'écologie de l'essentiel de la classe politique.

Devant la carence des formations classiques, les écologistes se sont constitués en mouvements politiques. Et en Allemagne au moins, le Parti des Verts joue maintenant un rôle appréciable dans la vie institutionnelle. L'alternative, malheureusement, est loin d'être convaincante. L'idéologie écologiste charrie en effet le pire et le meilleur. Elle a repris à son compte, de manière souvent légitime, l'héritage intellectuel des mouvements de protestation de 68. Mais il faut bien reconnaître qu'elle sert souvent de refuge aux convictions les plus délirantes, les moins rigoureuses, voire les plus archaïques. Les écologistes d'aujourd'hui font bien souvent penser aux socialistes utopiques du XIXe siècle : conscients avant tout le monde des véritables enjeux de demain, ils sont incapables de se constituer en alternative crédible et de contribuer à résoudre les problèmes qui, dès aujourd'hui, se posent.

Catastrophes écologiques

Celles qui ont eu lieu

— **1953 : Minamata (Japon)**
Intoxication de pêcheurs japonais par le méthylmercure rejeté en mer par des usines d'engrais : 111 victimes dont 46 morts. La maladie de Minamata se traduit par des troubles mentaux d'une très grande gravité et la naissance d'enfants malformés.

— **Juillet 76 : Seveso (Italie)**
Un nuage de dioxine menace la ville de Seveso (banlieue de Milan) dont la population doit être évacuée.

— **Mars 78 : Bretagne (France)**
Le pétrolier *Amoco-Cadiz* fait naufrage et provoque une gigantesque marée noire sur les côtes de la Bretagne : 220 000 tonnes de brut sur 200 km de côtes.

— **Mars 79 : Three Mile Island (Etats-Unis)**
L'accident d'une centrale nucléaire aux Etats-Unis attire l'attention de l'opinion publique internationale sur les risques liés à cette forme d'énergie.

— **Avril 86 : Tchernobyl (U.R.S.S.)**
Le plus grave accident nucléaire à ce jour : des dizaines de morts, un nombre incalculable de personnes atteintes, des centaines de kilomètres carrés contaminés pour des siècles.

— **Février 91 : golfe Persique**
L'Irak déclenche une gigantesque marée noire dans le Golfe en riposte à l'offensive alliée pour la libération du Koweit.

Celles qui se préparent

— **La menace nucléaire**
Le nombre croissant de centrales et surtout le vieillissement du parc nucléaire rendent possible la multiplication des accidents de type « Tchernobyl ».

— **L'empoisonnement de la planète**
L'industrialisation et l'urbanisation se soldent par la production d'un volume gigantesque d'ordures et de déchets dont l'élimination est de moins en moins possible : d'où tous les problèmes de pollution de l'eau, des terres et de l'atmosphère qui, à terme, peuvent rendre la planète inhabitable.

REPÈRES

René Dumont, *L'Utopie ou la mort,* (Points) Seuil, 1974
Ivan Illich, *La Convivialité,* (Points) Seuil, 1973
E.F. Schumacher, *Small is beautiful,* (Points) Seuil, 1978
Dominique Simonnet, *L'Ecologisme*, (Que sais-je ?) PUF, 1979.

► **Modernité, Technique (progrès), Utopie.**

Education

L'éducation est ce nécessaire processus d'apprentissage qui donne à l'individu les moyens de son épanouissement personnel et de son intégration sociale.

Avec Rousseau et Condorcet, le XVIIIe siècle est le lieu d'une véritable révolution pédagogique qui va donner à l'éducation son visage moderne. Le premier affirme que l'éducation doit respecter la nature spécifique de l'enfant. Le second prône la démocratisation de l'instruction. Tels sont les objectifs — inchangés mais difficiles encore à atteindre — qui définissent aujourd'hui le projet éducatif.

Une double fonction

Par la mise en œuvre de moyens pédagogiques appropriés, l'éducation vise à la réalisation d'un double objectif : tournée vers l'individu, elle se propose de donner à celui-ci les connaissances, les outils culturels qui faciliteront son épanouissement personnel; tournée vers la société dans son ensemble, elle a pour mission de permettre l'insertion harmonieuse et productive de l'individu dans la collectivité, et ceci aussi bien au plan économique que moral et politique.

Quel lieu d'équilibre trouver, dès lors, entre ces deux exigences qui peuvent s'avérer autant discordantes que concordantes ? Faut-il ne donner à l'éducation d'autre objectif que de plier l'individu aux contraintes du groupe, l'astreindre à un dressage social en lui faisant intérioriser les valeurs sur lesquelles repose la collectivité ? Faut-il à l'inverse concevoir l'éducation comme un apprentissage de la liberté, une découverte de soi-même ?

Il est rare que l'alternative se présente en des termes aussi clairs. La soumission à l'ordre social peut être en effet une forme d'épanouissement personnel; de même, l'épanouissement personnel peut difficilement aller sans une forme d'intégration dans le groupe. Cependant, la contradiction demeure et oblige chaque société, comme chaque enseignant, à définir et redéfinir sans cesse le système éducatif optimal.

Révolution pédagogique, révolution politique

Si l'on veut chercher ce que fut et reste dans une large mesure la réponse occidentale à la question du meilleur système éducatif, sans doute convient-il de remonter au moins jusqu'au XVIIIe siècle. A cette époque se produit, en effet, ce que l'on pourrait nommer, dans le champ de l'éducation, une révolution à la fois pédagogique et politique, dont l'effet reste déterminant en ce qui concerne le jugement que nous portons encore aujourd'hui sur le système éducatif.

Cette révolution est l'œuvre tout d'abord de Jean-Jacques Rousseau. Celui-ci trace dans l'*Emile,* en 1762, un véritable programme éducatif en rupture avec toutes les pratiques antérieures. Il affirme qu'on ne peut enseigner un enfant qu'à condition de respecter sa spécificité et de reconnaître qu'il diffère radicalement de l'adulte. Il faut donc que le pédagogue se plie à la nature enfantine au lieu de s'acharner à vainement la contrarier. Il lui faudra donc calquer le rythme de son enseignement sur les étapes obligées du développement de la personnalité. Avec Rousseau, se trouve donc condamnée l'idée que l'éducation se limite au pur apprentissage livresque des connaissances dont l'adulte devra disposer. L'école doit nous apprendre à vivre et elle doit nous faire découvrir la vie et le monde dans leur richesse et leur diversité. De cette idée simple naît l'essentiel de la psychologie moderne.

Pour Rousseau, la révolution pédagogique ne pouvait aller sans une révolution politique. Changer l'homme par l'éducation, c'était du même coup changer la société, et à cet égard, il est particulièrement significatif que l'*Emile* paraisse la même année que *Du Contrat social.* Cependant, le livre de Rousseau se limite à une sorte d'expérience de laboratoire. L'éducation d'un seul était envisagée et, de plus, dans les conditions les plus favorables dont un pédagogue puisse rêver. Il appartenait aux révolutionnaires d'affirmer que la question de l'éducation devrait se poser désormais en termes collectifs.

C'est ce que fit tout particulièrement Condorcet. Révolutionnaire et philosophe, celui-ci définit le nouveau système scolaire qui, seul, pourrait permettre à la démocratie de ne pas être une chimère. Le pouvoir, en effet, ne peut être donné à tous que si chacun est en mesure de l'exercer. Cela suppose le principe d'une « instruction de masse » qui, en prodiguant à chacun la culture minimale dont il a besoin, permettra à la société de tendre vers la liberté et l'égalité. Là encore, la révolution politique est au prix de la révolution pédagogique.

L'éducation aujourd'hui

Respect de l'enfant et démocratisation de l'enseignement : tels sont les deux principes qui, aujourd'hui encore, définissent largement sinon la réalité de notre système éducatif du moins les objectifs inchangés qu'il s'assigne.

Des objectifs à la réalité, il y a cependant une distance que l'on peut juger excessive. Malgré la mise en place d'une éducation obligatoire, gratuite et laïque, l'égalité devant l'instruction est loin d'être la règle. L'école est impuissante, en effet, à réduire les inégalités culturelles qui ne sont en fait rien d'autre que le reflet des inégalités sociales. Pire encore, il arrive souvent que le système scolaire, du fait de son éclatement et de son manque d'homogénéité, renforce ces inégalités. A côté d'établissements prestigieux destinés à une élite qui se reproduit elle-même, un véritable ghetto scolaire se constitue, d'où il est pratiquement impossible de sortir.

Dans de telles conditions, il n'est pas rare de voir conclure à un échec global du système éducatif. Le chemin parcouru est cependant immense et les acquis indéniables.

L'inquiétude se justifie dans la mesure où la question éducative est l'une des plus décisives qui soient pour l'avenir d'une société. Il y va de la capacité d'une nation à répondre aux défis économiques de demain, en formant une main-d'œuvre qualifiée et flexible. Plus encore, il y va de la cohésion même du groupe. Dans une société de plus en plus éclatée, seule l'école, en effet, peut permettre de retrouver, dans le respect des diversités, le sens d'une identité commune.

REPÈRES

Condorcet, *Esquisse d'un tableau historique des progrès de l'esprit humain,* GF, 1795.

Roger Gall, *Histoire de l'éducation,* (Que sais-je?) PUF, 1948.

Ivan Illich, *Une société sans école,* (Points) Seuil, 1971.

Jean-Jacques Rousseau, *Emile ou De l'éducation,* GF, 1762.

► **Culture.**

Engagement

L'engagement est la volonté, pour un écrivain ou un artiste, d'agir par son œuvre dans les conflits politiques de son temps.

Si elle est de toutes les époques, la question de l'engagement s'est posée avec une force particulière à l'occasion de la Seconde Guerre mondiale. Tirant la leçon des événements récents, Jean-Paul Sartre, en 1945, se livra à un véritable plaidoyer pour la littérature engagée. Le débat était ainsi ouvert, qui dominerait jusqu'aux années 70 la scène littéraire.

1940-45 : Honneur et déshonneur des lettres

La littérature engagée ne naît pas au sortir de la Seconde Guerre mondiale. Avec assez de talent, de culture et de conviction, on pourrait même soutenir — un peu à la manière de Sartre — qu'il n'est de littérature qu'engagée. Un écrivain — qu'il le veuille ou non, qu'il le reconnaisse ou qu'il se le dissimule — appartient à son temps et ne peut empêcher que son œuvre soit, d'une manière ou d'une autre, prise de position sur les grands combats de son époque.

Sans pousser la démonstration aussi loin et agrandir indéfiniment, du coup, le champ de la littérature engagée, il suffit de considérer l'histoire des siècles passés pour constater que les grands écrivains d'hier n'ont pas hésité à prendre parti dans les conflits de leur temps. Au siècle des guerres de Religion, poètes catholiques (Ronsard) et poètes protestants (Agrippa d'Aubigné) mirent leur génie au service des camps opposés dont la lutte déchirait la France. Les « philosophes » du XVIIIe siècle — et tout particulièrement Voltaire — firent très clairement de leurs œuvres des armes dans la lutte que les Lumières livraient contre l'obscurantisme. Avec le Romantisme, les poètes se voulurent investis d'un pouvoir presque sacré, qui leur faisait un devoir de se ranger aux côtés du peuple, pour permettre à l'humanité de s'engager toujours plus avant sur la voie du Progrès et de la Liberté. Que l'on cite l'affaire Calas, la participation de Lamartine au gouvernement de la Seconde République ou la dénonciation du Second Empire par Hugo, et l'on verra assez que la littérature engagée n'est en rien un monopole de notre temps.

Cependant, dans la perspective qui est la nôtre, il est légitime de saisir la question de l'engagement au moment où s'achève la Seconde Guerre mondiale.

Avec beaucoup d'urgence, la question s'était en effet posée, pour les écrivains vivant dans les pays occupés, de savoir quelle attitude adopter. Fallait-il se taire ou au contraire continuer à écrire? L'ampleur de la catastrophe historique imposait-elle le silence ou, à l'inverse, était-il du devoir des écrivains de prendre la parole avec plus de force encore? Les mots suffisaient-ils ou fallait-il passer aux actes? Et, si les mots en eux-mêmes pouvaient être des actes, quel camp devait-on servir?

Certains se rangèrent aux côtés de l'occupant, pensant que la collaboration dans laquelle Pétain avait décidé d'engager la France devait mobiliser également les écrivains. Ce furent les Drieu La Rochelle, Brasillach, Céline. D'autres, à l'inverse, passèrent dans la Résistance; ils y firent, pour certains de la figuration tandis que d'autres y jouèrent un rôle de premier plan mettant leur vie en danger. Ce furent les Camus, Char, Eluard.

L'enjeu était politique bien entendu, mais également — et c'est le point qui, ici, nous intéresse — littéraire. La littérature, en effet, reste-t-elle la littérature lorsqu'elle décide de se mettre au service d'une cause politique, aussi légitime soit-elle? Il y avait là matière à un véritable cas de conscience et tout particulièrement pour les plus iconoclastes et les plus libres des écrivains de l'avant-guerre, jetés malgré eux dans une guerre où il leur fallait bien prendre parti: les surréalistes.

Ceux-ci étaient résolument hostiles à toute théorie de

l'Art pour l'Art : le surréalisme devait à leurs yeux participer à une révolution qui permettrait la libération de l'individu. Cependant, cette participation ne devait en aucun cas se traduire par une perte d'autonomie pour les artistes. Breton avait écrit :

> **« L'ignoble mot d'engagement [...] sue une servilité dont la poésie et l'art ont horreur. »**

Pouvait-on s'en tenir à une telle position lorsque l'enjeu était la liberté de tout un peuple ? Certains surréalistes — plus proches, d'ailleurs, du communisme, que Breton — affirmèrent que non. A l'initiative de Paul Eluard, ils publièrent clandestinement des textes de combat rassemblés en un recueil intitulé *L'Honneur des poètes*. La poésie, et bien souvent la poésie surréaliste, se rangeait du coup sous la bannière de la Résistance. Elle se donnait pour fonction de chanter la France et d'en appeler lyriquement à sa libération.

S'agissait-il là d'un acte estimable d'engagement dans l'histoire, ou d'une trahison de l'essence véritable de la poésie ? Benjamin Péret, un autre surréaliste, répondit aux écrivains résistants dans un pamphlet significativement intitulé : *Le Déshonneur des poètes*. Il y affirmait notamment :

> **« L'expulsion de l'oppresseur et la propagande en ce sens sont du ressort de l'action politique, sociale ou militaire, selon qu'on envisage cette expulsion d'une manière ou d'une autre. En tout cas, la poésie n'a pas à intervenir dans le débat autrement que par son action propre, par sa signification culturelle même, quitte aux poètes à participer en tant que révolutionnaires à la déroute de l'adversaire nazi par des méhodes révolutionnaires, sans jamais oublier que cette oppression correspondait au vœu, avoué ou non, de tous les ennemis — nationaux d'abord, étrangers ensuite — de la poésie comprise comme libération totale de l'esprit humain car, pour paraphraser Marx, la poésie n'a pas de patrie puisqu'elle est de tous les temps et de tous les lieux. »**

Honneur ou déshonneur ? La littérature s'était-elle reniée elle-même en se jetant dans la mêlée de l'histoire? Toujours est-il qu'avec la Seconde Guerre mondiale, la question de l'engagement s'installe sur le devant de la scène culturelle.

Pour une littérature engagée

Agitée déjà pendant la guerre, la question de l'engagement des écrivains se pose avec toute sa force à l'issue de celle-ci. D'un côté, par l'épuration, les écrivains qui ont pris parti pour l'occupant sont exécutés ou emprisonnés; de l'autre, grâce à la Libération, les écrivains résistants retrouvent le droit de s'exprimer à voie haute. La responsabilité des uns et des autres se trouve donc *de facto* reconnue.

Jean-Paul Sartre va faire de la question de l'engagement son cheval de bataille. Romancier, philosophe, dramaturge, critique, il bénéficie au sortir de la guerre d'un prestige inouï, nouveau maître à penser de la jeunesse. Or, pour Sartre, ainsi qu'il s'en est expliqué dans *L'Etre et le Néant* ou *L'Existentialisme est un humanisme,* l'homme, «condamné à être libre», est entièrement responsable de ses actes; bien plus, c'est par ses actes qu'il se fait lui-même en tant qu'individu. L'écrivain n'échappe pas à la règle: ce qu'il écrit l'engage car, par ses textes, il manifeste sa liberté et agit sur le monde qui l'entoure. La littérature ne peut donc qu'être engagée. Il faut que les écrivains prennent conscience qu'ils sont de toute manière partie prenante dans les conflits politiques de leur temps et que c'est toujours au présent que la littérature se fait.

Le premier numéro des *Temps modernes,* en octobre 1945, est pour Sartre l'occasion d'un véritable texte-manifeste dans lequel, sur un ton sans réplique, il dresse le réquisitoire des écrivains du passé qui ont cru pouvoir refuser l'engagement et qui, du coup, sont devenus les complices des atrocités de leur temps:

« L'écrivain est *en situation* dans son époque : chaque parole a des retentissements. Chaque silence aussi. Je tiens Flaubert et Goncourt pour responsables de la répression qui suivit la Commune parce qu'ils n'ont pas écrit une ligne pour l'empêcher. Ce n'était pas leur affaire, dira-t-on. Mais le procès de Calas, était-ce l'affaire de Voltaire ? La condamnation de Dreyfus, était-ce l'affaire de Zola ? L'administration du Congo, était-ce l'affaire de Gide ? Chacun de ces auteurs, en une circonstance particulière de sa vie a mesuré sa responsabilité d'écrivain. L'Occupation nous a appris la nôtre. Puisque nous agissons sur notre temps par notre existence même, nous décidons que cette action sera volontaire. »

C'est un véritable programme qui, dans ce texte, se trouve tracé avec fermeté. Sartre justifie sa propre pratique romanesque et dramatique; il dessine les lignes essentielles de ce que sera sa trajectoire intellectuelle. Mais plus que cela, il expose une véritable théorie de l'écriture, dans laquelle la valeur d'une œuvre se trouve mesurée essentiellement à l'aune de son impact historique. Il faut renoncer à l'illusion qui consiste à penser que la littérature ne tend que vers un Beau et un Vrai désincarnés. Il faut repousser la mystification qui présente la littérature comme n'ayant pas d'autre but qu'elle-même. L'histoire est un combat, et dans ce combat, l'œuvre littéraire est une arme dont l'écrivain doit apprendre à se servir pour transformer l'époque à laquelle il appartient et la société à laquelle il se doit.

Témoignage et engagement

La leçon, que sur un ton assez dogmatique dispensait Sartre, ne fut pas du goût de tous ses contemporains. Parmi toutes les objections que souleva sa thèse, les plus intéressantes furent sans doute celles que formula Gide. Dans le jeu de massacre auquel Sartre s'était livré, il était l'un des rares écrivains à être sorti indemne. Sartre rendait hommage à l'homme qui avait su dénoncer les méfaits du colonialisme. Gide fut, cependant, moins flatté qu'irrité par la démonstration de Sartre — et par tout le tapage journalistique qui l'entoura. Il s'en explique dans son *Journal* à la date du 19 janvier 1948. Il commence par y affirmer que la prestigieuse génération littéraire qui était la sienne avait hérité de Mallarmé la conviction que l'art — différent en cela de l'universel reportage — devait tendre à l'éternel :

> **« Valéry, Proust, Claudel et moi-même, si différents que nous fussions l'un de l'autre, si je cherche par quoi l'on nous reconnaîtra pourtant du même âge, et j'allais dire de la même équipe, je crois que c'est le grand mépris où nous tenions l'actualité. Et c'est en quoi se marquait en nous l'influence plus ou moins secrète de Mallarmé. Oui, même Proust dans sa peinture de ce que nous appelions « les contingences », et Fargue, qui, ces derniers temps, écrivait pour vivre, dans les journaux, encore était-ce avec le sentiment très net que l'art opère dans l'éternel et s'avilit en cherchant à servir, fût-ce les plus nobles causes. J'écrivais : "J'appelle journalisme tout ce qui intéressera demain moins qu'aujourd'hui." »**

Sur la base d'une telle conception de l'art, Gide ne peut que réfuter la conception sartrienne d'une littérature engagée :

> **« Aussi rien ne me paraît plus absurde à la fois et plus justifié que ce reproche que l'on me fait aujourd'hui de n'avoir jamais su m'engager. Parbleu ! Et c'est bien par où diffèrent le plus de nous les leaders de la nouvelle génération, qui jaugent une œuvre selon son efficacité immédiate. C'est aussi bien à un succès immédiat qu'ils prétendent; tandis que nous trouvions tout naturel de demeurer inconnus, inappréciés et dédaignés jusqu'à passé quarante-cinq ans. Nous misions sur la durée, préoccupés uniquement de former une œuvre durable, comme celles que nous admirions, sur lesquelles le temps n'a que peu de prise et qui aspirent à paraître aussi émouvantes et actuelles demain qu'aujourd'hui.**
>
> **Toutefois, lorsque besoin était de témoigner, je n'avais nullement craint de m'engager; et Sartre le**

reconnaissait avec une bonne foi parfaite. Mais les *Souvenirs de cour d'assises,* non plus que la *Campagne contre les Grandes Compagnies concessionnaires du Congo* ou que le *Retour de l'URSS* n'ont presque aucun rapport avec la littérature. »

Très clairement et de manière convaincante, Gide s'oppose dans ce bref passage de son *Journal* à la thèse sartrienne. La littérature, à ses yeux, ne peut se définir par les objectifs à court terme que Sartre lui assigne. Elle ne se distinguerait plus alors du journalisme et manquerait cette *« sortie hors du temps »* qui est sa raison d'être. Pire encore, l'art pourrait se confondre avec la propagande, se reniant ainsi lui-même.

Est-ce à dire que, pour Gide, l'artiste se doit de regagner bien sagement la « tour d'ivoire » à laquelle le tumulte de la guerre l'avait arraché ? Nullement. Gide a toujours manifesté une très grande attention et une très grande présence aux problèmes de son temps : ainsi qu'il le rappelle, il a dénoncé le système judiciaire dans ses excès, tout comme le colonialisme, le fascisme ou le communisme. Cependant, pour lui, toute cette part de son œuvre ne relève pas de la littérature mais de ce qu'il préfère nommer le témoignage. A la thèse monolithique de Sartre, Gide préfère opposer une définition double de l'écrivain et de sa situation dans le monde : en tant qu'artiste, celui-ci doit, dans ses œuvres littéraires, se refuser à la tentation nuisible et éphémère de l'engagement; mais, en tant qu'intellectuel, il doit, par son témoignage, se ranger aux côtés de la justice et de la vérité chaque fois qu'il peut le faire. Ainsi se trouvent conjurés ces deux périls symétriques qui sont ceux de l'art militant, asservi aux mots d'ordre d'un parti, et du repli frileux et égoïste hors de son temps.

Le seul engagement possible, pour l'écrivain, c'est la littérature

Est-ce par un prévisible retour du balancier? Toujours est-il que, renouant paradoxalement avec Gide par-dessus la tête de Sartre, la jeune génération du nouveau roman va, dans les années 50, plaider pour un désengagement de la littérature.

Prenant acte, notamment, de la catastrophe du réalisme socialiste, Alain Robbe-Grillet, dans *Pour un nouveau roman,* compte l'engagement au nombre de ces notions périmées avec lesquelles il s'agit désormais d'en finir. L'idée, certes, est séduisante d'une alliance positive entre l'Art et la Révolution, mais l'expérience nous enseigne que cette union est, en réalité, impossible. Si la littérature s'engage, elle sombre dans le didactisme, dans la lourdeur démonstrative. Elle abandonne toute ambition novatrice et se contente de se mettre au service d'une cause qui, quoi qu'on fasse, lui demeure extérieure. Il faut, affirme Robbe-Grillet, éviter ce piège : la littérature se doit de rester elle-même, c'est-à-dire cette recherche perpétuelle qui déborde toutes les certitudes et toutes les convictions. La réalité d'une œuvre réside non pas dans son sens, dans son message, mais dans sa forme même, dans sa construction. Le texte ne doit donc pas se réduire à un mot d'ordre qu'il serait possible d'en extraire. Il doit demeurer cette aventure de l'écriture dans laquelle s'engagent et l'auteur et le lecteur. A cette condition seulement il pourra, à terme, transformer le regard que nous portons sur le monde :

> **«Il n'est pas raisonnable [...] de prétendre dans nos romans servir une cause politique, même une cause qui nous paraît juste, même si dans notre vie politique nous militons pour son triomphe. La vie politique nous oblige sans cesse à supposer des significations connues : significations sociales, significations historiques, significations morales. L'art est plus modeste — ou plus ambitieux : pour lui, rien n'est jamais connu d'avance.**
>
> **Avant l'œuvre, il n'y a rien, pas de certitude, pas de thèse, pas de message. Croire que le romancier a « quel-**

que chose à dire», et qu'il cherche ensuite comment le dire, représente le plus grave des contresens. Car c'est précisément ce «comment», cette manière de dire, qui constitue son projet d'écrivain, projet obscur entre tous, et qui sera plus tard le contenu douteux de son livre. C'est peut-être, en fin de compte, ce contenu douteux d'un obscur projet de forme qui servira le mieux la cause de la liberté. Mais à quelle échéance?»

Plus encore qu'au début des années 60, cette échéance nous semble aujourd'hui lointaine. Dans la fièvre révolutionnaire qui saisit le monde autour de 1968, on crut quelquefois que le moment était venu où révolution poétique et révolution politique allaient enfin définitivement se rejoindre et conjuguer leurs efforts pour renverser et la société bourgeoise et le langage que celle-ci parlait. Telle était, par exemple, la position des membres du groupe *Tel Quel* qui cherchèrent, dans la ligne ouverte par le surréalisme, à trouver une voie comme au-delà de Sartre et de Robbe-Grillet. Se refuser à l'académisme littéraire de Sartre tout en conservant sa volonté de faire servir la littérature à la révolution; pousser plus loin l'entreprise de déconstruction et de rénovation du langage romanesque initiée par Robbe-Grillet tout en repoussant sa théorie d'un art qui n'aurait pas d'autre fin que lui-même.

Cette fièvre révolutionnaire dissipée, l'engagement apparaît aujourd'hui plus que jamais comme une notion périmée. La cause en est d'ailleurs moins littéraire qu'historique. Dans la mesure où, avec la crise des grandes idéologies, plus aucun mot d'ordre n'est susceptible de mobiliser les écrivains, ceux-ci ne découvrent plus d'autre cause à servir que celle de la littérature.

REPÈRES

André Gide, *Littérature engagée,* Gallimard, 1950.
Alain Robbe-Grillet, *Pour un nouveau roman,* Minuit, 1963.
Claude Roy, *Défense de la littérature*, (Idées) Gallimard, 1968.
Jean-Paul Sartre, *Situations II*, Gallimard, 1948.
Situations X, Gallimard, 1976.

► **Avant-garde, Existentialisme, Intellectuel, Nouveau roman, Surréalisme.**

Etat

L'Etat est la structure politique et administrative dont l'autorité s'exerce sur un peuple et un territoire.

Considéré par les philosophes soit comme la condition de notre liberté soit, au contraire, comme une limite à celle-ci, l'Etat a vu son importance au sein de la société croître de manière spectaculaire. D'où une actuelle remise en cause d'un rôle qui devra être redéfini.

La place de l'Etat : le débat philosophique

Quelle doit être la place de l'Etat au sein de la société ? La question a été au cœur de l'un des débats les plus importants et les plus durables de l'histoire de la philosophie politique.

Quelles que soient les différences considérables qui existent entre eux, la plupart des théoriciens s'accordent sur le rôle positif de l'Etat et sur l'importance qui, du coup, doit être la sienne. L'anglais Hobbes voit dans l'Etat-Léviathan la seule issue possible à cette « guerre de tous contre tous » qui caractérise l'état de nature. Jean-Jacques Rousseau montre dans *Du Contrat social* comment les hommes, en s'assemblant, échangent leur liberté naturelle contre une liberté sociale.

L'apologie la plus claire de l'Etat est cependant celle du philosophe allemand Hegel — à tel point d'ailleurs qu'on a voulu quelquefois présenter celui-ci comme le « théoricien » de l'Etat et de l'Etat tout-puissant, niant ou oubliant ainsi l'ambition globale et la largeur décisive de son système philosophique. Pour Hegel, en effet, l'Etat est la structure dans laquelle s'unissent et se retrouvent l'universel et le particulier. Il ne saurait de ce fait y avoir, comme on le croit trop souvent, contradiction entre l'individu et l'Etat et donc oppression de l'individu par l'Etat. L'Etat ne doit pas nier ou réprimer l'intérêt particulier que, de manière légitime, manifeste l'individu, il doit l'intégrer et lui permettre de véritablement se réaliser.

Loin d'être la limite de notre liberté et de notre satisfaction, l'Etat en est donc la condition véritable. L'individu, comme le rappelle Hegel, est en effet à la fois sujet et citoyen et si, en tant que sujet, il se doit à l'Etat par les devoirs qui lui incombent, en tant que citoyen, il trouve dans l'Etat la condition de sa propre réalisation.

Au total, on voit bien que, pour Hegel, c'est de se reconnaître pleinement membre du tout constitué par l'Etat que l'individu atteint la satisfaction véritable. Le philosophe allemand l'affirme très clairement dans de nombreux passages de son œuvre et tout particulièrement dans cet extrait de *La Raison dans l'histoire :*

> **« Ainsi l'Etat est le lieu de convergence de tous les autres côtés concrets de la vie : art, droit, mœurs, commodités de l'existence. Dans l'Etat, la liberté devient objective et se réalise pleinement [...]. Tout ce que l'homme est, il le doit à l'Etat : c'est là que réside son être. Toute sa valeur, toute sa réalité spirituelle, il ne les a que par l'Etat. »**

Il est essentiel cependant de rappeler que l'Etat que décrit Hegel est l'Etat rationnel, aboutissement de l'Histoire parvenue en sa perfection — et que le philosophe ait cru voir cet Etat réalisé ou sur le point de l'être ne change rien au jugement que nous pouvons porter. De cet Etat rationnel, les Etats empiriques, dont la réalité nous montre l'image, peuvent s'éloigner. Il faut donc se garder de justifier ce qui est au nom de ce qui devrait être ou de ce qui, éventuellement, sera.

Or, que l'Etat réel s'éloigne du modèle hégélien, et alors, loin d'être la condition de notre liberté, il en devient la limite essentielle. Rousseau en avait déjà évoqué la possibilité et Nietzsche, dans un célèbre passage de *Ainsi parlait Zarathoustra,* décrivait l'Etat comme « le plus froid des monstres froids ». Dès ses *Considérations inactuelles* en 1873, prenant le contre-pied délibéré de Hegel et de toute la philosophie allemande, il avait traité par l'ironie les grandioses justifications philosophiques de la toute-puissance étatique :

> **« Toute philosophie qui croit qu'un événement politique peut déplacer ou même résoudre les problèmes de l'existence est une philosophie de plaisanteries, une philosophie de mauvais aloi. Depuis que le monde existe on a souvent fondé des Etats; c'est là une vieille histoire! Comment une innovation politique devrait-elle suffire pour faire, une fois pour toutes, des hommes de joyeux habitants de la terre? Si quelqu'un croit, cependant, de tout son cœur que cela est possible, qu'il se présente, car il mérite vraiment d'être nommé professeur de philosophie à une université allemande... »**

L'Etat n'est pas, pour Nietzsche, la solution de nos problèmes. Il y a une forme d'illusion, voire de mystification, dans la facilité avec laquelle nous reportons sur lui tous nos espoirs. Ce n'est pas en lui que nous trouverons la clé de ce que nous sommes. L'idée est ici présentée de manière ironique mais elle traverse avec violence toute l'œuvre de Nietzsche. L'Etat y est dénoncé comme cette nouvelle idole dont il faut hâter le crépuscule : « monstre froid », Léviathan sinistre qui nivelle et détruit tout sous lui.

La montée en puissance de l'Etat

Condition première de notre liberté ou, à l'inverse, obstacle insurmontable pour celle-ci, l'Etat a vu en tout cas son importance, au sein des sociétés modernes, croître de manière spectaculaire.

Le phénomène, cependant, est loin d'être neuf et tout particulièrement en France où l'Etat, de constitution très ancienne, a toujours joué un rôle de premier plan. Dès le XVIIe siècle, au moins, la monarchie absolue avait doté le pays d'un Etat puissant, interventionniste et centralisateur. La Révolution française puis l'Empire napoléonien allaient encore accentuer cette centralisation au point d'en faire l'une des caractéristiques essentielles du système politique, économique, social et culturel de la France.

Tout va s'accélérer à partir du XIXe siècle. Pour gérer une société de plus en plus complexe, l'Etat va devoir prendre en charge un nombre croissant d'activités. Ne se contentant plus d'assurer ces fonctions traditionnelles et obligées que sont la police, la défense, la justice, la diplomatie, il va procéder à des incursions de plus en plus conséquentes dans le domaine de l'économie, de la culture, de la protection sociale, de l'éducation. La grande crise économique de 1929 et les nécessités de l'économie de guerre seront les étapes essentielles de cet inexorable processus de montée en puissance de l'Etat.

La crise de l'Etat-Providence

Celui-ci n'ira pas sans dérive ni sans dérapages. Le plus tragique de ces dérapages est la constitution des Etats totalitaires qui sont comme l'hypertrophie monstrueuse des Etats traditionnels et qui écrasent de tout leur poids la société qu'ils devraient, en principe, servir. Le bilan est moins sombre dans les sociétés démocratiques. D'un côté, la croissance de l'Etat s'est indéniablement avérée positive pour les sociétés développées. L'intervention économique a joué un rôle considérable dans le règlement des crises et dans la croissance soutenue de l'après-guerre. La mise en place de l'Etat-Providence, surtout par la redistribution partielle des richesses au sein de la société et l'aide apportée aux plus défavorisés, s'est traduite par un véritable progrès en termes de justice sociale. Cependant, la croissance étatique s'est également accompagnée d'un certain nombre d'effets pervers dont le caractère inacceptable est apparu tout particulièrement dans les années 80 : développement de la bureaucratie, rigidités dans le fonctionnement de l'économie, perte de dynamisme pour les entreprises... A tout vouloir contrôler, l'Etat a menacé de tout étouffer.

D'où une remise en cause du rôle de l'Etat qui est allée de pair avec le renouveau du libéralisme. Pour les gouvernements de droite, comme d'ailleurs dans une large mesure pour ceux de gauche, la solution à la crise a semblé tout à coup passer par un massif désengagement de l'Etat. Curieuse unanimité par laquelle Ronald Reagan comme Karl Marx communient en une même foi dans le dépérissement de l'Etat. La différence étant cependant que les disciples du philosophe allemand ont eu l'intelligence de n'envisager cette éventualité qu'à l'horizon d'une problématique fin de l'histoire, tandis que les hommes du président américain ont compris dès à présent l'imprudence de s'engager dans cette voie périlleuse.

La solution, en effet, ne saurait consister en un démantèlement pur et simple de l'Etat que, d'ailleurs, personne ne prendrait le risque de prôner véritablement. Ainsi que l'explique Pierre Rosanvallon dans *La Crise de l'Etat-Providence,* la situation actuelle est certes des plus préoccupantes. L'Etat traverse une crise qui est à la fois crise financière et crise de légitimité. Mais la seule issue à celle-ci passe par l'invention d'une nouvelle manière de concevoir le rôle de l'Etat et non dans la suppression ou le retrait aveugle de celui-ci.

Un siècle de croissance étatique en France

Part des dépenses publiques en % du Produit Intérieur Brut (PIB)

1872	11,2
1912	12,6
1920	33,3
1938	24,6
1960	38,6
1970	40,1
1980	48,3

REPÈRES

Blandine Barret-Kriegel (dir.), *L'Etat et la démocratie,* La Documentation française, 1986.
Bertrand de Jouvenel, *Du Pouvoir,* Hachette, 1945.
Pierre Rosanvallon, *La Crise de l'Etat-Providence,* (Points) Seuil, 1981.

▶ **Crise économique, Libéralisme, Politique, Totalitarisme.**

Ethnocentrisme

L'ethnocentrisme consiste à considérer comme seules légitimes les valeurs qui ont cours dans sa propre société.

Comme l'affirmait l'historien grec Hérodote et ainsi que le confirme l'ethnologue Lévi-Strauss, l'ethnocentrisme est la plus répandue et la plus spontanée des attitudes. Elle n'en est pas pour autant légitime: la découverte d'autrui est nécessaire à l'équilibre et à l'enrichissement de chaque communauté humaine.

Chacun juge ses propres coutumes supérieures à toutes les autres

On nomme «ethnocentrisme» l'attitude qui consiste à ériger les valeurs de la société à laquelle on appartient en valeurs universelles et donc applicables à l'ensemble de l'espèce humaine. L'ethnocentrisme est donc la négation de la différence culturelle et la croyance naïve en la supériorité de sa propre civilisation.

Une telle attitude est bien entendu condamnable. Elle est synonyme d'appauvrissement et de fermeture. Il n'y a, en effet, de connaissance possible de soi-même que dans la confrontation avec l'autre. La règle vaut pour les individus mais tout autant pour les collectivités. C'est dans le miroir que lui tend autrui qu'une société découvre les traits constituant son propre visage et qui, auparavant, lui étaient demeurés invisibles. La découverte de soi-même est donc au prix de la découverte d'autrui.

Mais — et c'est ce qui fonde l'ethnocentrisme — cette découverte d'autrui autant que découverte de soi-même est remise en cause radicale de tout ce que nous sommes. Tout ce que nous tenions pour vrai et juste cesse d'aller de soi. Nous découvrons, sous d'autres latitudes, dans d'autres climats, des mœurs, des lois, des religions, des cultures qui constituent là-bas la norme mais qui, à nos yeux, sont d'incompréhensibles pratiques.

L'historien grec Hérodote, en une anecdote savoureuse rapportée dans son *Enquête,* notait déjà le scandale monstrueux que constitue pour nous autrui lorsqu'il ose se comporter différemment de nous :

> **« Que l'on propose à tous les hommes de choisir, entre les coutumes qui existent celles qui sont les plus belles et chacun désignera celles de son pays — tant chacun juge ses propres coutumes supérieures à toutes les autres. Il n'est donc pas normal, pour tout autre qu'un fou du moins, de tourner en dérision les choses de ce genre. Tous les hommes sont convaincus de l'excellence de leurs coutumes, en voici une preuve entre bien d'autres : au temps où Darius régnait, il fit un jour venir les Grecs qui se trouvaient dans son palais et leur demanda à quel prix ils consentiraient à manger, à sa mort, le corps de leur père : ils répondirent tous qu'ils ne le feraient jamais, à aucun prix. Darius fit ensuite venir les Indiens qu'on appelle Calaties, qui, eux, mangent leurs parents; devant les Grecs (qui suivaient l'entretien grâce à un interprète), il leur demanda à quel prix ils se résoudraient à brûler sur un bûcher le corps de leur père : les Indiens poussèrent les hauts cris et le prièrent instamment de ne pas tenir de propos sacrilèges. Voilà bien la force de la coutume, et Pindare a raison, à mon avis, de la nommer dans ses vers *la reine du monde*. »**

Ethnologie et ethnocentrisme

A partir de l'anecdote, Hérodote, on le voit, formule une loi d'application générale selon laquelle, spontanément, chaque société et chaque individu seraient ethnocentristes. La démonstration est reprise en des termes bien similaires par l'anthropologue Claude Lévi-Strauss dans un célèbre chapitre de son livre, *Race et histoire* (1952). Il y montre que l'ethnocentrisme est bien la plus ancestrale et la plus universelle des attitudes. Chaque peuple tend en effet à se considérer comme le plus digne, voire le seul véritable représentant de la race humaine, les autres hommes se voyant ravalés au rang de « barbares » ou d'êtres inférieurs :

« L'attitude la plus ancienne, et qui repose sans doute sur des fondements psychologiques solides puisqu'elle tend à réapparaître chez chacun de nous quand nous sommes placés dans une situation inattendue, consiste à répudier purement et simplement les formes culturelles : morales, religieuses, sociales, esthétiques, qui sont les plus éloignées de celles auxquelles nous nous identifions. « Habitudes de sauvages », « cela n'est pas de chez nous », « on ne devrait pas permettre cela », etc., autant de réactions grossières qui traduisent ce même frisson, cette même répulsion, en présence de manières de vivre, de croire ou de penser qui nous sont étrangères. »

Que l'ethnocentrisme soit la plus spontanée des attitudes ne signifie pas cependant qu'elle soit la plus légitime. Tout au contraire. On a déjà souligné plus haut qu'à refuser la diversité culturelle, une société courait le risque de l'enfermement et de l'appauvrissement. L'histoire, de plus, est riche d'exemples qui montrent que l'ethnocentrisme débouche régulièrement sur la mise à mort ou sur l'asservissement d'autrui. De la conquête de l'Amérique par les Espagnols jusqu'au colonialisme sous toutes ses formes, la certitude européenne de posséder la vérité et d'incarner pleinement les valeurs de l'humanité tout entière a été féconde en crimes et en massacres.

L'attitude juste consiste donc, non pas à se laisser aller à l'ethnocentrisme spontané qui vit en nous, mais tout au contraire à nous déprendre de celui-ci en nous arrachant à nos préjugés. Telle est la tâche que s'assigne l'ethnologie moderne. En nous enseignant à connaître et à comprendre les civilisations différentes, elle nous amène à découvrir la part d'arbitraire que contiennent nos propres valeurs et la légitimité éventuelle des valeurs qui règlent la vie des hommes sur d'autres continents.

Montesquieu contre l'ethnocentrisme

Le livre qui, mieux que tout autre, nous révèle les ridicules et les dangers de l'ethnocentrisme est vieux de plus de deux siècles. Publié en 1721 sous le titre des *Lettres persanes*, il est l'œuvre de Montesquieu. Celui-ci y met en scène des Persans imaginaires qui découvrent, au hasard d'un voyage, l'Europe et la France. Par ce stratagème littéraire, l'auteur nous oblige à voir notre propre culture à travers les yeux d'autrui et tout, du coup, nous semble neuf et étrange. L'arbitraire de nos coutumes est exposé au grand jour et nous comprenons que, comme le confie le Persan de Montesquieu à son ami, les hommes n'adorent jamais qu'eux-mêmes sous le masque de leurs dieux :

> **« Il me semble, Usbeck, que nous ne jugeons jamais des choses que par un retour secret que nous faisons sur nous-mêmes. Je ne suis pas surpris que les Nègres peignent le diable d'une blancheur éblouissante et leurs dieux noirs comme du charbon; que la Vénus de certains peuples ait des mamelles qui lui pendent jusques aux cuisses; et qu'enfin tous les idolâtres aient représenté leurs dieux avec une figure humaine et leur aient fait part de toutes leurs inclinations. On a dit fort bien que, si les triangles faisaient un dieu, ils lui donneraient trois côtés.**
>
> **Mon cher Usbeck, quand je vois des hommes qui rampent sur un atome, c'est-à-dire la Terre, qui n'est qu'un point de l'Univers, se proposer directement pour modèles de la Providence, je ne sais comment accorder tant d'extravagance avec tant de petitesse. »**

REPÈRES

Michel Leiris, *Cinq études d'ethnologie*, (Tel) Gallimard, 1969.

Claude Lévi-Strauss, *Race et histoire*, (Folio Essais) Gallimard, 1952.

Bernard Mouralis, *Montaigne et le mythe du bon sauvage*, (Littérature vivante) Pierre Bordas et fils, 1989.

Tsvetan Todorov, *Nous et les autres : la réflexion française sur la diversité humaine*, Seuil, 1989.

► **Négritude, Racisme, Relativisme.**

Europe

Réalité géographique, l'Europe est aussi, mais de manière plus complexe, réalité culturelle.

Non sans ethnocentrisme, Paul Valéry définit l'Europe comme le cœur véritable du monde, le lieu de son unité et de son dynamisme. Il s'interroge également sur la perspective d'un déclin que seule peut conjurer cette unité politique dont Victor Hugo, il y a plus d'un siècle, avait rêvé.

L'Europe, « perle de la sphère » ?

Au sortir de la Première Guerre mondiale, Paul Valéry, en un texte retentissant — « La crise de l'esprit » — s'interrogeait sur l'identité européenne et sur l'avenir éventuel qui attendait cette partie du monde. Abordant cette question, il écrivait :

> **« Une première pensée apparaît. L'idée de culture, d'intelligence, d'œuvres magistrales est pour nous dans une relation très ancienne — tellement ancienne que nous remontons rarement jusqu'à elle — avec l'idée d'Europe.**
>
> **Les autres parties du monde ont eu des civilisations admirables, des poètes du premier ordre, des constructeurs et même des savants. Mais aucune partie du monde n'a possédé cette singulière propriété *physique* : le plus intense pouvoir *émissif* uni au plus intense pouvoir *absorbant*.**

Ceci posé, Paul Valéry évoque le destin incertain de l'Europe :

> **Or, l'heure actuelle comporte cette question capitale : l'Europe deviendra-t-elle *ce qu'elle est en réalité*, c'est-à-dire : un petit cap du continent asiatique ?**

Ou bien l'Europe restera-t-elle *ce qu'elle paraît,* c'est-à-dire : la partie précieuse de l'univers terrestre, la perle de la sphère, le cerveau d'un vaste corps ? »

Bien sûr, il convient de faire la part de ce que peut contenir d'ethnocentrisme insupportable un texte dans lequel, en toute bonne conscience, un Européen fait l'éloge exclusif de sa propre terre et de sa propre culture. Cependant, il convient également de reconnaître que rarement, sinon en l'espace de ces quelques paragraphes, on aura dit sur l'Europe autant en si peu de mots.

L'essentiel, en effet, est posé dans ce texte qui nous livre l'une des plus synthétiques définitions de l'Europe qui soient et nous introduit de la manière la plus directe à la question du destin européen.

Qu'est-ce que l'Europe ?

Qu'est-ce que l'Europe ? A cette question, la réponse de Valéry peut sembler énigmatique, qui affirme qu'elle est « le plus intense pouvoir *émissif* uni au plus intense pouvoir *absorbant* ». Saisie dans cette perspective, l'Europe aurait été cette seule partie du monde à avoir su opérer, à son avantage, la synthèse de tous les acquis techniques et culturels réalisés au hasard de la planète : elle aurait su attirer et assimiler la technique chinoise au même titre que la mathématique arabe, la peinture japonaise comme la statuaire nègre. L'Europe, ainsi, serait ce creuset singulier où viendraient se mêler, se fondre les richesses les plus lointaines et les plus diverses pour produire le plus neuf et le plus complexe des alliages.

Mais, à en croire Valéry, le mouvement serait double et en cela s'inverserait. L'Europe aurait également cette particularité d'avoir diffusé ce qu'elle est sur l'ensemble de la planète. Par la force qu'elle était militairement en mesure d'utiliser ou par la séduction qu'elle était intellectuellement capable d'exercer, l'Europe aurait conquis le monde et répandu ses valeurs, ses goûts et ses mythes sur la surface entière du globe.

« *Tout est venu à l'Europe et tout en est venu* », écrit encore Valéry. L'image n'est explicite nulle part dans le texte, mais elle l'habite tout entier. L'Europe, semble nous dire Valéry, est, plus que le cerveau, comme le cœur battant du monde. Au terme d'un double mouvement — systole, diastole —, il irrigue et anime le corps tout entier.

La définition de Valéry peut séduire par le charme de sa formulation et tout autant choquer par le sentiment de supériorité à peine nuancé qu'elle exprime. Elle nous permet cependant de saisir la nature complexe de l'identité européenne. Celle-ci ne se laisse ramener à aucune formule trop simple. L'histoire européenne est faite de conflits et de contradictions, et ce n'est que très tardivement que l'idée d'une unité européenne a pu émerger. Tout aussi hétérogène se révèle une culture européenne qui, puisant aux sources les plus diverses — Rome, Athènes et Jérusalem, dit-on quelquefois au prix d'une excessive simplification — ne peut être saisie à partir d'aucune caractéristique dominante.

Dans ces conditions, comment définir l'Europe, sinon au prix d'une tautologie qui consisterait à fournir la liste des pays qui la composent ? La seule réponse possible à cette question ressemble fort à une dérobade telle celle d'Edgar Morin qui, dans *Penser l'Europe*, définit l'Europe comme un « *bouillonnement dialogique permanent* » : complexe bouillon de culture ou tourbillon intellectuel contradictoire. L'Europe n'aurait nulle autre unité que celle de l'impossibilité à lui en assigner aucune.

L'utopie européenne

Mais ce qui, à vrai dire, nous intéresse surtout dans l'Europe est moins la question de son hypothétique définition que celle de son avenir historique. Valéry la formulait encore lorsque, au sortir d'une guerre qui en avait ébranlé les assises, il mesurait l'immense décalage qui existait entre l'étroitesse géographique du continent et son importance politique. En 1919, l'alternative était simple pour l'Europe : deux voies s'ouvraient à elle, celle de la décadence, celle de la renaissance.

Aujourd'hui, les termes de l'alternative n'ont guère changé. La Seconde Guerre mondiale a contribué encore à l'abaissement des nations européennes sur la scène internationale. Mais du même coup, l'Europe, détruite et divisée, a compris qu'elle n'avait pas d'autre issue pour conjurer le spectre du déclin que l'unité politique. Elle s'est engagée lentement sur cette voie où les progrès se sont faits pas à pas. L'écroulement du bloc de l'Est en 1989 a ouvert à l'Europe des perspectives plus larges que la simple gestion commune d'un espace de prospérité à l'abri de l'histoire, de ses incertitudes et de ses défis.

Toutes les conditions sont donc désormais réunies pour que l'Europe soit plus qu'une simple communauté économique et pour que, de manière pacifique, elle joue à l'avenir un rôle à la mesure de son passé. Victor Hugo en avait rêvé, au siècle dernier, en un texte intitulé « L'Avenir » :

> **« Au vingtième siècle, il y aura une nation extraordinaire. Cette nation sera grande, ce qui ne l'empêchera pas d'être libre. Elle sera illustre, riche, pensante, pacifique, cordiale au reste de l'humanité. Elle aura la gravité douce d'une aînée... Cette nation aura pour capitale Paris, et ne s'appellera point la France : elle s'appellera l'Europe. Elle s'appellera l'Europe au vingtième siècle, et, aux siècles suivants, plus transfigurée encore, elle s'appellera l'Humanité. L'Humanité, nation définitive, et dès à présent entrevue par les penseurs, ces contemplateurs des pénombres... »**

Aujourd'hui, sont peut-être enfin réunies les conditions pour que, au moins en sa première partie, le rêve de Hugo soit plus qu'un rêve.

La construction européenne

— Mars 1948 : création de l'Union de l'Europe occidentale (organisation de défense) et de l'Organisation européenne de coopération économique.

— Avril 1951 : création, par le Traité de Paris, de la Communauté européenne du charbon et de l'acier (CECA). Sont membres : la Belgique, la France, l'Italie, le Luxembourg, les Pays-Bas et la RFA.

— Mars 1957 : création, par le Traité de Rome, de la Communauté économique européenne (CEE) et la Communauté européenne de l'énergie atomique (EURATOM). Sont membres, les pays déjà signataires de la CECA.

— Juillet 1968 : suppression de tous les droits de douane entre les six membres de la CEE.

— Janvier 1972 : la Grande-Bretagne, l'Irlande et le Danemark adhèrent à la CEE.

— Décembre 1978 : création du Système monétaire européen (SME).

— Juin 1979 : élection de la première Assemblée parlementaire européenne au suffrage universel direct.

— Janvier 1981 : entrée de la Grèce dans la Communauté.

— Janvier 1986 : l'Espagne et le Portugal entrent dans la Communauté.

— Février 1986 : signé à Luxembourg, l'Acte Unique européen décide de la création d'un marché intérieur pour la fin de l'année 1992.

REPÈRES

Yves Léonard (dir.), *Les Cahiers français*, n° 244, janvier-février 1990, « La France et l'Europe », *La Documentation française*.

Jean-Claude Masclet, *L'Union politique de l'Europe*, (Que sais-je ? n° 1527) PUF, 1973.

Edgar Morin, *Penser l'Europe*, Gallimard, 1987.

▶ **Nationalisme.**

Existentialisme

L'existentialisme est un mouvement philosophique aux frontières imprécises et dont Jean-Paul Sartre fut le plus célèbre représentant.

Philosophie de la mort de Dieu, l'existentialisme affirme la liberté sans limite de l'homme : il appartient à l'individu de définir lui-même par ses actes ce qu'il entend être. Telle est la conviction qui est au cœur de toute l'entreprise sartrienne, quelles qu'aient pu être les positions successives du philosophe français.

L'arbre existentialiste et la forêt sartrienne

On associe en général l'existentialisme au nom de Jean-Paul Sartre. C'est justice dans la mesure où l'œuvre du philosophe français est sans doute celle qui présente l'image la plus fidèle de cette sensibilité philosophique. Cependant, dans une large mesure, l'existentialisme précède et déborde l'image qui en a été fixée par l'auteur de *L'Etre et le Néant*.

Dans son *Introduction aux existentialismes*, Emmanuel Mounier l'a clairement montré, qui avait eu la sagesse de n'utiliser le mot que dans sa forme plurielle. Il y a moins en effet *un* existentialisme que *des* existentialismes et moins qu'*un* existentialisme, il y aurait davantage *de* l'existentialisme, disséminé dans l'histoire globale de la pensée philosophique :

> **« A la rigueur, il n'est pas de philosophie qui ne soit existentialiste. La science arrange les apparences. L'industrie s'occupe des utilités. On se demande ce que ferait une philosophie si elle n'explorait l'existence et les existants.**
>
> **Cependant, on attache plus volontiers le nom d'existentialisme à un courant précis de la pensée moderne. En termes très généraux, on pourrait caractériser cette pensée *comme une réaction de la philosophie de l'homme***

***contre l'excès de la philosophie des idées et de la philosophie des choses.* Pour elle, non pas tant l'existence dans toute son extension, mais l'existence de l'homme est le problème premier de la philosophie. Elle reproche à la philosophie traditionnelle de l'avoir trop souvent méconnu au profit de la philosophie du monde ou des produits de l'esprit. »**

Considéré dans cette perspective, l'existentialisme n'est rien d'autre que le courant dans lequel s'inscrivirent au cours de l'histoire tous ceux qui, à un titre ou à un autre, réagirent contre les excès d'une pensée qui délaissait ce qui aurait dû rester son objet essentiel : l'existence de l'individu.

Tel est l'axe autour duquel se développe ce que Mounier nomme l'« arbre existentialiste ». Il plonge ses racines dans la pensée de Socrate comme dans celle des Stoïciens, dans le christianisme de saint Bernard comme dans celui de saint Augustin. Son tronc s'arrache au sol avec l'œuvre de Blaise Pascal et compte le plus solide et le plus essentiel de ses nœuds avec le philosophe danois Kierkegaard. Arrivé à son sommet, il se ramifie en une série de pousses d'inégale vigueur et de directions opposées : d'un côté, l'existentialisme chrétien avec Mounier lui-même et Gabriel Marcel, de l'autre, l'existentialisme athée avec Heidegger et, enfin, Sartre.

L'ensemble, on le voit, malgré la synthèse qu'en propose Mounier, reste assez disparate. C'est pourquoi il est très malaisé de parler de l'existentialisme dans son ensemble et qu'on ne retient d'ordinaire de l'arbre que son dernier bourgeon : l'existentialisme sartrien. Mais ce bourgeon à lui seul est une forêt qui a fini, par sa densité, sa richesse, son exubérance, à cacher l'arbre dont il était né : philosophie essentielle à l'intelligence de la culture contemporaine et à laquelle les analyses qui suivent vont être consacrées.

L'existence précède l'essence

« *L'existence précède l'essence.* » C'est sans doute à partir de cette célèbre formule que l'on a le plus de chances de saisir ce que fut l'existentialisme sartrien.

Celui-ci se définit d'abord comme étant une philosophie de la « mort de Dieu ». La bonne et terrible nouvelle qu'annonçait au siècle passé le Zarathoustra de Nietzsche est l'un des points de départ — dont *Les Mots* nous livreront les clés biographiques — de la pensée sartrienne.

Or, si Dieu n'existe pas, alors, du même coup, cessent d'exister toutes les valeurs divines qui viendraient contraindre notre liberté : il n'y a plus de volonté éternelle, de plan global ou même de nature humaine immuable auxquels chaque « existant » doit se conformer. Tel est le sens de la formule « l'existence précède l'essence » : l'on est et l'on naît avant d'être quelque chose. Il n'y a plus de valeurs supérieures pour orienter le choix des êtres humains, libres et livrés entièrement à eux-mêmes. C'est à chacun de définir, dans la solitude et la responsabilité, doté de l'existence, son essence propre, c'est-à-dire ce qu'il entend être. Chaque homme doit choisir le sens qu'il entend donner à son existence : il détermine son essence.

Sartre s'en est expliqué dans une célèbre conférence de l'après-guerre publiée sous le titre : *L'Existentialisme est un humanisme :*

> **« Si, en effet, l'existence précède l'essence, on ne pourra jamais expliquer par référence à une nature humaine donnée et figée; autrement dit, il n'y a pas de déterminisme, l'homme est libre, l'homme est liberté. Si, d'autre part, Dieu n'existe pas, nous ne trouvons pas en face de nous des valeurs ou des ordres qui légitimeront notre conduite. Ainsi, nous n'avons ni derrière nous, ni devant nous, dans le domaine lumineux des valeurs, des justifications ou des excuses. Nous sommes seuls, sans excuses. C'est ce que j'exprimerai en disant que l'homme est condamné à être libre. Condamné, parce qu'il ne s'est pas créé lui-même, et par ailleurs cependant libre, parce qu'une fois jeté dans le monde, il est responsable de tout ce qu'il fait. »**

L'existentialisme sartrien, bien entendu, ne se réduit pas aux quelques lignes qui précèdent. Cependant, c'est bien dans celles-ci que se donne à lire son cœur véritable. L'existentialisme est une philosophie de la liberté qui révèle aux hommes qu'ils ne seront jamais que ce qu'ils feront d'eux-mêmes et les oblige du coup à assumer le fardeau exaltant de leur propre liberté.

Les chemins de la liberté

A présenter ainsi l'existentialisme, on risque cependant de donner l'idée que celui-ci constitue un système philosophique bien défini et bouclé sur lui-même en une série de propositions qui, impeccablement, s'articulent les unes aux autres. Or, il n'en est rien. Si Sartre est bien resté toute sa vie durant fidèle aux valeurs de liberté qu'il avait posées au principe de sa réflexion, son œuvre n'a cessé d'évoluer, de la phénoménologie au marxisme, de la philosophie à la littérature, refusant de se laisser enfermer dans un cadre quelconque, acceptant toujours de courir le risque d'une pensée nouvelle, d'un défi inédit.

En ceci, il faut reconnaître que l'œuvre de Sartre est à la fois incohérente et incomplète. Incohérente — si on la considère comme un tout — dans la mesure où l'évolution intellectuelle de Sartre a été telle que ruptures et retournements y sont plus fréquents que chez aucun autre intellectuel français peut-être. Incomplète, car la plupart des projets qui la constituent sont restés inachevés : ainsi le projet d'un ouvrage de morale qui devait faire suite à *L'Etre et le Néant,* le cycle romanesque des *Chemins de la liberté* ou la biographie consacrée à Flaubert.

Mais en cela également, l'œuvre de Sartre peut aussi être présentée comme l'une des dernières œuvres totales à avoir embrassé son siècle. Sartre a su ne pas être seulement philosophe ou plutôt, dans la grande tradition de ce Voltaire à qui le comparait de Gaulle, il a su qu'être philosophe relevait d'une plus haute exigence que le seul et étroit travail philosophique. C'est pourquoi Sartre a été autant romancier, dramaturge, critique, journaliste, militant que philosophe. C'est pourquoi, également, il ne s'est refusé à aucun des grands combats de son siècle, non sans erreurs il est vrai, mais toujours sans aucune autre ambition que de se mettre au service de ce qu'il tenait pour juste : de la Résistance à la décolonisation, de l'engagement marxiste à la lutte pour les droits de l'homme.

Des caves de Saint-Germain-des-Prés au cimetière de Montparnasse

L'existentialisme a été la cible de nombreuses critiques. Au sortir de la Seconde Guerre mondiale, la jeunesse s'est reconnue dans son pessimisme et son aspiration à la liberté. L'existentialisme fut alors moins une philosophie qu'une manière de vivre : être existentialiste signifiait alors vivre à Saint-Germain-des-Prés, y sortir le soir, y aimer le jazz et refuser toutes les contraintes de l'âge adulte. L'existentialisme fut alors dénoncé comme une vulgaire mode et Sartre fut accusé, comme Socrate autrefois mais avec des conséquences moins graves il est vrai, de corrompre la jeunesse.

Les critiques se déplacèrent sur le terrain littéraire. Jacques Laurent, dès les années 50, dans un pamphlet intitulé *Paul et Jean-Paul,* s'amusait à un parallèle inattendu entre Sartre et Bourget : deux romanciers que perdait leur trop grand souci de démontrer à tout prix. La décennie suivante vit Sartre remis en question par les nouveaux romanciers qui reprochaient aux *Chemins de la liberté* leur trop grand académisme et à l'auteur sa théorie de l'engagement littéraire.

Mais, c'est dans le domaine politique que les critiques se firent les plus sévères. A tel point qu'on a pu soutenir que Sartre avait été l'intellectuel le plus détesté par la bourgeoisie française. On ne lui pardonna jamais d'avoir défini le marxisme comme « l'horizon indépassable de notre temps » et surtout d'avoir inlassablement apporté son soutien à toutes les causes révolutionnaires de son temps, payant de sa personne et apportant le prestige de son nom à tout ce qui mettait en danger les intérêts de ces bourgeois que, dès son premier roman, Sartre avait choisi de nommer les « salauds ».

Dès la fin des années 50, au zénith des modes philosophiques se met à pâlir l'étoile de l'existentialisme. Une nouvelle génération intellectuelle se profile, qui ne pourra trouver que bien désuètes les constructions romanesques de Sartre et bien suspect son humanisme existentialiste en un temps où il s'agit seulement d'en finir avec la notion d'« homme ». La place est libre pour le structuralisme et pour ces nouveaux maîtres à penser que seront Althusser, Foucault ou Lacan.

Cependant, si l'existentialisme disparaît de la scène idéologique et sociale, Sartre, lui, demeure qui, malgré la cécité, continuera à écrire et surtout à agir avec la même inlassable volonté. Il aura fini, et même pour ceux qui n'avaient jamais ouvert un de ses livres, par incarner la figure moderne de cet intellectuel au service des valeurs de justice et de vérité qu'avant lui Voltaire, Hugo ou Zola avaient été. C'est à cette image-là et à l'homme qui l'avait forgée que rendirent sans doute hommage les milliers de personnes qui, le 19 avril 1980, accompagnèrent le cercueil de Sartre jusqu'au cimetière Montparnasse. Avec ce cadavre, c'est également celui du dernier grand intellectuel français qu'on enterrait.

REPÈRES

Annie Cohen-Solal, *Sartre,* (Folio Essais) Gallimard, 1985.

Jean-Paul Sartre, *L'Existentialisme est un humanisme,* Nagel, 1946.

Emmanuel Mounier, *Introduction aux existentialismes,* Denoël, 1947.

▶ **Absurde, Engagement.**

Féminisme

Le féminisme est l'idéologie ou l'attitude qui vise à sortir la femme de la situation d'infériorité où la maintiendrait une société patriarcale.

Prise de conscience de la position subalterne à laquelle le « deuxième sexe » est assigné, le féminisme est appel à l'émancipation et à la construction d'une société fondée sur l'égalité des hommes et des femmes. Cause on ne peut plus légitime, il se constitue souvent en une idéologie des plus contestables qui ramène à des schémas trop simples la situation de la femme dans l'histoire.

Le deuxième sexe

En 1949, Simone de Beauvoir, dans *Le Deuxième Sexe* — un ouvrage appelé à devenir le classique absolu du féminisme —, analyse la place faite à la femme dans la société et la culture. Elle écrit notamment :

> **« ... la femme a toujours été, sinon l'esclave de l'homme, du moins sa vassale; les deux sexes ne se sont jamais partagé le monde à égalité; et aujourd'hui encore, bien que sa condition soit en train d'évoluer, la femme est lourdement handicapée. En presque aucun pays son statut légal n'est identique à celui de l'homme et souvent il la désavantage considérablement. Même lorsque des droits lui sont abstraitement reconnus, une longue habitude empêche qu'ils ne trouvent dans les mœurs leur expression concrète. »**

Le constat est simple, clair et à bien des égards irréfutable. Quel que soit le domaine dans lequel on se situe, l'avantage appartient toujours aux hommes :

> **« Economiquement hommes et femmes constituent presque deux castes : toutes choses égales, les premiers ont des situations plus avantageuses, des salaires plus élevés, plus de chances que leurs concurrentes de fraîche date; ils occupent dans l'industrie, la politique, etc., un beaucoup plus grand nombre de places et ce sont eux**

> **qui détiennent les postes les plus importants. Outre les pouvoirs concrets qu'ils possèdent, ils sont revêtus d'un prestige dont toute l'éducation de l'enfant maintient la tradition : le présent enveloppe le passé, et dans le passé toute l'histoire a été faite par les mâles. Au moment où les femmes commencent à prendre part à l'élaboration du monde, ce monde est encore un monde qui appartient aux hommes : ils n'en doutent pas, elles en doutent à peine. »**

Ou plutôt, elles n'en doutent plus désormais et là est sans doute la victoire de Simone de Beauvoir et, d'une manière plus large, de toutes les féministes qui ont travaillé à ébranler, au XXe siècle, les trop solides certitudes masculines.

La publication du *Deuxième sexe* reste à cet égard une date fondamentale. Dans cet ouvrage, en effet, Simone de Beauvoir ne se contente pas de dresser le constat irréfutable que présentaient les lignes qui viennent d'être citées. Elle s'engage sur la voie d'une analyse véritable du fait féminin — analyse qui, sur de nombreux points, a été contestée et même au sein du mouvement féministe mais qui, au total, aura souvent constitué le socle théorique de la lutte des femmes pour leur émancipation. Simone de Beauvoir démontre que la femme a été constituée par l'homme en *Autre* absolu. Il lui a fallu jouer ce rôle que les hommes avaient écrit pour elle et intérioriser ainsi des valeurs qui, loin d'être fondées en nature, ne sont que le produit d'une culture dominée par les angoisses et les désirs masculins. La libération féminine passe donc d'abord par la prise de conscience de cette situation truquée et la volonté, pour les femmes, d'en finir avec elle : ne plus être ce « deuxième sexe » qui ne se définit et n'existe que par l'opposition inégale au premier.

L'idéologie féministe

Loin de la solide et complexe argumentation de certaines œuvres théoriques, loin également de la brute et indéniable réalité de certains faits, il convient cependant de faire la part de ce que peut avoir de simplificateur un certain discours féministe qui tend aujourd'hui — et surtout dans les pays anglo-saxons — à présenter le destin des femmes comme une radieuse émancipation qui permettra à l'humanité de résoudre tous ses problèmes, qui ne sont nés en fait que de la perversité patriarcale : guerres, violence, injustice, destruction de la nature, refus de la différence, etc. Le féminisme s'est souvent constitué en idéologie, voire en utopie et, du coup, s'est dissocié de la cause féminine : à ce titre, il mérite qu'on prenne quelque distance avec lui.

Dans cette perspective, l'une des plus intéressantes réflexions est sans doute celle qu'a formulée Jean Baudrillard dans son livre *De la séduction.* Il y montre ce que peut avoir de caricatural et surtout de méprisant l'image convenue de la « libération féminine » qui prévaut aujourd'hui. Les femmes d'autrefois étaient-elles donc si stupides ou si serviles pour que le XXe siècle puisse être comme par magie le lieu de leur rédemption, le temps de leur avènement ?

> **« Ce sont les bonnes âmes qui voient rétrospectivement la femme de tout temps aliénée, puis libérée dans son désir. Et il y a un profond mépris dans cette vision, la même qu'envers les masses dites « aliénées » qu'on suppose n'avoir jamais été capables d'être autre chose qu'un cheptel mystifié.**
>
> **Il est facile de dresser un tableau de la femme aliénée à travers les âges et de lui ouvrir aujourd'hui, sous les auspices de la révolution et de la psychanalyse, les portes du désir. Tout cela est tellement simple, tellement obscène dans sa simplicité — pire : c'est l'expression même du sexisme et du racisme : la commisération. »**

La stratégie du féminin est plus subtile, et plus complexe le jeu qui l'oppose et l'unit au masculin, pour que tout puisse se résoudre en un schéma aussi simple que celui qu'exploite aujourd'hui un certain discours féministe.

Les grandes dates du féminisme en France

1834 :	Flora Tristan, souvent présentée comme la première des féministes françaises, publie *Union ouvrière,* un ouvrage dans lequel elle associe la cause des femmes à celle du prolétariat.
1848 :	Premier quotidien féministe : *La voix des femmes.*
1850 :	L'éducation primaire est étendue aux filles.
1880 :	L'éducation secondaire est étendue aux filles par la loi Camille Sée.
1880-81 :	Deux écoles normales supérieures (formation des professeurs) sont créées pour les femmes à Fontenay-aux-Roses et à Sèvres.
1907 :	Les femmes mariées obtiennent le droit de disposer de leur propre salaire.
1938 :	Les femmes mariées obtiennent la majorité légale.
1944 :	Le droit de vote est accordé aux femmes.
1946 :	La Constitution reconnaît l'égalité des hommes et des femmes.
1949 :	Simone de Beauvoir publie *Le Deuxième sexe.*
1967 :	La loi Neuwirth autorise la vente des contraceptifs.
1970 :	Le sigle M.L.F. (Mouvement de Libération de la Femme) est adopté pour désigner le mouvement féministe.
1971 :	Par le « manifeste des 343 », certaines femmes prennent ouvertement position pour l'avortement.
1974 :	L'avortement cesse d'être hors-la-loi grâce à la loi Simone Veil. Création d'un Secrétariat d'Etat à la condition féminine avec, à sa tête, Françoise Giroud.

Quand les femmes ont-elles obtenu le droit de vote?

1863 :	En Suède, mais seulement pour l'élection du conseil municipal.
1869 :	Aux Etats-Unis, mais seulement d'abord dans l'Etat du Wyoming.
1893 :	Nouvelle-Zélande.
1906-07 :	Finlande et Norvège.
1915 :	Danemark.
1918 :	Pologne, Canada et U.R.S.S. Grande-Bretagne, mais seulement à partir de 30 ans.
1919 :	Allemagne et Pays-Bas.
1920 :	Autriche et Etats-Unis.
1921 :	Tchécoslovaquie.
1925 :	Hongrie.
1931 :	Espagne et Portugal.
1935 :	Roumanie.
1944 :	France.
1945 :	Italie.
1947 :	Yougoslavie.
1949 :	Bulgarie et Belgique.
1971 :	Suisse, mais pas pour la totalité des cantons.

REPÈRES

Jean Baudrillard, *De la séduction,* (Folio Essais) Gallimard, 1979.
Simone de Beauvoir, *Le Deuxième sexe,* (Folio Essais) Gallimard, 1949.
Gisèle Halimi, *La Cause des femmes,* Grasset, 1973.
Virginia Woolf, *Une chambre à soi,* Denoël, 1929.

Guerre

La guerre est cet acte de violence par lequel une nation cherche à imposer à une autre sa volonté.

Donnée permanente de l'histoire humaine, la guerre présente aujourd'hui cette double caractéristique d'être à la fois guerre idéologique et guerre technologique. Sous la bannière d'une cause ou d'un principe, elle mobilise toutes les ressources humaines et techniques. Devant cette menace sans limites, l'humanité n'a plus d'autre alternative que de penser la guerre pour maîtriser celle-ci.

L'état habituel du genre humain

Dans ses *Considérations sur la France* (1796), le philosophe français Joseph de Maistre écrit :

> **« L'histoire prouve malheureusement que la guerre est l'état habituel du genre humain dans un certain sens; c'est-à-dire que le sang humain doit couler sans interruption sur le globe, ici ou là; et que la paix pour chaque nation, n'est qu'un répit. »**

Un bref regard sur l'histoire contemporaine suffit pour confirmer le constat posé il y a près de deux siècles par Joseph de Maistre. Depuis 1796, le sang n'a cessé de couler sur la surface de la planète. La guerre est bien *« l'état habituel du genre humain »*.

Permanente, la guerre n'est cependant pas immuable. A chaque époque, elle se définit par des traits qui lui sont propres et qui interdisent, dans la plupart des cas, qu'on confonde les conflits d'hier et ceux d'aujourd'hui.

Ainsi, s'il fallait définir la guerre moderne en deux mots, obligatoirement trop sommaires, c'est peut-être la conjonction inédite de l'idéologique et du technologique qu'il conviendrait de souligner.

Guerre idéologique

Idéologiques, les guerres de Religion, les Croisades, à leur manière déjà, l'étaient certainement. En ce sens, on ne saurait poser que d'être idéologique, la guerre moderne innove radicalement sur les conflits qui l'ont précédée. Cependant, quelque chose avec la Révolution française, indubitablement, bascule, par quoi le visage de la guerre sans retour se transforme.

De manière schématique, on pourrait en effet poser que, avant la rupture révolutionnaire, les guerres se voulaient limitées dans leurs objectifs : comme l'écrit Clausewitz, le grand ancêtre de ce que l'on appellera plus tard, la « polémologie », il s'agissait, d'imposer sa volonté à l'adversaire, non de le détruire encore moins de le convertir. Au XVIIIe siècle, les puissances qui s'affrontaient partageaient sensiblement les mêmes valeurs, celles de la monarchie. Il n'était nullement question de faire de la guerre autre chose qu'un affrontement en champ clos dans lequel ne se décidait rien de plus que le sort d'une province.

Avec la Révolution, tout change : ce ne sont plus des puissances qui s'affrontent mais des systèmes antagonistes qui non seulement refusent les valeurs de l'autre mais encore entendent lui imposer leurs propres valeurs : celles de la Révolution ou de la Contre-Révolution. Le peuple cesse alors d'être spectateur pour devenir acteur d'un conflit dans lequel se joue son sort et non plus la seule fortune des Princes.

A cet égard, la date du 20 septembre 1792 peut constituer pour nous comme un point de repère. Sur le champ de bataille de Valmy — lieu de naissance, aux dires de Goethe, d'une ère nouvelle dans l'histoire de l'humanité — s'affrontaient en effet les armées d'hier et celles de demain : d'un côté, les professionnels du combat, organisés, disciplinés, compétents; de l'autre, les soldats de la Révolution, forts de leur enthousiasme et de leur foi.

Sans doute faut-il faire la part de ce qui, dans cette image, relève de la pure propagande républicaine; la réalité historique est toujours plus complexe que ce qu'en retiennent les historiens et, à plus forte raison, les idéologues. Toujours est-il que l'hypothèse se défend, qui consiste à poser qu'avec les guerres révolutionnaires, le conflit armé entre nations devient le vecteur de la lutte idéologique.

Idéologique, en effet, la Seconde Guerre mondiale qui, plus que des nations, voit aux prises des systèmes — démocratie, fascisme, communisme — engagés dans une lutte dont l'enjeu est l'hégémonie planétaire. Idéologiques également, dans une mesure plus ou moins discernable, tous les grands conflits qui, de la guerre franco-prussienne de 1870 aux guerres de libération contemporaines, ont ensanglanté le globe.

Et ceci, à tel point que les conflits non idéologiques qui, inévitablement, subsistent, nous paraissent aujourd'hui absurdes — comme si étaient plus raisonnables, dans 99 % des cas, les guerres idéologiques. Seuls les idées et les principes semblent mériter qu'on meure encore pour eux. Quand bien même celui-ci ne signifie rien, il faut absolument brandir un étendard idéologique pour partir au combat, la fleur au fusil.

Guerre technologique

La guerre moderne doit donc d'abord cesser d'être limitée dans ses objectifs : la conquête ne doit plus être seulement territoriale, elle doit être aussi mentale.

Mais, illimitée dans ses objectifs, la guerre moderne l'est également dans ses moyens car, guerre idéologique, elle est également guerre technologique.

Longtemps, le progrès, en matière de technique militaire, avait été lent. De l'Antiquité au Moyen Age, en ce domaine, on n'enregistra pas de rupture décisive ni même de changement majeur. C'est seulement au XVe et au XVIe siècle que la popularisation des armes à feu modifia les données du combat. Mais, même à cette date, les facteurs techniques étaient loin de jouer un rôle décisif dans l'issue des conflits.

Il faut, en fait, attendre la révolution industrielle pour que les facteurs techniques acquièrent ce rôle déterminant qu'ils possèdent dans les guerres actuelles. En ce sens, l'on peut avancer que la guerre moderne naît avec la guerre de Sécession peut-être, avec la guerre de 14-18 indiscutablement. Dans l'un et l'autre cas, on assiste en effet à la mobilisation de toutes les ressources humaines, économiques et industrielles de la nation, en vue de la destruction de l'adversaire.

Pour analyser ce phénomène inédit et décisif, Raymond Aron a introduit le concept de guerre hyperbolique ou totale qui est analysé dans deux de ses ouvrages : *Les Guerres en chaîne* et *Paix et guerre entre les nations*. R. Aron y montre que les belligérants, comme malgré eux, se sont laissé entraîner par leur propre potentiel technique dans une sorte de dynamique, de spirale de la destruction que rien ne légitimait et que rien ne laissait prévoir. La seule logique de la guerre devient une logique de la destruction absolue, sans qu'on s'interroge encore sur le sens et la valeur de cette destruction absolue. Comme il l'écrit : *« ...la première guerre du siècle illustre le glissement vers la forme absolue d'une guerre dont les belligérants sont incapables de préciser l'enjeu. »*

Or, le moteur de ce glissement, de ce passage, progressif et brutal, à une logique de la destruction absolue, n'est rien d'autre que la capacité technique de mener à bien cette destruction absolue. R. Aron pose la question suivante :

> **« Les peuples se sont-ils battus jusqu'à la mort parce qu'ils se détestaient ou se sont-ils détestés parce qu'ils se battaient furieusement ? Les belligérants se proposaient-ils dès le premier jour des objectifs illimités, ou se sont-ils proposé de tels objectifs au fur et à mesure que la violence s'amplifiait ? »**

La réponse du philosophe français est la suivante : c'est la démesure technique qui est responsable de cette spirale de la destruction :

> **« C'est elle qui a imposé l'organisation de l'enthousiasme, elle qui a condamné à l'échec les tentatives de**

conciliation, elle qui a exclu la vieille sagesse diplomatique et contribué à répandre l'esprit de croisade. »

Autrement dit, la guerre moderne — ou guerre hyperbolique — qui entraîne les peuples jusqu'à la destruction finale, n'a d'autre cause que la capacité économique et technique dont la modernité industrielle nous a dotés. Disposant des armes de leur annihilation, les nations du XXe siècle n'ont pas su s'interdire d'avoir recours à celles-ci : elles ont plongé avec vertige et inconscience dans le gouffre sans fond de la guerre totale, laissant par deux fois l'Europe à l'état de sinistre champ de ruines.

La démesure guerrière naît donc de la démesure technique — ou du moins de la perte de son contrôle. Démesure technique qui atteint son apogée avec la maîtrise de l'énergie nucléaire. Avec celle-ci, les enjeux, au moins, sont clairs et terrifiants. Albert Camus le notait dans un article particulièrement juste, au lendemain de l'explosion d'Hiroshima :

« La civilisation mécanique vient de parvenir à son dernier degré de sauvagerie. Il va falloir choisir, dans un avenir plus ou moins proche, entre le suicide collectif ou l'utilisation intelligente des conquêtes scientifiques. »

Depuis Hiroshima, la menace nucléaire s'est étendue et s'est diversifiée. Etendue, car six pays, aujourd'hui, disposent, officiellement, de l'arme nucléaire : aux Etats-Unis se sont ajoutés l'URSS depuis 1949, la Grande-Bretagne depuis 1952, la France depuis 1960, la Chine depuis 1964 et l'Inde depuis 1974 — ceci sans compter les pays, nombreux peut-être qui, par discrétion, par obligation ou par calcul préfèrent garder secret leur arsenal nucléaire. Diversifiée, car le terme d'arme nucléaire est un terme générique derrière lequel se dissimule toute une panoplie d'armes d'une extrême variété : missiles de toutes portées et de toutes puissances dont la multiplication laisse ouverte, aux états-majors des deux camps, une gamme inouïe de possibilités qui vont de la destruction mutuelle assurée jusqu'à la guerre nucléaire limitée en passant par le Blitzkrieg atomique.

A ces nuances près, la situation qu'énonçait Camus le 8 août 1945, n'est en rien changée : Hiroshima symbolise la perspective d'une disparition possible de la race humaine. Avec le nucléaire, la guerre moderne est en mesure d'aller jusqu'au bout de son potentiel de destruction.

Maîtriser la guerre

Maîtriser la guerre ne peut aller sans en accepter la réalité pour en conjurer la menace.

En accepter la réalité ? En effet, il ne suffit pas de nier la guerre pour que celle-ci, comme un mauvais cauchemar, se dissipe au matin. L'attitude serait aussi absurde que celle qui consisterait à nier la part de violence que l'espèce humaine porte en elle et à tomber de ce fait dans le panneau d'une société internationale réconciliée avec elle-même. Il ne sert à rien de se scandaliser des désordres guerriers si l'on ne se donne pas les moyens véritables d'apporter une solution aux désordres plus profonds qui en sont les causes véritables.

A cet égard, le cynisme d'un de Maistre est sans doute préférable à la naïveté de ceux qui croient possible d'accéder d'un coup à une ère de fraternité définitive entre les hommes :

> **« Tonnons cependant contre la guerre, et tâchons d'en dégoûter les Souverains : mais ne donnons pas dans les rêves de Condorcet, de ce philosophe si cher à la révolution, qui employa sa vie à préparer le malheur de la génération présente, léguant bénignement la perfection à nos neveux. Il n'y a qu'un moyen de comprimer le fléau de la guerre, c'est de comprimer les désordres qui amènent cette terrible purification. »**

Il convient ici de réfuter les raisonnements trop simples d'un pacifisme aveugle qui relève davantage d'une pensée magique que d'une pensée logique : ce n'est pas en supprimant les signes de la guerre, qu'on supprimera la guerre. La guerre n'a pas pour seule cause la stupidité des gouvernants ou l'avidité des marchands de canons. Jeter à la casse, d'un coup, toutes les armes en stock sur la planète — quand bien même cela serait possible — ne suffirait pas à ouvrir, pour l'humanité, une ère d'amitié où s'aboliraient les frontières et les différends. Resterait encore à régler tous les problèmes — pauvreté, injustice, soif de violence, volonté de domination, fanatisme — dont la guerre n'est que la spectaculaire traduction historique. Ou pour donner ce simple exemple : la cause de la Seconde Guerre mondiale est bien entendu moins à chercher dans le réarmement de l'Allemagne à partir de 1933 que dans les conditions politiques, économiques, sociales et idéologiques qui ont permis la prise du pouvoir par les nazis.

Ne pas fermer les yeux sur la logique véritable de la guerre, assumer cette réalité sans se laisser prendre au piège des trop beaux sentiments : tels sont donc les premières exigences qui peuvent nous permettre de conjurer cette menace.

Cependant, s'il faut être conscient de ce que les relations internationales ne sont rien d'autre qu'un rapport de puissances, un jeu où le plus fort gagne, encore faut-il savoir que ce jeu est également ce que les polémologues nomment dans leur jargon un *« jeu à somme non nulle »,* c'est-à-dire un jeu dans lequel les deux adversaires peuvent gagner simultanément.

Ainsi, les Etats-Unis et l'URSS ont, certes des intérêts divergents et opposés en ce qui concerne le domaine des relations internationales, mais ils ont aussi des intérêts convergents : pas de destruction, pas de course aux armements trop rapides, la possibilité d'une certaine coopération économique... Sur la base de ces intérêts convergents peuvent être mises en place des politiques communes visant à conjurer la menace de guerre. Ce qui revient à dire que, si chaque pays cherche avant tout à satisfaire ses intérêts propres, une telle stratégie n'exclut nullement la possibilité d'une paix qui, dans une situation d'équilibre des forces en présence, est de l'intérêt de tous.

Dans ces conditions se profile la possibilité d'une paix au moins relative. Celle-ci n'est pas, sans doute, la paix perpétuelle et totale dont avaient ambitieusement rêvé les philosophes du passé et à laquelle travaillait hier la Société des Nations et aujourd'hui l'Organisation des Nations Unies. Elle est bien davantage la paix toujours négociée et toujours recommencée qui ne naît que de l'équilibre toujours en devenir des forces en présence et du calcul modifié des intérêts en jeu. Paix précaire sans doute mais par laquelle l'Europe, depuis 1945, se trouve épargnée par le plus terrible des fléaux historiques.

Toutefois, et c'est sur ce point qu'il convient de conclure, il faut se garder de l'illusion qui consisterait, du fond de notre abri européen, à penser que la guerre a purement et simplement disparu. Mise en échec en Occident par le jeu de la dissuasion nucléaire, la guerre a bien davantage émigré et évolué. Emigré car le reste du monde est aujourd'hui autant qu'hier le théâtre de conflits répétitifs dont certains semblent, comme au Liban, sans autre solution que la destruction sans appel d'une nation. Evolué car, par le terrorisme ou le jeu des forces économiques, d'autres formes de violence internationale, de manière clandestine, se manifestent déjà aujourd'hui, qui composent peut-être de manière encore fragmentaire le visage de la guerre de demain.

Penser la guerre

Il n'est pas d'autre alternative pour l'humanité que de penser la guerre — d'en prendre intellectuellement la mesure — pour éviter que l'humanité ne se laisse prendre une nouvelle et dernière fois dans la spirale hyperbolique de la destruction.

Le projet est plus neuf que l'on pourrait le penser. Certes, avec la modernité, la guerre ne surgit pas de nulle part dans le champ des préoccupations humaines. Cependant, exaltée par les épopées antiques *(L'Iliade)* qui trouvaient en elle le prétexte de leur chant, stipendiée par les épopées modernes *(Voyage au bout de la nuit)* qui dénonçent en elle une barbare « croisade apocalyptique », la guerre avait rarement été l'objet d'une réflexion véritable sur sa nature et sur sa logique.

C'est pourquoi l'œuvre majeure de Clausewitz constitue en ce domaine un tournant véritable à partir duquel, pour reprendre le titre du monumental ouvrage que lui a consacré Raymond Aron, il devient possible de « penser la guerre ». Officier prussien malheureux tout au long des campagnes napoléoniennes, Clausewitz est en effet celui qui, dans son livre *De la Guerre*, s'arrache aux discours incertains de son temps et de son milieu. Prenant l'exacte mesure du bouleversement dont il a été le contemporain et qui, dans le champ de la lutte armée, porte le nom de Napoléon, il met en place les conditions d'une analyse rigoureuse de la guerre et de sa logique, à laquelle seront redevables aussi bien les grands états-majors du XXe siècle que de considérables figures historiques comme Lénine ou Jaurès. Avec Clausewitz se trouve fondée une théorie véritable dont l'objet est la maîtrise rationnelle du phénomène guerrier :

> **« La fin du développement de l'art de la guerre consiste exclusivement en ceci : soumettre de plus en plus les données (généralement les actions des forces) à la conduite d'une volonté raisonnable, les rendre de plus en plus indépendantes du hasard. »**

Saisir la raison de ce qui, à bon droit, peut sembler le moins rationnel des soubresauts qui agitent l'espèce humaine : tel est l'objectif qu'à la suite de Clausewitz se sont assigné certains philosophes français au nombre desquels Raymond Aron *(Paix et guerre entre les Nations)* et André Glucksmann *(Le Discours de la guerre)*. Tel est également la raison d'être de cette nouvelle science de la guerre qui vise à l'étude et à l'intelligence des conflits et qui porte le nom de « polémologie ». Sa devise pourrait s'énoncer ainsi : « *Si tu veux la paix, comprends la guerre* ».

Gaston Bouthoul qui reste le principal des représentants de la polémologie, a souligné l'importance de celle-ci dans un ouvrage qui, rédigé au plus fort de la Seconde Guerre mondiale, fut publié au sortir de celle-ci. Il écrit dans *Cent millions de morts* (1946) :

> **« On peut se montrer sceptique sur les projets de paix perpétuelle, sur les Hautes Cours internationales, sur les pactes, les traités, les ligues et les Sociétés des Nations qui nous ont tant de fois déçus. Mais on ne peut être sceptique quant à l'urgence d'instituer une étude objective des comportements belliqueux de l'espèce humaine, de leurs aspects, de ce qui les précède et de ce qui les suit. C'est alors seulement que nous pourrons nous bercer de l'espoir d'atténuer les guerres. Car un instinct n'est aveugle que s'il est inconscient. Un phénomène n'est inéluctable que s'il est inconnu. Elucider c'est exorciser. »**

REPÈRES

Raymond Aron, *Paix et guerre entre les Nations,* Calmann-Lévy, 1962.
Sur Clausewitz, Complexe, 1987.
Gaston Bouthoul, *Essais de polémologie,* (Médiations) Denoël, 1976.
André Glucksmann, *Le Discours de la guerre,* (Biblio Essais) Le Livre de Poche, 1967.
La Force du vertige, (Biblio Essais) Le Livre de Poche, 1983.

Histoire

Le mot « histoire » sert à désigner à la fois le passé dans son ensemble et le discours qui, relatant celui-ci, vient lui donner forme et signification.

De ce fait, l'histoire est moins la simple retranscription du passé que sa reconstruction obligée. En ce sens, elle est au pire ce mensonge que dénoncent Huysmans et Valéry, au mieux ce « roman vrai » que décrit Paul Veyne. Quoi qu'il en soit, le discours historique doit être l'objet de la plus grande attention : la maîtrise du présent est en effet au prix de l'intelligence du passé.

Les deux sens du mot « histoire »

En français, comme dans d'autres langues d'ailleurs, le mot « histoire » possède une double signification. Il sert d'abord à désigner le passé d'un individu, d'un peuple, d'une nation, voire de l'humanité considérée dans son ensemble. Mais, par le même terme, on désigne également le discours, le récit par lequel on raconte ce passé en lui donnant, inévitablement, forme et signification. C'est pourquoi l'on parlera aussi bien de l'histoire de Michelet que de l'histoire de France. Dans un cas comme dans l'autre, seul le contexte permettra de lever l'ambiguïté et de savoir s'il est question du destin d'un individu ou d'un peuple, ou de l'œuvre écrite qui s'attache à leur redonner vie.

Cette remarque de vocabulaire est loin d'être gratuite. Elle nous introduit d'emblée à une question essentielle : celle du statut de la connaissance historique. Si le même mot désigne la réalité historique et le discours qui prend celle-ci comme objet, n'est-ce pas parce que nous n'avons nulle autre voie d'accès à notre passé que par la discipline historique, prisme déformant mais inévitable par lequel nous essayons d'ajuster les fragments d'un passé qui, inexorablement, nous échappe, se dérobe et se refuse ?

La question de l'objectivité du discours historique se trouve ainsi posée. Question aussi ancienne que l'histoire elle-même et de ce fait rebattue, mais essentielle en ceci que l'intelligence du passé, hier comme aujourd'hui, demeure l'une des clés de la maîtrise du présent.

Le plus solennel des mensonges, le plus enfantin des leurres

Peut-on écrire l'histoire en toute objectivité ? Est-il possible de rendre compte de ce qui a véritablement été, sans qu'intervienne et qu'interfère la personnalité même de celui qui ne cherche qu'à disparaître derrière les événements qu'il consigne, les analyses qu'il aligne ?

Telle était l'ambition des historiens positivistes du XIXe siècle. Ceux-ci cherchèrent à faire de l'histoire, selon le mot célèbre de Renan, *« une science exacte des choses de l'esprit. »* Ils affirmaient que, par l'érudition et la rigueur, il était possible de rendre compte des événements tels que ceux-ci s'étaient véritablement déroulés : il suffisait pour cela, à l'image du chimiste ou du physicien, de faire abstraction de soi-même et de tendre vers le plus grand sérieux en se dotant d'une méthode. Il fallait prendre garde à ne pas laisser parler ses propres convictions dans le cadre de son travail, contrôler les documents, les vérifier, les articuler enfin selon la logique objective et irréfutable de la chronologie.

L'apport de ces historiens fut décisif : il permit à l'histoire de s'arracher définitivement à l'impressionnisme, à l'à-peu-près qui, jusque-là, avaient prévalu. Cependant, il n'était que trop évident que leur rêve d'objectivité était dans une large mesure illusoire. En effet, comme le déclarait en 1950 Fernand Braudel :

> **« L'esprit historique est critique à sa base. Mais il est aussi, au-delà de prudences qui vont de soi, reconstruction... »**

Or cette reconstruction, il n'est aucune règle objective qui puisse la définir. La subjectivité, inévitablement, fait retour ici.

Le romancier Joris-Karl Huysmans l'avait parfaitement saisi qui, dans son livre, *Là-Bas* (1891), rendait le plus ambigu des hommages à l'histoire par le biais de son personnage Durtal :

> **« Pour Durtal, l'histoire était donc le plus solennel des mensonges, le plus enfantin des leurres... La vérité, c'est que l'exactitude est impossible, se disait-il; comment pénétrer dans les événements du Moyen Age, alors que personne n'est seulement à même d'expliquer les épisodes les plus récents, les dessous de la Révolution, les pilotis de la Commune, par exemple ? Il ne reste donc qu'à se fabriquer sa vision, s'imaginer avec soi-même les créatures d'un autre temps, s'incarner en elles, endosser, si l'on peut, l'apparence de leur défroque, se forger enfin, avec des détails adroitement triés, de fallacieux ensembles. »**

En somme, aux yeux de Huysmans, la grandeur de l'histoire ne naît que de cette incapacité à dire le vrai, qui l'apparente à la poésie. L'objectivité historique est un mythe puéril et la grandeur d'un historien ne tient pas à l'impossible rigueur de sa méthode, mais au souffle épique qui passe dans son œuvre.

L'histoire est un roman vrai

Est-ce à dire que l'histoire n'est qu'un rêve n'ayant d'autre existence que dans l'esprit de celui qui l'énonce ? On saisit bien le danger d'une telle position qui confinerait au solipsisme. L'historien serait libre d'affirmer ce que bon lui semble, défaisant et refaisant le passé au gré de sa fantaisie.

Entre l'ordre fallacieux de l'objectivité et le désordre fantaisiste de la subjectivité, il convient de trouver une position médiane. Il faut sans doute, pour ce faire, adopter la définition de l'histoire que nous propose Paul Veyne dans *Comment on écrit l'histoire.* Pour lui, *« l'histoire est un roman vrai ».*

Vraie, l'histoire doit l'être par sa volonté de ne se fonder que sur l'étude d'événements, de documents, de témoignages dont la véracité sera contrôlée avec toute la rigueur possible. Il y a, quelle que soit la subjectivité de l'historien, une vérité des faits et celle-ci constitue le nécessaire et objectif socle du discours historique. Il y a sans doute des centaines d'histoires possibles de la Révolution française et, du même coup, des centaines d'interprétations possibles de l'exécution de Louis XVI, de ses causes et de ses conséquences. Mais, sauf à basculer dans le délire, il est au moins un point sur lequel se rencontreront ces histoires opposées : le fait que Louis XVI a bien été guillotiné le 21 janvier 1793. Il faut rester intransigeant sur ce principe. On en saisit l'importance à l'heure où, de plus en plus nombreux, de pseudo-historiens, arguant de la liberté de la recherche, en viennent à nier l'existence des chambres à gaz et des camps de concentration hitlériens. Les faits existent, il est possible d'en établir l'exactitude ou l'inexactitude.

Cependant, se faisant à partir de ces matériaux vrais que sont les faits, l'histoire n'en cesse pas moins d'être un « roman ». L'historien opère en effet dans un champ événementiel que, dans une large mesure, il constitue lui-même par les questions qu'il se pose et qui se présente à lui comme quasi infini et cependant lacunaire : quasi infini, car la quantité des documents dont nous pouvons disposer est étourdissante; lacunaire, car aussi nombreux que soient ces documents, ils ne disent qu'une part extrêmement réduite de la réalité. Si bien que c'est à l'historien, tel un romancier, d'organiser, de découper et de reconstruire, dans le champ de l'histoire, des parcours qui seront autant d'intrigues, autant d'histoires, mais qui se refuseront à être cette Histoire avec majuscule, dont le XIXe siècle avait rêvé et qui, tout simplement, n'existe pas.

Intelligence du passé et maîtrise du présent

On aurait tort de croire que les questions qui précèdent et les éléments de réponse qui ont été avancés ne concernent que les gens dont le métier est l'histoire. La question de l'histoire est en effet autant une question politique qu'une question épistémologique.

L'intelligence du passé est l'une des armes essentielles pour la maîtrise du présent. George Orwell nous avait mis en garde dans son *1984*. Il y décrivait une société totalitaire dans laquelle le pouvoir — sous l'égide de l'omniprésent Big Brother — manipulait en permanence les archives de manière à asseoir sa légitimité : l'histoire n'avait alors plus d'autre fonction que de participer à la propagande du régime et à la manipulation des masses. Milan Kundera, dans les premières pages de son *Livre du rire et de l'oubli,* nous rappellera que derrière la fiction d'Orwell, il convient de lire la réalité politique des régimes communistes : l'histoire de la Révolution russe, par exemple, a été totalement réécrite de manière à servir l'orthodoxie stalinienne et à minimiser la part des autres révolutionnaires, tout en effaçant les souvenirs des épisodes trop barbares de l'histoire soviétique. Lorsque l'histoire sert non plus à se souvenir du passé mais à en effacer toute trace, alors, comme l'écrit Kundera, *« la lutte de l'homme contre le pouvoir est la lutte de la mémoire contre l'oubli »*.

Il serait trop facile, cependant, de feindre de croire que la manipulation de l'histoire est le monopole des régimes totalitaires. Dans la mesure où l'histoire est, pour un peuple, le creuset de son identité, le mythe qui en assure la cohérence, il n'est aucun pouvoir qui puisse se permettre de s'en désintéresser. C'est, en effet, par l'histoire que les individus prennent conscience d'appartenir à un groupe, de participer à une aventure collective qui dépasse leur destin personnel. Autrement dit, sans histoire, il n'est pas de Nation possible. Les fondateurs de la IIIe République l'avaient très bien saisi, qui ont fait de l'enseignement de l'histoire l'une des pierres angulaires de leur programme scolaire. Dans une France de la fin du XIXe siècle, qui était loin de former encore un tout cohérent, l'histoire permettait de convaincre les petits Bretons comme les petits Auvergnats qu'ils s'inscrivaient dans une même lignée — celle des Vercingétorix, des Clovis, des Jeanne d'Arc —, qu'ils prenaient place dans une même épopée — celle dont le prochain épisode ne saurait être que la glorieuse revanche contre l'ignoble envahisseur prussien. L'histoire n'était pas à proprement parler tronquée, elle était simplement magnifiée : elle se constituait en un mythe aux implications très clairement politiques.

Ce mythe, on peut avancer qu'il est nécessaire aux peuples, que c'est par lui qu'ils trouvent leur véritable grandeur. Cependant, c'est moins de mythe nationaliste que de mémoire nationale que notre temps, sans doute, a besoin : non plus l'exaltation d'une supériorité, mais la conscience d'une singularité. Et ce mythe, si l'histoire a un sens, c'est, non de le servir, mais tout au contraire de nous apprendre à nous en défaire.

REPÈRES

Jacques Le Goff, *Histoire et mémoire,* (Folio Histoire) Gallimard, 1988.

Henri-Irénée Marrou, *De la connaissance historique,* Points (Seuil), 1954.

Paul Veyne, *Comment on écrit l'histoire,* (Points) Seuil, 1971.

Marc Ferro, *Comment on raconte l'histoire aux enfants à travers le monde entier,* Payot, 1981.

▶ **Nouvelle histoire.**

Idéologie

L'idéologie est le système d'idées et de valeurs caractéristiques d'un groupe social donné.

Inventé par Destutt de Tracy, le terme n'a fait véritablement son entrée dans le vocabulaire philosophique qu'avec Karl Marx. Celui-ci définit l'idéologie comme le discours de l'illusion, par lequel une classe impose sa domination à l'ensemble de la société. A en croire nombre d'analystes et de théoriciens, les idéologies seraient aujourd'hui mortes ou moribondes : c'est peut-être en finir, cependant, un peu vite avec ce qui reste l'une des dimensions obligées de toute société.

Forgé à la toute fin du XVIIIe siècle par un philosophe aujourd'hui bien oublié — Antoine-Louis-Claude Destutt de Tracy — le mot « idéologie » a connu des fortunes si diverses qu'il est aujourd'hui bien difficile d'en proposer une définition claire et cohérente. Dans l'esprit de son créateur, il devait désigner une nouvelle « science des idées » qui, dans le droit fil du rationalisme des Lumières, pourrait permettre de comprendre et de transformer la société. « Science qui traite de la formation des idées », c'est encore la définition qu'au XIXe siècle le dictionnaire Littré propose de l'idéologie. On est loin de la conception qui est aujourd'hui la nôtre.

Par un premier glissement de sens, ce mot, qui à l'origine devait donc désigner une science, a fini par signifier l'objet même que cette science s'assignait : les idées elles-mêmes. Mais de quelles idées s'agit-il ? Là encore, les interprétations sont multiples, et multiples donc les nouvelles définitions possibles de l'idéologie.

L'idéologie selon Marx

A cette question, Marx a apporté une réponse particulièrement importante en ceci qu'elle a largement contribué à fixer l'un des sens modernes du mot idéologie. De manière, il faut le reconnaître, aussi décisive que complexe.

Sa définition essentielle se donne à lire dans *L'Idéologie allemande,* cette « œuvre de la coupure » où Althusser reconnaissait la charnière véritable autour de laquelle bascule tout entier le travail de Marx. C'est une conception critique de l'idéologie qui avec beaucoup de virulence, se trouve développée dans cet ouvrage. L'idéologie y est dénoncée comme une illusion idéaliste que seule peut dissiper la démarche matérialiste dont Marx et Engels formulent les éléments essentiels.

Pour Marx et Engels, conformément aux présupposés matérialistes qu'ils adoptent, ce sont les « infrastructures » — c'est-à-dire le socle matériel et économique — qui, dans une société donnée, déterminent les « superstructures » — idéologie, institutions, religion — et non l'inverse. Les idéalistes ont tort d'affirmer que ce sont les idées qui dominent et mènent le monde, alors que les idées ne sont jamais que le produit d'une situation historique donnée, caractérisée elle-même par un certain état des rapports de production :

> **« La production des idées, des représentations et de la conscience est d'abord directement et intimement mêlée à l'activité matérielle et au commerce matériel des hommes, elle est le langage de la vie réelle. Les représentations, la pensée, le commerce intellectuel des hommes apparaissent ici encore comme l'émanation directe de leur comportement matériel. Il en va de même de la production intellectuelle telle qu'elle se présente dans la langue de la politique, celle des lois, de la morale, de la religion, de la métaphysique, etc., de tout un peuple. Ce sont les hommes qui sont les producteurs de leurs représentations, de leurs idées, etc., mais les hommes réels, agissants, tels qu'ils sont conditionnés par un développement déterminé de leurs forces productives et du mode de relations qui y correspond, y compris les formes les plus larges que celles-ci peuvent prendre. »**

Cela étant posé, on voit que pour Marx l'idéologie ne saurait avoir d'histoire propre, d'autonomie dernière puisqu'elle n'est que le « reflet » d'une configuration dans laquelle ce sont les infrastructures qui déterminent les superstructures.

La démonstration, cependant, ne s'arrête pas là. Dans une société caractérisée par l'exploitation du prolétariat par la bourgeoisie, l'idéologie ne pourra être que la traduction et la justification — en termes de discours — de cette réalité de base. Ce qui amène Marx et Engels à définir, dans un passage célèbre, l'idéologie comme l'expression de la domination qu'exerce dans la société une classe sur l'autre :

> **« Les pensées de la classe dominante sont aussi, à toutes les époques les pensées dominantes, autrement dit la classe qui est la puissance *matérielle* dominante de la société est aussi la puissance dominante *spirituelle*. La classe qui dispose des moyens de la production matérielle dispose, du même coup, des moyens de la production intellectuelle, si bien que, l'un dans l'autre, les pensées de ceux à qui sont refusés les moyens de production intellectuelle sont soumises du même coup à cette classe dominante. Les pensées dominantes ne sont pas autre chose que l'expression idéale des rapports matériels dominants, elles sont ces rapports matériels dominants saisis sous forme d'idées, donc l'expression des rapports qui font d'une classe la classe dominante; autrement dit, ce sont les idées de sa domination. »**

Autrement dit et pour résumer les analyses qui précèdent : appartenant à ces « superstructures » que détermine « en dernière instance » l'« infrastructure » de la base économique, l'idéologie est présentée comme le discours mystificateur à l'aide duquel la classe dominante assure sa domination sur l'ensemble de la société.

Telle est, présentée de manière très schématique, la théorie marxiste de l'idéologie. Théorie qui pose d'ailleurs toute une série de questions sur la nature du phénomène ainsi décrit.

Et tout d'abord, cette illusion que constitue l'idéologie, quelle en est la nature véritable ? Consiste-t-elle en une manœuvre machiavélique de la classe dominante pour imposer ses valeurs à l'ensemble de la société, en s'assurant le contrôle de tous les canaux de diffusion du savoir et des valeurs : école, Eglise, littérature ? Est-elle à l'inverse une sorte d'« illusion généralisée » que partagent, en toute bonne foi, en toute sincérité, aussi bien ceux qui sont les victimes de cette mystification que ceux qui en sont les bénéficiaires et sont convaincus de tenir un discours de vérité là où ils ne défendent en fait, et à leur insu, que les valeurs de leur classe ? La réponse est sans doute double, tant le texte de Marx hésite entre ces deux images, et Patrick Tort a bien montré dans *Marx et le problème de l'idéologie* qu'il y avait, chez Marx, non pas une théorie de l'idéologie mais deux théories en conflit.

Autre question plus décisive encore : de quelle manière exacte les infrastructures agissent-elles sur les superstructures ? S'agit-il d'une détermination entière et mécanique ? Ou bien existe-t-il la possibilité d'une action en retour de l'idéologie sur le socle matériel qui constitue la société ? Soulevée par Mao Zedong dans *De la contradiction,* comme par Althusser dans *Pour Marx,* la question est d'importance car de la réponse qu'on lui apporte dépend toute la stratégie révolutionnaire qui devra être adoptée.

On le voit, la théorie marxiste de l'idéologie est loin d'être bouclée sur elle-même en une série rigoureuse de certitudes. Elle laisse place à l'interprétation et à l'interrogation.

D'autres définitions...

La définition marxiste de l'idéologie, on vient de le voir, était essentiellement critique : elle présentait avant tout l'idéologie comme le discours — pervers ou innocent — de l'illusion.

Mais, dans cette définition critique est loin de s'épuiser le problème total de l'idéologie et de ses sens multiples. On peut chercher à saisir ce qu'est le phénomène idéologique indépendamment de tout jugement de valeur ou de toute ambition polémique. Dans cette perspective, on peut proposer d'autres définitions de l'idéologie qui, si elles sont moins prestigieuses que celle de Marx, sont peut-être plus opératoires dans la perspective d'une appréhension large du phénomène.

Ainsi, avec l'anthropologue Louis Dumont *(Essais sur l'individualisme)*, on pourra considérer, de manière très claire et très simple, que l'idéologie est « le système d'idées et de valeurs qui a cours dans un milieu social donné ». Le sociologue Jean Baechler, dans *Qu'est-ce que l'idéologie?*, préfère, lui, parler d'« un discours lié à l'action politique » ou encore d'« une formation discursive polémique, grâce à laquelle une passion cherche à réaliser une valeur par l'exercice du pouvoir dans une société ». L'intérêt pratique de cette définition est d'affirmer qu'il ne peut y avoir d'idéologie que dans la conjonction de deux domaines souvent disjoints, celui du discours et celui du politique, celui des ambitions intellectuelles et des réalisations pratiques. Ainsi, conformément à cette définition, ni une construction philosophique sophistiquée mais sans impact dans le champ du politique, ni une pratique politique sans aucune dimension théorique pour venir l'orienter, ne peuvent mériter le nom d'idéologie.

On pourrait multiplier les définitions. Conservons pour la suite de notre présentation l'idée que l'idéologie est un système cohérent et organisé d'idées et de valeurs, caractéristique d'un groupe social donné dont il assure la cohésion. Si l'on se situe dans une perspective plus strictement marxiste, l'on ajoutera que l'idéologie permet également l'exploitation des autres groupes qui constituent la société. De manière particulièrement retorse d'ailleurs, puisque l'emprise de l'idéologie dominante sur les classes dominées (aujourd'hui surtout, grâce à la sophistication des technologies de l'influence), peut aboutir à ce que les dominés *désirent* leur propre condition, et la justifient à travers des discours empruntés à cette même idéologie dominante.

Tout cela étant posé en gardant à l'esprit que, dans les lignes qui précèdent, on a moins cherché à proposer

« la » définition ultime de l'idéologie qu'à faire sentir toute la difficulté du problème. L'idéologie n'est pas une notion cohérente, c'est une notion fragmentaire particulièrement difficile à saisir. Sans doute, d'ailleurs, parce qu'il n'y a pas de définition non idéologique possible de l'idéologie.

La crise des idéologies

Le sentiment quasi général aujourd'hui est qu'on serait enfin rentré dans ce qu'il est convenu de nommer une crise idéologique ou un âge sans idéologie. En 1955, dans *L'Opium des Intellectuels,* Raymond Aron en prédisait la venue avec un certain goût pour le paradoxe et la provocation.

Il y aurait beaucoup à corriger de la prophétie de Raymond Aron. Cependant, à ne considérer que l'Occident, les années 70 semblent avoir donné raison au « spectateur engagé » qu'il s'était voulu. Avec la parution en France de *L'Archipel du Goulag,* on prit tout à coup conscience de ce que, pour reprendre le titre d'un ouvrage de Jean-Marie Benoist, Marx était mort et les « nouveaux philosophes » s'attachèrent à liquider son héritage. Le dernier grand messianisme historique s'écroulait au moment même où se défaisait la dernière des grandes synthèses intellectuelles de l'après-guerre, celle du structuralisme. « L'ère du vide » s'ouvrait, nous découvrant les incertitudes du scepticisme politique et les plaisirs du narcissisme post-moderne.

Comme souvent, le paradoxe d'hier est devenu le préjugé d'aujourd'hui : l'idée que nous vivrions le temps de la mort des idéologies est devenu le plus répétitif des lieux communs.

De ce décès, certains se désolent, se demandant quel peut être l'avenir d'un monde dans lequel les grandes causes et les grandes idées n'ont plus droit de cité. L'essoufflement des mots en -isme nous condamnerait à une monotone et interminable fin de l'histoire où plus rien ne nous resterait que la gestion d'un terne quotidien infiniment identique à lui-même.

La plupart des commentateurs se réjouissent plutôt de la disparition des idéologies, partant de l'hypothèse que celles-ci ne sont que l'autre nom du Mal. Les discours idéologiques sont assimilés à de machiavéliques systèmes intellectuels qui enivrent les cœurs et troublent les esprits, nous faisant abandonner le contact avec la claire réalité pour nous mettre en quête de fantômes historiques. L'âge de la fin des idéologies serait, dans cette perspective, celui de la lucidité retrouvée. Dissipés les cauchemars du marxisme et de tous les autres messianismes historiques, repoussées au loin les savantes et inutiles constructions idéologiques, chacun se retrouverait « rendu au sol, avec un devoir à chercher, et la réalité rugueuse à étreindre ». Nous entrerions dans la maturité de l'histoire.

« La plus belle des ruses du Diable, c'est de vous faire croire qu'il n'existe pas... »

Pour le meilleur ou pour le pire, le problème idéologique serait donc réglé. Les idéologies appartiendraient à notre passé.

Il y aurait, en fait, une grande naïveté à le croire. S'il existe indubitablement une « idéologie de la fin des idéologies », une quelconque fin des idéologies relève indiscutablement de l'ordre de l'utopique. Comment imaginer une société qui saurait faire l'économie de tout discours sur elle-même et de tout projet ? Comme l'affirme le philosophe marxiste Louis Althusser, il ne peut y avoir de pratique que par et sous une idéologie :

> **« L'idéologie fait donc organiquement partie, comme telle, de toute totalité sociale. Tout se passe comme si les sociétés humaines ne pouvaient subsister sans ces formations spécifiques, ces systèmes de représentations (de niveau divers) que sont les idéologies. Les sociétés humaines sécrètent l'idéologie comme l'élément et l'atmosphère même indispensables à leur respiration, à leur**

vie historique. Seule une conception idéologique du monde a pu imaginer des sociétés sans idéologies, et admettre l'idée utopique d'un monde où l'idéologie (et non telle de ses formes historiques) disparaîtrait sans laisser de trace, pour être remplacée par la science...

L'idéologie n'est donc pas une aberration ou une excroissance contingente de l'Histoire : elle est une structure essentielle à la vie historique des sociétés. Seules, d'ailleurs, l'existence et la reconnaissance de sa nécessité peuvent permettre d'agir sur l'idéologie et de transformer l'idéologie en instrument d'action réfléchi sur l'Histoire. »

La mise au point d'Althusser est impeccable et particulièrement nécessaire à notre temps. Rêver d'une société sans idéologie, n'est rien d'autre que retomber dans le plus vieux et le plus idéologique des rêves : celui d'une société entièrement réconciliée avec elle-même, livrée à la pure contemplation d'elle-même dans la paix perpétuelle d'une harmonie sans conflits.

Aujourd'hui, certes, s'exténuent et se défont certains des discours qui avaient occupé le devant de la scène idéologique. D'autres, cependant, plus pervers car plus discrets, les remplacent qui refusent souvent le nom d'idéologie pour mieux en assumer la fonction. L'idéologie demeure, par laquelle persiste la société en imposant clandestinement ses valeurs aux individus qui la constituent. Elle est cette « doxa » contre laquelle Barthes n'a cessé de lutter dans ses textes : d'autant plus omniprésente qu'elle est presque invisible, commandant d'autant plus étroitement nos gestes qu'elle feint de ne pas exister. Elle est comme ce diable contre lequel nous mettait en garde ce subtil prêcheur que cite Baudelaire et dont la plus belle des ruses est de nous faire croire qu'il n'existe pas.

REPÈRES

Karl Marx, Friedrich Engels, *L'Idéologie allemande,* Messidor, Ed. Sociales, 1845-1846.
Jean Baechler, *Qu'est-ce que l'idéologie?,* (Idées) Gallimard, 1976.
Louis Althusser, *Pour Marx,* Maspero, 1965.
Positions, Ed. Sociales, 1976.
Régis Debray, *Critique de la raison politique ou l'inconscient religieux,* (Tel) Gallimard, 1981.
Patrick Tort, *Marx et le problème de l'idéologie,* P.U.F., 1988.

▶ **Culture, Education, Marxisme.**

Individualisme

L'individualisme est l'idéologie ou l'attitude qui accorde à l'individu une valeur supérieure à celle de la collectivité considérée dans son ensemble.

Opposant holisme et individualisme, Louis Dumont découvre dans cette seconde idéologie celle qui façonne et caractérise notre modernité. Avec Benjamin Constant, en effet, notre époque affirme que « la liberté, c'est le triomphe de l'individualité ». Tout autant qu'une chance et un aboutissement, l'individualisme est pourtant, pour les sociétés modernes, un leurre et une menace.

Holisme et individualisme

Qu'est-ce que l'individualisme ? A cette question, l'une des plus importantes réponses théoriques contemporaines est celle que formule l'anthropologue Louis Dumont.

Ses *Essais sur l'individualisme* se présentent d'abord comme une enquête sur l'idéologie moderne, c'est-à-dire, pour reprendre la définition qu'en propose l'auteur, « le système d'idées et de valeurs caractéristiques des sociétés modernes ». L'ambition n'est pas nouvelle de proposer pour notre société une définition de l'idéologie qui lui donne sa cohérence et son visage. Mais ce qui confère toute sa valeur à la démarche de Louis Dumont et aux conclusions sur lesquelles il débouche, c'est la perspective dans laquelle il inscrit son travail : cette perspective, il la définit lui-même comme anthropologique ou comparative. Pour éviter de rester comme enfermé à l'intérieur de l'idéologie qu'il prétend circonscrire, L. Dumont s'attache à confronter entre elles les idéologies et les sociétés. Spécialiste du système de castes indien, il fait de celui-ci un miroir qui, par la distance même qui nous en sépare, nous renvoie la plus exacte des images : le retour sur nous-mêmes est au prix du détour indien.

Fort de cette méthode, Dumont en arrive à la conclusion suivante : deux modèles idéologiques essentiels s'opposent, définissant deux types principaux de sociétés qu'il nomme les sociétés holistes et les sociétés individualistes. Il les présente ainsi :

> **« Là où l'individu est la valeur suprême, je parle d'*individualisme;* dans le cas opposé, où la valeur se trouve dans la société comme un tout, je parle de *holisme.* »**

Or, poursuit Louis Dumont, l'individualisme est l'idéologie moderne. Ce qui signifie qu'en dehors de la sphère occidentale, l'individu est impensable, introuvable.

La proposition, en un sens, pourrait sembler absurde si Dumont ne la complétait par une définition double du mot « individu ». Il convient en effet de distinguer comme il nous y invite le « sujet empirique » — c'est-à-dire l'être humain au sens presque biologique du terme — de l'« être moral » — c'est-à-dire précisément l'individu en tant qu'il se vit comme entité indépendante, autonome vis-à-vis de l'ensemble social auquel il appartient. Il va de soi que, au premier sens du mot, l'individu est une réalité universelle qui se confond avec celle de l'espèce humaine. Mais, et c'est le cœur de la démonstration de Dumont, au second sens du terme, l'individu est une construction spécifiquement moderne et occidentale.

A partir de là, Louis Dumont peut, comme on l'a indiqué plus haut, mettre en place une typologie d'ensemble des sociétés et des idéologies selon qu'elles connaissent ou ignorent ce second sens du mot « individu ».

L'individualisme sera l'idéologie qui valorise l'individu et néglige ou subordonne la totalité sociale. Ainsi l'idéologie moderne occidentale qui voit dans la société comme une collection d'éléments autonomes, véritables atomes sociaux dotés d'une volonté, d'une liberté et d'une personnalité propres : les individus.

A l'inverse, le holisme sera l'idéologie qui valorise la totalité sociale et néglige ou subordonne l'individu humain. Ainsi le système des castes en Inde, où l'être humain n'existe que parce qu'il s'inscrit dans l'ensemble en une place que l'hérédité lui commande et qui le définit tout entier.

Holisme, individualisme : c'est entre ces deux pôles extrêmes que, pour Dumont, se situe inévitablement toute réalité sociale, selon donc qu'elle met l'accent sur la collectivité au détriment de l'individu ou sur l'individu au détriment de la collectivité. Tout l'effort des *Essais sur l'individualisme* est de montrer comment la notion d'individu a pu émerger dans le cadre de la civilisation occidentale, menant notre société sur le chemin de ce qui est aujourd'hui son idéologie.

A suivre avec Louis Dumont cette genèse de la notion d'individu, on cernerait le rôle décisif qui fut celui du christianisme dans son émergence. On saisirait également que, quand bien même notre civilisation peut être dite individualiste, le holisme ne cesse d'y être présent comme une tentation qui peut s'avérer tragique, comme ce fut le cas avec le nazisme. Tel est le contenu des *Essais sur l'individualisme :* passionnant cheminement à travers l'histoire qui nous montre comment s'est constitué le fond de ce que, au plus profond de nous-mêmes, nous sommes.

La liberté, c'est le triomphe de l'individualité

Si maintenant nous faisons nôtres les conclusions de Louis Dumont, quelle est, de manière plus précise, la nature de cet individualisme qui donne son visage à l'idéologie moderne ? Pour certains, l'individualisme ne peut être que synonyme de libération. Tel était d'ailleurs le projet de ceux que l'on peut nommer, de manière sans doute impropre, les « fondateurs de l'individualisme politique ». Héritiers des Lumières et défenseurs des droits de l'homme, ils voulaient soustraire l'individu au carcan de la société ancienne pour, en proclamant l'égalité de tous devant la loi et la suppression des privilèges, lui ouvrir l'espace de liberté dans lequel il se réaliserait pleinement.

Dans son célèbre ouvrage, *De la liberté des Anciens comparée à celle des Modernes* (1819), Benjamin Constant montre bien en quoi et selon lui la liberté ne peut qu'aller de pair avec ce que l'on ne nommera l'individualisme que quelques années plus tard et de manière péjorative. Dans les cités antiques et dans la république romaine, en effet, la liberté consistait dans la participation des individus à un pouvoir qui, en retour, pouvait tout exiger d'eux et ne leur reconnaissait de ce fait aucun droit véritable, aucune autonomie réelle : « ... l'individu s'était en quelque sorte perdu dans la nation, le citoyen dans la cité. » A l'inverse, pour les Modernes, la liberté ne consiste plus que dans l'autonomie par rapport à un pouvoir auquel il leur est impossible de participer :

> **« Le but des Anciens était le partage du pouvoir social entre tous les citoyens d'une même patrie. C'était là ce qu'ils nommaient liberté. Le but des Modernes est la sécurité dans les jouissances privées; et ils nomment liberté les garanties accordées par les institutions à ces jouissances. »**

Fort de ce raisonnement, Benjamin Constant peut donc définir la liberté comme « le triomphe de l'individualité ». La liberté, du coup, se définit presque par la négative : elle est cet espace d'indépendance dans lequel chaque individu laissé à lui-même, à l'abri du pouvoir, peut s'accomplir et jouir véritablement de la vie.

Au terme d'une longue et complexe histoire qu'Alain Laurent retrace dans *L'Individu et ses ennemis,* cette conception de l'individualisme comme forme ultime de la liberté a fait retour sur le devant de la scène intellectuelle occidentale dans le courant des années 70. A tel point qu'on peut avancer que notre époque assiste largement à ce que l'on pourrait nommer le triomphe de l'individualisme.

Telle est du moins la thèse que développe Gilles Lipovetsky dans son ouvrage publié en 1983 : *L'Ere du vide.* Nous serions en train de vivre une mutation décisive dont la logique nouvelle serait celle du « procès de personnalisation ». Lipovetsky le définit ainsi :

> **« Négativement, le procès de personnalisation renvoie à la fracture de la socialisation disciplinaire; positivement, il correspond à l'agencement d'une société flexible fondée sur l'information et la stimulation des besoins, le sexe et la prise en compte des « facteurs humains », le culte du naturel, de la cordialité et de l'humour. Ainsi opère le procès de personnalisation, nouvelle façon pour la société de s'organiser et de s'orienter, nouvelle façon de gérer les comportements, non plus par la tyrannie des détails, mais avec le moins de contrainte et le plus de choix privés possible, avec le moins d'austérité et le plus de désir possible, avec le moins de coercition et le plus de compréhension possible. »**

Tel serait ce nouvel individualisme auquel seraient promises désormais les sociétés contemporaines. Le temps de la discipline, de l'encadrement, de l'embrigadement serait révolu. Les règles contraignantes par lesquelles le groupe s'assujettissait chaque membre de la société auraient éclaté, laissant l'individu libre enfin d'être lui-même.

Une foule innombrable d'hommes semblables...

Le nouvel individualisme serait donc comme l'accomplissement du processus démocratique : apothéose de la liberté, plage perpétuelle et radieuse du devenir historique enfin atteinte et se prolongeant d'elle-même à l'infini.

L'analyse, cependant, n'est pas entièrement convaincante, qui consiste à présenter comme le règne de la liberté et de l'individualité une société de consommation où les êtres ne se donnent plus d'autre objectif que celui de la satisfaction standardisée. Et plus d'autre guide que celui — répétitif et collectif au possible — de la mode.

Autant qu'une bénédiction, l'individualisme peut constituer pour les sociétés démocratiques une menace lorsqu'il se confond avec la perspective d'une société atomisée, dans laquelle le retrait de chacun en lui-même laisse toute place libre à ce « nouveau despotisme » qu'en une vision superbe Alexis de Tocqueville décrit dans *De la démocratie en Amérique :*

> **« ... je vois une foule innombrable d'hommes semblables et égaux qui tournent sans repos sur eux-mêmes pour se procurer de petits et vulgaires plaisirs, dont ils emplissent leur âme. Chacun d'eux, retiré à l'écart, est comme étranger à la destinée de tous les autres : ses enfants et ses amis particuliers forment pour lui toute l'espèce humaine; quant au demeurant de ses concitoyens, il est à côté d'eux, mais il ne les voit pas; il les touche et ne les sent point; il n'existe qu'en lui-même et pour lui seul, et, s'il lui reste encore une famille, on peut dire du moins qu'il n'a plus de patrie. »**

Telle est, aux yeux de Tocqueville, la société individualiste, celle vers laquelle risque de dériver toute nation démocratique. Sans souscrire aux thèses difficilement défendables et assez dangereuses de tous ceux qui affirment que l'individualisme est le fléau absolu, dans la mesure où il défait les collectivités naturelles — familles, régions, classes, etc. — par lesquelles seules se définit l'être humain, Tocqueville nous met en garde contre l'espèce d'éclatement social qui nous menace.

L'individualisme, en effet, peut être l'exacte négation de cette « vertu » dont Montesquieu affirme qu'elle est le principe de toute république. Si chacun se met à faire passer son intérêt propre avant celui de la collectivité, il n'est plus de société possible. Favorisé par le système démocratique dont il est l'une des conséquences, et par l'égalisation des conditions qui en résulte, l'individualisme débouche sur un désintérêt total pour la chose publique, sur le conformisme et la passivité, bref, sur ce que nous nommerions aujourd'hui la dépolitisation. Chacun ne cherche plus dès lors qu'à se satisfaire lui-même et, se retirant de la vie publique, favorise l'émergence d'« un pouvoir immense et tutélaire » qui prend en charge l'existence de chacun.

Les hommes creux

Loin d'être synonyme de liberté, on le voit, le triomphe de l'individualisme est, pour Tocqueville, l'une de ces perversions de la démocratie par lesquelles s'impose à l'humanité un « nouveau despotisme ». Nous sommes aux antipodes de l'utopie individualiste. Et, dans une large mesure, on peut affirmer que l'individualisme moderne se trouve comme en équilibre instable entre ces deux images opposées de lui-même. D'un côté, notre époque chante le triomphe de la civilisation du Moi : débarrassé de tous les carcans collectifs et sociaux, chacun serait enfin libre de devenir lui-même. Mais de l'autre côté, le soupçon nous vient de ce que l'individu, pour reprendre les mots de Jean Baudrillard, ne serait rien de plus qu'« une sorte de spectre, de fantôme, qui hante encore l'espace après la mort du sujet et qui revient hanter l'espace vide » : enveloppe illusoire et creuse qui ne croit en sa toute-puissance et en sa liberté qu'au prix de la plus terrible des méprises, de la plus vaine des illusions.

Serions-nous ces « hommes creux » dont, dans un poème de 1925, T.S. Eliot écrivait :

> **« Shape without form, shade without colour**
> **Paralysed force, gesture without motion; »**

> **« Silhouette sans forme, ombre décolorée,**
> **Geste sans mouvement, force paralysée; »**

REPÈRES

Louis Dumont, *Essais sur l'individualisme : une perspective anthropologique sur l'idéologie moderne,* Seuil, 1983.
Alain Laurent, *L'Individu et ses ennemis,* (Pluriel) Hachette, 1987.
Gilles Lipovetsky, *L'Ere du vide : essais sur l'individualisme contemporain,* (Folio Essais) Gallimard, 1983.
Alexis de Tocqueville, *De la démocratie en Amérique,* (Folio Histoire) Gallimard, 1835.

► **Consommation (société de), Droits de l'homme, Libéralisme.**

Intellectuel

L'intellectuel est, selon la définition de Ory et Sirinelli, « un homme du culturel mis en situation d'homme du politique ».

Née au moment de l'affaire Dreyfus, la notion d'« intellectuel » *est donc indissociable de celle d'*« engagement ». *Du fait de l'épuisement des grands messianismes historiques, elle traverse aujourd'hui une crise qui oblige à s'interroger sur sa signification véritable.*

Celui qui se mêle de ce qui ne le regarde pas

Dans leur *Histoire des Intellectuels de l'affaire Dreyfus jusqu'à nos jours,* déjà devenu en ce domaine l'ouvrage de référence, Pascal Ory et Jean-François Sirinelli proposent de l'intellectuel la définition suivante : « L'intellectuel sera un homme du culturel, créateur ou médiateur, mis en situation d'homme du politique, producteur ou consommateur d'idéologie. Ni une simple catégorie socio-professionnelle, ni un simple personnage, irréductible. Il s'agira d'un statut, comme dans la définition sociologique, mais transcendé par une volonté individuelle, comme dans la définition éthique et tourné vers un usage collectif. »

« Un homme du culturel mis en situation d'homme du politique » : on n'est, on le voit, pas très éloigné de la définition qu'à la suite de Jean Baechler nous proposions dans l'article « Idéologie ». C'était de se situer à la conjonction de ces deux domaines a priori disjoints — celui de la réflexion et celui de l'action, celui des idées et celui de la politique — que l'idéologie se faisait idéologie. C'est de se placer en cette même et exacte intersection que l'intellectuel se définit : être un homme du culturel — savant, artiste, philosophe... — mais ne pas être seulement cela, fonder dans cette légitimité culturelle le projet d'une action politique — le mot ne pouvant être entendu ici qu'au sens le plus large possible.

En une formule célèbre et laconique, Jean-Paul Sartre dans son *Plaidoyer pour les intellectuels* avait proposé une définition exactement semblable : « *L'intellectuel est celui qui se mêle de ce qui ne le regarde pas* ». Sortant du champ strict de sa compétence, il pose sur la société un jugement global. C'est par cette seule et fondamentale décision que l'homme du culturel se choisit intellectuel.

Ainsi, le physicien nucléaire. Tant que son activité consistera à poser et résoudre des équations, on dira de lui qu'il est un scientifique mais non un intellectuel. Il ne deviendra, aux yeux de la société, un intellectuel qu'au moment exact où il se posera la question de l'utilisation éventuelle de ces équations, de leur impact possible sur la réalité, où, au nom de sa morale personnelle, il prendra publiquement position en faveur ou non de l'arme nucléaire qu'il a rendue possible. Einstein, ainsi, est un intellectuel au même titre qu'Oppenheimer. C'est pourquoi, pour proposer un autre exemple simple, pour désigner des écrivains comme Sartre ou Camus, on pourra employer presque indifféremment — selon l'activité sur laquelle on cherche à faire porter l'accent — le mot de romancier ou celui d'intellectuel. A l'inverse, il ne conviendrait pas d'utiliser ce mot d'« intellectuel » pour l'appliquer à Flaubert ou à Joyce tant pour eux leur conception de l'écriture était totalement distincte de toute volonté de prise de position politique directe au sein de la Cité.

En résumé, si la compétence dans un des domaines du savoir est la condition première de l'intellectuel, elle ne saurait suffire à le définir. C'est par l'engagement que l'intellectuel naît à lui-même.

L'affaire Dreyfus : le baptême de l'intellectuel

Si l'analyse de Sartre faisait défaut, il suffirait, pour se convaincre du bien-fondé de cette définition, de se reporter à l'origine même de la notion d'intellectuel. Les faits sont connus — et exposés dans l'ouvrage de P. Ory et de J.F. Sirinelli — mais rappelons-en l'essentiel.

Le mot d'intellectuel apparaît véritablement à la faveur de l'affaire Dreyfus. Zola, on s'en souvient, publie dans *L'Aurore* du 13 janvier 1898 une « Lettre à Monsieur Félix Faure, président de la République » — mieux connue sous le titre de « J'accuse » — par laquelle, dénonçant les membres de l'Etat-major français qui ont fait condamner injustement Dreyfus pour trahison, il se place délibérément hors-la-loi. Afin de manifester avec l'auteur de *Germinal* leur solidarité, un certain nombre d'écrivains — au nombre desquels Anatole France, Marcel Proust, André Gide — s'associent en une pétition de soutien à Zola. C'est pour désigner les courageux signataires de cette pétition que, dans un article de la *Revue blanche* publié le 23 janvier, Georges Clemenceau utilise pour la première fois de manière significative le terme d'« intellectuel ». Devenu quasi-synonyme d'« écrivain dreyfusard », le mot d'« intellectuel », à la faveur de la polémique, passe ainsi en l'espace de quelques jours dans la langue française.

Le mot naît donc à la toute fin du XIXe siècle, mais avec lui ce qu'également il désigne. Il s'agit en effet de bien autre chose que d'une simple question de vocabulaire. Zola n'est certes pas le premier écrivain à intervenir dans la vie publique pour lutter de toute sa force contre l'injustice : la liste serait trop longue à dérouler qui nous obligerait à citer notamment et Voltaire et Lamartine et Hugo. Cependant, c'est avec l'affaire Dreyfus, peut-être, que pour la première fois ceux que l'on commence à nommer les intellectuels agissent en groupe et de manière organisée. Ils le font au nom d'une légitimité qu'ils ne tirent que du prestige de leur culture ou de leur talent, incarnant, de ce fait, la possibilité d'une autorité nouvelle et plus digne que celle de l'institution. En une situation de crise, l'intellectuel se présente comme le porteur véritable des valeurs essentielles.

Cette image de l'intellectuel, on s'en doute, est pourtant loin de faire l'unanimité lors de l'Affaire. En une formule aussi brillante que cinglante, Brunetière définira les intellectuels comme de *« pauvres hommes qui ne font que déraisonner avec autorité sur des choses de leur incompétence».* Dans l'ineffable style de l'époque, Barrès, quant à lui, écrira: *«En résumé, les juifs et les protestants mis à part, la liste dite des intellectuels est faite d'une majorité de nigauds et puis d'étrangers — et enfin de quelques bons Français.»*

La figure de l'intellectuel, cependant, est née qui dominera de toute sa stature contestée la vie culturelle et littéraire du XXe siècle.

Le silence des intellectuels

Qu'en est-il aujourd'hui de cet intellectuel né il y a presque un siècle? Dans *Le Bruissement de la langue,* Roland Barthes faisait remarquer qu'un procès perpétuel lui était fait par la société qui trouve en lui le bouc émissaire idéal. Si cela est juste, encore faut-il préciser que, ces dernières années, le sens de ce procès s'est complètement inversé: ce qui fait question aujourd'hui ce n'est plus l'engagement des intellectuels mais, à l'inverse, ce que l'on a pu nommer leur «désertion», leur silence en tout cas.

L'ère de l'intellectuel engagé semble en effet, pour l'essentiel, révolue. Les foules qui, en 1980, ont accompagné jusqu'au cimetière Montparnasse la dépouille de Jean-Paul Sartre ont, à leur insu, sans doute assisté du même coup au décès — définitif, peut-être — de cet intellectuel engagé qu'il incarnait totalement. Quelles explications apporter de ce phénomène? Sans doute la disparition massive et presque simultanée, au début des années 80, de la plupart des grands noms de la pensée contemporaine — Sartre, Barthes, Lacan, Foucault, Aron — a-t-elle joué un rôle. Mais surtout, l'écroulement des grands discours idéologiques au nom desquels se mobilisaient les intellectuels a fait rentrer la notion d'engagement dans l'«ère du soupçon». D'où le désengagement massif des écrivains, auquel nous assistons aujourd'hui. Tirant la leçon des nombreuses erreurs et errances des maîtres à penser d'hier — Céline basculant dans le délire antisémite, Sartre ou Aragon cautionnant le communisme, Barthes et le groupe Tel Quel faisant le pèlerinage jusqu'à La Mecque du maoïsme, Foucault se déclarant favorable à la révolution iranienne —, les intellectuels d'aujourd'hui se refusent le plus souvent à céder à la séduction du politique et se replient qui dans le champ étroit de leur science, qui dans la confortable tour d'ivoire de leur art.

A l'engagement des intellectuels semble donc succéder leur désertion massive : on leur reprochait hier de prendre la parole, c'est leur silence qui fait aujourd'hui qu'on les accuse; on les critiquait pour leur présence, c'est pour leur absence que, maintenant, on les condamne.

Crise au total tellement évidente qu'elle a amené Bernard-Henri Lévy dans son *Eloge des Intellectuels* à s'interroger sur l'éventuelle disparition des intellectuels : *« Faudra-t-il écrire dans les dictionnaires de l'an 2000 : Intellectuel, nom masculin, catégorie sociale et culturelle née à Paris au moment de l'affaire Dreyfus, morte à la fin du XXe siècle, n'a apparemment pas survécu au déclin de l'universel ? »*

« Que deviendrait une société qui renoncerait à se distancer ? »

Encore faut-il s'entendre sur le sens de ce décès ? En aucun cas, il ne convient en effet de se replier sur le lassant refrain qui consiste à dire que s'il n'y a plus d'intellectuels, c'est qu'il n'y a plus ni philosophes, ni écrivains, ni artistes dignes de ce nom et que notre époque se caractérise, dans le domaine de la culture, par une perte totale de vitalité et de créativité. Il n'en est rien. La disparition des intellectuels signifie simplement que plus aucun des philosophes ou écrivains d'envergure n'est résolu à assumer le rôle trouble et exigeant du « maître-à-penser » qui, du haut de son autorité morale et de son génie, indique à toute une génération la voie philosophique, politique et morale dans laquelle s'engager sinon se fourvoyer.

C'est ce type de constat que dressait, par exemple, Lévi-Strauss lors d'un entretien accordé au *Figaro littéraire :*

> **« Il y a eu des périodes sans maîtres à penser. Peut-être entrons-nous dans une période sans maître à penser : ce qui ne veut pas dire qu'il n'en sortira pas d'autres dans deux ans, dans cinq ans, dans dix ans. J'ai l'impression que, en général, le rôle du maître à penser a été plutôt néfaste. Ce qui ne veut pas dire qu'une société où il n'aurait pas existé s'en serait peut-être encore plus mal tirée. Je n'en sais rien. Je pense que les maîtres à penser, à commencer par Rousseau, pour qui j'ai une immense admiration, ce sont des gens qui ont fait des bourdes monstrueuses, qui ont entraîné leurs contemporains dans de grosses erreurs. »**

Le bilan, au total, serait donc négatif et s'expliquerait ainsi le réflexe de repli, de retrait, par lequel écrivains et philosophes se refuseraient aujourd'hui au rôle de l'intellectuel tel que Sartre, par exemple, l'a illustré.

D'où la nécessité éprouvée aujourd'hui et que manifeste par exemple B.-H. Lévy dans son *Eloge des Intellectuels,* de se mettre à la recherche d'un nouveau mode de présence au monde, d'une nouvelle manière de vivre son insertion dans la Cité, qui permettrait à l'intellectuel de ne pas sombrer dans les erreurs d'hier sans pour autant se condamner au silence sur l'essentiel.

L'enjeu est d'importance car si, comme l'affirmait Lévi-Strauss, un maître à penser est rarement, pour une collectivité, une bénédiction, il n'est pas de société qui puisse faire l'économie de l'intellectuel. Etant entendu que celui-ci ne doit pas être le philosophe militant, qui prend en marche le train de l'histoire sans se soucier de la direction dans laquelle celui-ci l'entraîne, mais qu'il se définit comme celui qui, par la pensée, pose la possibilité, au moins esquissée, de se soustraire au mensonge idéologique de son temps. Vivant en lui-même les contradictions de la société dans laquelle il s'inscrit, il donne à celle-ci la chance de prendre vis-à-vis d'elle-même la distance salutaire d'un regard critique. Ainsi, en tout cas, Barthes définissait-il en 1974 la fonction de l'intellectuel :

> **« La situation historique de l'intellectuel n'est pas confortable : non à cause des procès dérisoires qu'on lui fait, mais parce que c'est une situation dialectique : la fonction de l'intellectuel est de critiquer le langage bourgeois sous le règne même de la bourgeoisie; il doit être à la fois un analyste et un utopiste, figurer en même temps les difficultés et les désirs fous du monde : il veut être un contemporain historique et philosophique du présent : que vaudrait et que deviendrait une société qui renoncerait à se distancer ? Et comment se regarder autrement qu'en se parlant ? »**

Julien Benda :
La Trahison des clercs

La plupart des livres consacrés à la question du rôle des intellectuels ne sont rien de plus que des ouvrages de circonstance. Avec plus ou moins de talent, un écrivain s'attache à défendre la conception qu'il se fait de son art et de sa mission, à justifier son propre itinéraire intellectuel. Rares sont les textes qui parviennent à atteindre une portée plus générale.

Tel est le cas pourtant du livre de Julien Benda (1867-1956) publié en 1927 : *La Trahison des clercs.*

Benda nomme « clercs » *« tous ceux dont l'activité, par essence, ne poursuit pas de fins pratiques, mais qui demandant leur joie à l'exercice de l'art ou de la science ou de la spéculation métaphysique, bref à la possession d'un bien non temporel, disent en quelque manière : Mon royaume n'est pas de ce monde ».*

Ces clercs — artistes, philosophes, intellectuels — sont aux yeux de Benda le contrepoids nécessaire aux passions politiques qui menacent la société. Hors du monde, en quelque sorte, ils tempèrent de leur sagesse et de leur raison la folie et la déraison du monde.

Or, continue Benda, ces clercs ont trahi. Loin de combattre les passions politiques comme ils l'avaient toujours fait, ils les ont épousées et les encouragent de toute leur intelligence et de tout leur prestige. Philosophes et artistes se sont mis ainsi au service d'un nationalisme belliqueux dont la Première Guerre mondiale a été la conséquence logique.

La conclusion de Benda est-elle que le clerc doit se retirer totalement de l'arène politique, se désintéresser des conflits qui déchirent son temps ? Nullement. Benda développe en fait une théorie de l'engagement qui, singulièrement, semble aujourd'hui la plus adaptée à notre époque revenue, dans une large mesure, des séductions de l'idéologie et du politique.

Il s'en explique dans *La Fin de l'éternel* (1928), un livre dans lequel il revient sur les principales thèses de *La Trahison des clercs* :

> **« Je déclare donc que le clerc ne manque nullement à sa fonction en paraissant sur la place publique, s'il y paraît pour y prêcher la religion du juste et du vrai et s'il les prêche ouvertement comme des valeurs non pratiques, j'entends dénuées de toute attention aux intérêts de l'égoïsme, soit de la nation, soit de la classe; en d'autres termes, s'il y paraît pour protester, au nom d'un idéal, contre les passions réalistes qui, ainsi que je l'ai montré, sont la substance de la vie proprement politique. »**

Il est donc du devoir du clerc de s'engager. Cependant, Benda éprouve aussitôt la nécessité de préciser la forme supérieure que cet engagement doit revêtir :

> **« Toutefois — et c'est là, évidemment, ce qui a pu faire croire que je condamnais le clerc militant — je prétends que ce rôle de protestataire, le clerc peut l'exercer autrement qu'en se mêlant aux laïcs et s'élevant contre leurs passions; je soutiens qu'il l'exerce, d'une manière non seulement plus belle mais plus féconde, en demeurant loin de toute lutte et donnant aux laïcs le spectacle d'une ardeur uniquement consacrée à l'embrassement des choses éternelles, totalement indifférente aux biens concrets pour la conquête desquels ils s'entre-tuent... »**

REPÈRES

Raymond Aron, *L'Opium des Intellectuels,* Agora, 1955.

Julien Benda, *La Trahison des clercs,* Grasset, 1927.

Pascal Ory, Jean-François Sirinelli, *Les Intellectuels en France de l'Affaire Dreyfus jusqu'à nos jours,* Armand Colin, 1986.

Bernard-Henri Lévy, *Eloge des Intellectuels,* Grasset, 1987.

Jean-Paul Sartre, *Plaidoyer pour les intellectuels,* in *Situations philosophiques,* (Tel) Gallimard, 1972.

► **Engagement.**

Libéralisme

Le libéralisme est une idéologie politique qui a fortement imprégné la tradition occidentale et qui fait de la liberté individuelle la valeur essentielle.

Dans le domaine politique, sans se confondre avec lui, le libéralisme est pratiquement indissociable de l'idéal démocratique. Dans le domaine économique, il se traduit par la volonté de limiter les interventions de l'Etat pour laisser le champ libre aux individus et aux entreprises. Ainsi défini et à la faveur de la crise économique, le libéralisme a connu un véritable renouveau qui ne suffit pas cependant à en masquer toutes les faiblesses.

En aucun cas, l'idéologie libérale ne se présente comme un corps de doctrine homogène. Elle ne se résume en aucune construction théorique en laquelle elle se laisserait saisir tout entière. Elle ne tire son origine d'aucun penseur hors du cerveau duquel elle serait sortie tout armée. Dans la réalité politique, elle n'existe que rarement à l'état pur.

Le libéralisme ne serait-il donc nulle part? Il est bien davantage partout. Son histoire se confond en effet largement avec celle de la pensée et de la pratique politiques en Occident. Non pas qu'à lui tout se ramène, mais il imprègne profondément notre conception de la société et il a largement façonné notre histoire et nos institutions.

Le libéralisme se définit essentiellement par la volonté de faire de la liberté individuelle — au plan politique comme au plan économique — la valeur essentielle.

Libéralisme politique

Dans le champ politique, la doctrine libérale vise avant tout à maintenir l'autonomie du citoyen contre toutes les menaces que pourrait faire planer sur lui un éventuel pouvoir collectif, tel celui de l'Etat. Elle se propose de mettre en place un système politique dans lequel, par le respect du droit, par la séparation des pouvoirs, par le pluralisme politique, des frontières seront tracées à l'intérieur desquelles l'autorité étatique sera cantonnée.

Doctrine de la limitation de l'Etat — mais non de sa destruction —, le libéralisme se propose de laisser les individus être les véritables acteurs de la vie politique et sociale. Confiant dans la nature humaine et dans ses ressources, convaincu de ce que *histoire* est synonyme de *progrès,* il affirme que telle est la condition d'une société vivante, dynamique et harmonieuse : la liberté de chacun est la condition du bonheur de tous.

Libéralisme et démocratie ne sont pas des termes synonymes. Il y a eu, au XVIIIe et au XIXe siècle, un libéralisme aristocratique dont Montesquieu, et de manière plus complexe Tocqueville, ont été les plus célèbres figures. Inversement, les démocraties populaires se définissent très clairement par le refus du libéralisme. Cependant, l'histoire du libéralisme et celle de la démocratie sont si intimement liées que, en Occident tout au moins, idéal libéral et idéal démocratique ont fini, à tort ou à raison, par apparaître comme identiques, car participant d'une même ambition politique, d'une même vision idéologique.

Libéralisme économique

Parallèle au libéralisme politique existe un libéralisme économique.

Celui-ci se définit de manière très semblable par l'affirmation que la liberté totale des acteurs économiques est nécessaire à la prospérité générale. Le libre jeu des forces du marché, la liberté d'entreprendre, l'absence de contraintes, la concurrence véritable sont les seules règles du jeu qui doivent prévaloir. Ainsi que l'explique le philosophe écossais Adam Smith — le principal des théoriciens du libéralisme économique — il existe « une main invisible » qui fait servir les efforts individuels des agents économiques — aussi désordonnés et contradictoires qu'ils puissent sembler — à une seule et même grande cause qui est l'enrichissement de la collectivité. Chacun travaille par souci de sa propre fortune, mais, ce faisant, il participe sans le savoir au progrès de l'ensemble de la société.

Dans de telles conditions, la seule politique économique possible est celle qui passe par l'abstention totale et le retrait de l'Etat. Le marché, en effet, laissé à lui seul tend à l'équilibre optimal; spontanément, il assure la gestion la plus intelligente et la plus parfaite des ressources. Confrontant en permanence l'offre et la demande, il met en place les conditions d'une croissance saine et durable. Toute intervention ne pourrait que perturber ce mécanisme impeccable. La seule attitude de l'Etat doit se résumer en la célèbre formule de *« Laissez faire, laissez passer »*.

Le triomphe libéral ?

Si l'on voulait tracer à gros traits l'histoire du libéralisme en Occident, peut-être pourrait-on avancer que le XVIIIe siècle fut le siècle de sa naissance, le XIXe celui de son essor, et le XXe, enfin, celui de sa mise en question.

Perceptibles sans doute dès le départ, les limites du libéralisme apparurent véritablement dans la première moitié de notre siècle. Avec la Première Guerre mondiale et la crise économique de 1929, il devint évident que l'Etat moderne ne pouvait se cantonner dans la politique de non-intervention quasi absolue qu'avaient dessinée pour lui les théoriciens libéraux. Pour relancer une économie au bord de l'écroulement, pour régler les problèmes politiques et sociaux qui, par leur ampleur, ne pouvaient être abandonnés aux seuls individus, pour corriger les déséquilibres sociaux que tendait à produire le pur jeu du marché, l'Etat s'avérait nécessaire. Laissée à elle-même, la société risquait de devenir une jungle où seule compterait la loi du plus fort et où la seule liberté véritable serait, pour reprendre une formule célèbre, *« la liberté du renard dans le poulailler »*. Les Etats occidentaux s'engagèrent donc dans une politique d'intervention économique et sociale qui, passant par la mise en place de l'État-Providence, se fit à rebours d'idéaux libéraux jugés désormais dépassés.

Est-ce pur et mécanique retour du balancier ? Toujours est-il que l'on a beaucoup parlé à la fin des années 70 et tout au long des années 80 d'un retour au libéralisme. Celui-ci fut d'abord économique : la crise de 1973 révéla en effet l'incapacité de l'Etat à relancer l'économie selon les méthodes utilisées jusque-là ; davantage, le poids de l'Etat fut souvent perçu comme un frein par les entreprises et les individus. Le procès de l'Etat-Providence était engagé. Dans le champ politique, un véritable raz-de-marée électoral porta un peu partout en Occident des gouvernements se réclamant d'un libéralisme parfois sauvage (Ronald Reagan aux Etats-Unis, Margaret Thatcher en Grande-Bretagne). La seule exception fut française et confirma largement la règle. Portés au pouvoir pour appliquer une politique de gauche, les socialistes en effet se convertirent au libéralisme. A la bourse des valeurs intellectuelles enfin, Tocqueville et Aron remplacèrent Marx et Engels.

S'agit-il là d'un triomphc du libcralismc ? En partic sans doute : de manière légitime, le libéralisme vient mettre un terme à une croissance étatique devenue quelquefois insupportable et nous rappeler qu'il n'est pas de valeur plus haute dans une société que la liberté des individus qui la composent. Tels sont les principes que réaffirme avec justesse le libéralisme aujourd'hui. Mais ces principes, quelquefois, peuvent servir de masque à une réalité beaucoup moins légitime. On se contentera à cet égard d'ajouter que s'il se confond avec la politique anti-sociale qui prévaut trop souvent aux Etats-Unis ou en Grande-Bretagne, ce triomphe du libéralisme a un goût des plus amers et vaut toutes les défaites.

Mandeville : la fable des abeilles

Bernard Mandeville (1670-1733), médecin hollandais établi à Londres, est resté célèbre pour un seul ouvrage : *La Fable des abeilles : ou vices privés, vertus collectives* (1714).

Il y relate l'histoire édifiante d'abeilles qui obtiennent par leurs prières que tous les vices disparaissent de leur ruche. L'effet obtenu est l'inverse de celui espéré. La prospérité disparaît, la misère s'installe. La morale de l'histoire est assez claire : les vices privés sont en fait des vertus collectives, car ce sont eux qui contribuent à la prospérité et au dynamisme de la société. Le bien suprême n'est plus dans cette perspective la perfection morale de l'individu, mais la richesse de la collectivité.

Au prix d'une certaine déformation, d'ailleurs, du message de Mandeville, la fable dont il est l'auteur est souvent présentée comme l'illustration des thèses du libéralisme économique : il faudrait renoncer à toute intervention qui viserait à améliorer la société et laisser librement jouer les intérêts privés dont seuls peut naître la prospérité.

REPÈRES

Georges Burdeau, *Le Libéralisme,* (Points Politique) Seuil, 1979.

Pierre Manent, *Histoire intellectuelle du libéralisme,* (Pluriel) Hachette, 1987.

Adam Smith, *Recherches sur la nature et les causes de la richesse des nations,* (Idées) Gallimard, 1776.

▶ **Démocratie, Etat, Individualisme.**

Marxisme

Le marxisme est la riche et décisive philosophie dérivée des œuvres de Karl Marx.

D'après Lénine, le marxisme peut être présenté comme la synthèse et le dépassement des plus importants courants de pensée du XIXe siècle : philosophie classique allemande, économie politique classique anglaise, socialisme français. Plus qu'une simple construction théorique, le marxisme se veut surtout une arme politique dans la lutte révolutionnaire. A ce titre, il a inspiré la plupart des grandes révolutions du XXe siècle et a constitué l'un des espoirs majeurs de notre temps. Largement discrédité aujourd'hui par la dérive totalitaire des régimes communistes, il conserve cependant l'essentiel de sa valeur comme outil théorique.

Rien ne serait plus inexact que de croire que le marxisme se présente comme une vision d'ensemble cohérente et totalisatrice de la réalité, un système figé en une orthodoxie rigoureuse et rationnelle. Ce que l'on désigne sous ce nom se présente bien davantage comme unc nébuleuse aux contours imprécis, aux secteurs divers et contradictoires où se côtoient textes et réalités historiques, mythes, images et analyses philosophiques. Et c'est sans doute à la fois la force et la faiblesse du marxisme que de s'offrir à l'analyse sous une forme si éclatée.

Le marxisme de Marx

Au sens le plus strict du terme, le marxisme peut être défini comme l'ensemble des thèses exposées par le philosophe allemand Marx (1818-1883) lui-même, mais également par son ami Friedrich Engels (1820-1895), dans une série d'ouvrages essentiels couvrant un vaste champ intellectuel allant de la philosophie à l'histoire, de la politique à l'économie. Le volume de l'œuvre de Marx et sa densité sont si considérables qu'il est de nombreuses manières de présenter les thèses principales qui y sont exposées. De manière particulièrement claire et didactique, Lénine a, en 1914, défini ainsi ce qui constituait à ses yeux l'apport essentiel de l'œuvre de Marx. Il écrivait :

> **« Le *marxisme* est le système des idées et de la doctrine de Marx. Marx a prolongé et génialement achevé l'œuvre des trois principaux courants d'idées du XIXe siècle, qui appartiennent aux trois pays les plus avancés de l'humanité : la philosophie classique allemande, l'économie politique classique anglaise et le socialisme français, lié aux doctrines révolutionnaires françaises en général. »**

Reprenons, élément par élément, la définition du marxisme proposée par Lénine.

A la philosophie allemande, Marx aurait d'abord emprunté sa conception du matérialisme dialectique en conjuguant le *« matérialisme »* de Feuerbach et la *« conception dialectique de l'histoire »* de Hegel. Sur les modalités de cet emprunt et sur la nature véritable de celui-ci, les débats ont été nombreux et complexes, qui visaient notamment à montrer l'autonomie de la vision de Marx par rapport à celle de ses illustres devanciers. Disons, pour nous contenter ici de points de repères simples, que le marxisme est un matérialisme d'abord en ceci qu'il refuse le dualisme esprit/matière, ensuite en ce qu'il postule le *primat* de la vie matérielle sur la *conscience* et ses manifestations. Ce qui signifie, en ce qui concerne la vision marxiste de la société, que celle-ci se trouve, selon une formule classique, *« déterminée en dernière instance »* par sa dimension matérielle, économique. Il s'agit donc pour Marx, par le matérialisme, de retourner toutes les philosophies idéalistes qui feignent d'ignorer le socle matériel du réel pour ne voir partout à l'œuvre que la conscience, que l'esprit. Cette conscience, affirme Marx, est très étroitement déterminée par les conditions matérielles dans lesquelles elle se développe. Présenté ainsi cependant, le marxisme risquerait vite de s'enliser dans une conception mécaniste, statique et réductrice de la réalité. C'est pourquoi, avec le matérialisme, Marx a combiné la dialectique dont il a trouvé la forme chez le philosophe allemand Hegel. Il s'agit d'affirmer que le réel est le lieu d'un devenir continuel, par lequel les phénomènes se transforment, s'affrontent dans un processus de négation et de dépassement, selon la loi de ce que Hegel nomme l'« Aufhebung » : par la négation puis par la négation de la négation, l'Histoire est mue par une force de négativité qui l'oblige à progresser d'étape en étape.

A l'économie politique classique anglaise, Marx emprunte ses premiers éléments d'analyse du système capitaliste. Eléments qu'il va développer et surtout remettre en question en montrant dans *Le Capital* que, dans la société marchande, derrière les échanges entre biens existent en réalité des rapports entre les hommes, rapports fondés sur l'inégalité radicale qui sépare ceux qui possèdent le capital de ceux qui sont contraints de vendre aux premiers leur force de travail. Les analyses de Marx s'articulent autour du concept-clé de *plus-value :* celle-ci étant la richesse dégagée par le travailleur et qui, au lieu de lui revenir, est en quelque sorte confisquée par le capitaliste. Les analyses économiques de Marx débouchent donc sur la mise en évidence du caractère radicalement injuste du système capitaliste par lequel le prolétariat se trouve soumis à une forme d'exploitation proche, en somme, de l'esclavage.

Au socialisme français, enfin, Marx a emprunté la conviction que le progrès social et politique passait par la rupture avec l'ordre ancien, par la destruction du système capitaliste. Ce qui, cependant, faisait défaut à ces mouvements que les marxistes regroupent sous la dénomination péjorative de *« socialisme utopique »,* ce sont les moyens d'une analyse véritable de la situation et des forces susceptibles de la transformer. Le marxisme se propose d'être ce système explicatif qui, en révélant que l'histoire est le lieu de la lutte des classes et que la seule classe désormais révolutionnaire est le prolétariat, permettra d'agir de manière efficace sur le système capitaliste pour en précipiter l'écroulement.

Philosophie matérialiste, analyse critique du système capitaliste, arme essentielle dans la lutte révolutionnaire : tel est donc le marxisme de Marx que Lénine nous présente à la fois comme la synthèse et le dépassement de tout ce que la pensée du XIXe siècle a produit de plus fécond, et comme le levier nécessaire à l'avènement d'un monde nouveau. Philosophie de combat, donc, puisque, pour reprendre la célèbre onzième thèse sur Feuerbach, la tâche des philosophes ne doit plus être désormais d'interpréter le monde, mais de le transformer.

Marx après Marx

Quel que soit le jugement qu'on porte sur l'exactitude de certaines de ses analyses ou sur la vision d'ensemble dont elle témoigne, nul ne peut contester l'impressionnante grandeur de l'œuvre de Marx. Dans un superbe texte de son livre, *Pour Marx,* Louis Althusser a montré par quel mouvement presque impensable Marx a réussi à s'arracher aux illusions de son temps pour parvenir à la vérité dont son œuvre témoigne, utilisant le langage de son époque pour lui faire dire ce qu'il n'avait encore jamais dit, se soumettant de ce fait à cette *« condition paradoxale d'avoir à apprendre l'art de dire ce qu'il va découvrir dans cela même qu'il doit oublier ».*

La grandeur de cette œuvre étant reconnue, peut-on découvrir en elle un système véritable avec ce que le mot suggère d'exhaustif, de totalisant, de fermé sur soi-même ? Dans une boutade célèbre, Marx aurait déclaré à Engels qu'il n'était en rien marxiste. C'est assez souligner que le marxisme fut l'invention des successeurs de Marx, et cela au prix de quelles relectures, de quelles trahisons ou de quelles améliorations éventuelles ? En ce sens, l'histoire du marxisme est celle de ses interprétations philosophiques successives et de ses avatars historiques, jusqu'à aujourd'hui toujours tragiques.

La principale de ces relectures, le plus décisif de ces avatars fut sans doute celui qui reste lié au nom de Lénine (1870-1924) et au choc de la révolution russe. Le marxisme-léninisme se présente comme le développement scientifique du marxisme. Il se définit comme une stratégie de la prise du pouvoir révolutionnaire par l'intermédiaire du parti communiste et se propose d'étendre à la situation internationale une analyse de type marxiste par laquelle serait dénoncé l'impérialisme. Avec la victoire des bolchéviques, le léninisme est devenu l'idéologie officielle de l'Union soviétique. Arme de contestation du système capitaliste, le marxisme est passé dans le camp de ceux qui détiennent le pouvoir et ont pour charge de l'exercer.

S'agit-il là, pour le marxisme, d'une première forme de réalisation historique ou d'une définitive compromission ? Force est de constater que de l'URSS à la Chine en passant par Cuba, le pouvoir se réclamant du marxisme a toujours débouché sur la mise en place de systèmes totalitaires. De cette dérive ou de ce devenir totalitaire du marxisme, les interprétations sont nombreuses et contradictoires, qui visent soit à innocenter le marxisme des crimes qui ont été commis en son nom — en invoquant des facteurs historiques, locaux ou circonstanciels — soit, au contraire, à démontrer que les analyses de Marx contenaient en germe le danger du goulag ou celui du camp de rééducation.

D'un côté, le philosophe marxiste Patrick Tort, par exemple, s'insurge contre le sophisme qui consiste à associer, pour mieux les confondre, les concepts de marxisme et de stalinisme. Dans « Le communisme irréel » (*Critique communiste* n° 98, Eté 1990), il écrit fort justement :

> **« Le "communisme réel" (qui n'existe pas, mais dont on dit qu'il existe et qu'il est *cela*) est systématiquement exhibé comme le produit direct du marxisme (qui existe, mais dont on voudrait compromettre l'existence en le rendant solidaire d'un produit qui n'est pas le sien). Cela, bien entendu, repose sur un sophisme simple, courant et toujours efficace, qui consiste à lier la**

> **valeur essentielle d'une idée à l'accident de sa mise en œuvre, sans s'être préalablement demandé si l'échec de la mise en œuvre ne tenait pas d'abord au fait qu'elle *n'était pas* la mise en œuvre de *cette* idée. Cette erreur, qui est de toute évidence une erreur *tactique* de l'idéologie intéressée à contaminer durablement le concept à travers la condamnation de dévoiements historiques présentés comme ses conséquences homogènes, est pourtant aussi énorme que celle qui consisterait à induire, du constat d'une pollution adventice localisée sur le cours avancé d'un fleuve, la contamination nécessaire de sa source.»**

A l'inverse, les principaux représentants de la «nouvelle philosophie» ont, dans leur ensemble, insisté sur une sorte de complicité fondamentale entre le marxisme — et d'une manière plus générale d'ailleurs la philosophie allemande — et les systèmes totalitaires modernes.

Quoi qu'il en soit, totalement discrédité ou seulement rendu suspect par son incarnation historique, le marxisme a du mal à se dissocier des caricatures sanglantes de lui-même que composèrent le stalinisme ou la révolution culturelle chinoise.

«L'horizon indépassable de notre temps»

La prise de conscience, cependant, que retracent les lignes qui précèdent, fut des plus longues à prendre forme dans la conscience des intellectuels européens et tout particulièrement français. Le temps n'est pas si lointain où Sartre, au sortir de la Seconde Guerre mondiale, pouvait définir le marxisme comme *«l'horizon indépassable de notre temps».* Grandi par la résistance tardive mais héroïque de l'URSS au nazisme et par l'engagement des communistes dans la Résistance, le marxisme pouvait, dans les années 50, passer pour l'espoir unique de mettre en place une société meilleure et plus juste. D'où la fascination tyrannique et aveugle qu'il exerça, même sur les plus lucides des intellectuels français. Rares étaient à l'époque les grandes figures de la pensée qui osaient se soustraire à la vulgate marxiste : Raymond Aron qui, retournant une célèbre formule marxiste, dénonçait le rêve révolutionnaire comme étant l'« opium des intellectuels »; Albert Camus, surtout, s'attaquant au messianisme communiste dans *L'Homme révolté.* Mais la marginalisation même de ces deux intellectuels suite à leur prise de position anti-communiste suffit à montrer que, dans le paysage philosophique français des années 50, ils constituaient comme l'exception qui confirme la règle.

Pourtant, à cette date, l'essentiel était connu de la vérité du système soviétique. Depuis les années 30, les intellectuels français, de Gide à Céline, n'en finissaient pas d'en revenir — d'URSS — pour dire leurs doutes ou faire leur « mea culpa ». Tout se passait cependant comme si cette vérité, ils se refusaient pour la plupart à véritablement l'enregistrer pour ne *« pas désespérer Billancourt »* — c'est-à-dire pour ne pas démobiliser les forces potentiellement contestatrices du pays en leur révélant une vérité bien peu révolutionnaire. De plus, malgré cette désillusion majeure que constituait l'échec de l'expérience soviétique, l'espoir dans le marxisme pouvait subsister en se reportant sur une autre de ses incarnations historiques. On ne rejetait alors le léninisme ou le stalinisme que pour adhérer avec plus de force encore au trotskysme ou au maoïsme. On ne condamnait l'URSS que pour faire encore plus haut l'éloge de la Chine, de Cuba ou du Viêt-nam. Si bien qu'au total, ce qu'on peut nommer l'*« illusion marxiste »* pouvait se perpétuer, voire se développer, dans le contexte d'une société assoupie dans son abondance bourgeoise et rêvant d'une rupture utopique avec l'histoire.

Marx est mort

Il fallut attendre le début des années 70 pour que commence à se dissiper cette illusion dans la conscience des intellectuels français. « Marx est mort », annonçait alors, dans le titre de l'un de ses ouvrages, le philosophe Jean-Marie Benoist.

Cette mort, il faut le souligner, ne fut en rien le fait d'une remise en question théorique du marxisme. Celle-ci eut lieu, certes, mais l'essentiel se jouait ailleurs : dans la prise de conscience enfin réalisée du caractère totalement oppressif des systèmes politiques qui, sur la planète, se réclamaient du marxisme. Et dans cette prise de conscience, le rôle de catalyseur fut incontestablement joué par la lecture du témoignage porté par l'écrivain russe Soljenitsyne sur le système pénitentiaire soviétique — *L'Archipel du Goulag* — qui fut publié en France au début des années 70. C'est dans la brèche ainsi ouverte que s'engouffrèrent, quelques années plus tard, les « nouveaux philosophes » qui, dénonçant la « barbarie à visage humain », refaisaient en quelque sorte le chemin effectué avant eux par Albert Camus et Arthur Koestler, à la recherche d'une morale nouvelle et provisoire de l'engagement, de la justice et du respect humain.

La crise du marxisme est aujourd'hui une évidence qu'il est à peine besoin de souligner. Crise historique d'abord : l'effondrement des régimes de l'Est en témoigne assez. Crise théorique également, dans la mesure où il est peu d'intellectuels aujourd'hui qui osent se réclamer d'un système si universellement décrié. Il faut le reconnaître : la critique du marxisme est devenue aujourd'hui la « tarte à la crème » de la réflexion philosophico-politique, le lieu commun intellectuel le plus répandu et le moins questionné. On terminera simplement en soulignant ce qu'une telle unanimité peut avoir quelquefois de suspect : dénoncer Staline n'est bien souvent qu'un tour de passe-passe un peu gros et facile pour effacer Marx. Or, l'œuvre de Marx a une valeur autre que purement archéologique : témoignage critique sur les travers d'un capitalisme naissant que les sociétés modernes auraient réussi désormais à corriger. Lire Marx, c'est aujourd'hui encore découvrir une pensée d'une vitalité indéniable qui nous amène à regarder en face le caractère conflictuel de la société dans laquelle nous vivons, à nous arracher aux faux-semblants idéologiques qui visent à nous faire accepter le monde tel qu'il est au lieu de nous attacher à le transformer.

« On a raison de se révolter » : tel est en somme, et pour reprendre le mot célèbre de Mao Zedong, le plus juste et le plus actuel des messages qu'aujourd'hui encore nous adresse l'œuvre de Marx.

REPÈRES

Louis Althusser, *Pour Marx,* Maspero, 1965.

Lénine, « Les trois sources et les trois parties constitutives du marxisme » (1913), « Karl Marx » (1915), in *Textes philosophiques,* Editions sociales, 1978.

Karl Marx, Friedrich Engels, *Le Manifeste du Parti communiste,* Le Livre de Poche classique, 1848.

Henri Lefebvre, *Lukacs 1955,* Patrick Tort, *Etre marxiste aujourd'hui,* Aubier-Montaigne, 1986.

▶ **Idéologie, Révolution, Totalitarisme.**

Modernité

Plus qu'une époque, la modernité est l'attitude qui consiste à concevoir le temps comme le lieu d'un progrès perpétuel par lequel le nouveau vient remplacer un ancien qu'il périme et dépasse.

Proclamé il y a plus d'un siècle par Rimbaud, l'impératif moderne est véritablement devenu le mot d'ordre des sociétés contemporaines et cela dans tous les domaines : culture, comportements individuels, art, politique ou économie.

« Etre absolument moderne »

« Il faut être absolument moderne » : sur cette énigmatique injonction s'achève pratiquement l'un des plus grands textes de la littérature française : *Une Saison en enfer*. Rimbaud, dans ce qu'il est possible de décrire comme un impitoyable bilan de son existence, une lyrique autobiographie de l'échec, y revient sur les quelques années antérieures de sa trajectoire poétique. Pas d'autre bilan possible pour lui que celui que répétera en d'autres termes le « Solde » des *Illuminations :* échec, l'entreprise du Voyant, cette tension vers une langue et une vision neuves; échec, l'aventure avec Verlaine, cette formidable échappée loin des conventions sociales qui se perd dans le fait divers. De tout cela, il ne reste rien sinon le retour au *« sol, avec un devoir à chercher, et la réalité rugueuse à étreindre ! »*

Telle est cette modernité qui, pour Rimbaud, semble la seule issue à son enfer, le seul moyen de mettre un terme à la trop longue saison qu'il y a passée. Pas d'autre alternative que de se faire moderne, que de répudier les illusions et les mensonges d'hier pour épouser la réalité et l'existence qui désormais l'attendent :

> **« Oui, l'heure nouvelle est au moins très sévère. Car je puis dire que la victoire m'est acquise : les grincements**

> **de dents, les sifflements de feu, les soupirs empestés se modèrent. Tous les souvenirs immondes s'effacent. Mes derniers regrets détalent, — des jalousies pour les mendiants, les brigands, les amis de la mort, les arriérés de toutes sortes. — Damnés, si je me vengeais!**
> **Il faut être absolument moderne.**
> **Point de cantiques : tenir le pas gagné. »**

La formule de Rimbaud, convenons-en, reste largement énigmatique. Même rapportée à son contexte, elle ne se laisse que difficilement saisir et semble ne s'éclairer que de s'inscrire dans la trajectoire poétique de celui-ci, sans possibilité de véritablement lui attribuer une portée plus générale.

Question du moderne, modernité d'une question

Cependant, par la force même de sa formulation, le mot de Rimbaud méritait de constituer ici notre point de départ. Proclamé il y a plus d'un siècle, l'impératif moderne énoncé par Rimbaud s'inscrit plus que jamais peut-être dans notre présent. Non que la modernité soit le monopole de notre époque : la question du moderne, on le verra, en un sens est de tous les temps puisqu'elle n'est rien d'autre que la question même du temps. Cependant, il est indubitable que cette question du moderne est aussi une question très moderne au sens de très actuelle.

D'un côté, en effet, à l'approche du nouveau millénaire, le temps semble s'accélérer, nous propulsant dans le monde futuriste des techniques et des sciences. De l'autre en cette nouvelle fin de siècle qui est la nôtre, le passé ne cesse de venir nous visiter en un temps où la mémoire, l'histoire et la nostalgie ressuscitent sans fin un monde qu'on croyait révolu. Si bien que c'est le statut même du présent qui devient problématique, coincé entre un futur qui se précipite vers nous et un passé qui se refuse à s'éclipser.

Ce statut problématique du présent, ligne de démarcation qui se déplace avec nous, c'est sans doute en apportant une réponse à la question du moderne que nous avons le plus de chance de le cerner.

Une définition dynamique

Encore faut-il à cette fin commencer par proposer une définition de la modernité. Entreprise plus difficile qu'il n'y paraît car, d'être de tous les temps, le moderne n'est proprement d'aucun : ce qui signifie qu'il est impossible de confondre le temps présent — quelles que soient les limites qu'on lui assigne — avec la modernité. Il ne saurait y avoir de définition de celle-ci que dynamique.

Quels que soient, en effet, les critères que l'on adopte, l'entreprise qui consisterait à découper dans l'histoire une plage chronologique que l'on nommerait la modernité est vouée à l'échec. Se fiera-t-on à l'étymologie ? Ce sera pour découvrir que le mot « modernus » apparaît au Ve siècle après J.-C. pour permettre de distinguer le présent chrétien du passé romain : définition peu satisfaisante en ceci qu'elle nous obligerait à englober dans la modernité jusqu'au Moyen Age. Demandera-t-on, alors, aux historiens de dessiner pour nous les frontières chronologiques des temps modernes ? Ce sera pour découvrir que ceux-ci s'achèvent avec la Révolution française pour laisser place à l'époque contemporaine : la modernité disparaîtrait donc au moment même où nous aurions tendance à la faire naître. Faudra-t-il alors interroger les artistes et les écrivains pour découvrir la vraie genèse du moderne ? L'entreprise est encore plus hasardeuse. On parle communément d'art, de peinture ou de littérature modernes mais personne ne s'accorde véritablement sur ce que recouvrent précisément ces termes. Non seulement les arts ne fonctionnent pas les uns avec les autres en synchronie (ils marchent à des rythmes différents) mais de plus, à l'intérieur de chaque discipline, la frontière entre l'Ancien et le Moderne est des plus arbitraire. Dira-t-on que la peinture moderne naît avec Turner, Cézanne, Picasso ou Mondrian ? Dans le domaine littéraire, retiendra-t-on la définition de la modernité que formule Baudelaire, ou bien celle d'Apollinaire voire de T.S. Eliot ou d'Ezra Pound ?

Il faut en fait renoncer à toutes ces définitions statiques de la modernité qui visent à isoler une période donnée dans l'histoire. La modernité, en effet, n'est pas une plage de temps, une époque, mais une certaine conception dynamique du temps, c'est-à-dire de la manière dont se succèdent ces différentes plages temporelles, de la logique selon laquelle s'ordonnent ces différentes époques. Dans cette perspective, la modernité n'est rien d'autre que *la croyance en une dynamique positive du temps*. Elle est cette conviction que le temps a un sens et que ce sens n'est pas celui de l'incessante répétition de l'identique mais celui de la perpétuelle promotion du différent, du nouveau à travers un continuel processus de transformation. Grâce à celle-ci, le nouveau vient prendre la place d'un ancien que, définitivement, il périme et efface. Si bien que l'on pourra parler de dynamique du moderne chaque fois que se manifestera la foi en une évolution orientée dans le sens de cette valeur suprême que, dans la conscience moderne, devient le « nouveau ». Ou encore, être moderne consiste à croire et à agir dans le sens d'un irréversible progrès — politique, social et esthétique — de l'histoire.

Le mot d'ordre moderne

Défini ainsi, on peut avancer que le moderne a été le véritable mot d'ordre des sociétés contemporaines. Non sans quelques réactions de rejet il est vrai, l'ancien a été de manière générale assimilé à l'envers négatif de l'histoire et le nouveau à son côté positif. Fort de l'optimisme des Lumières, puisant de nouvelles certitudes dans les grandes philosophies de l'Histoire héritées du XIXe siècle, enivré par l'étourdissant progrès des techniques, l'homme contemporain a acquis la conviction que le seul chemin ouvert devant lui était celui qui consistait à s'émanciper des ténèbres du passé pour s'engager sans hésitation sur la voie radieuse de l'avenir. La valeur suprême est devenue celle du moderne, voire celle de la mode. Ainsi que le déclarait en 1977 Roland Barthes au Colloque de Cerisy :

> **« ... depuis le XVIIIe siècle, nous sommes dans une civilisation du nouveau, nous sommes dans ce que Valéry appelait la néomanie, la manie du nouveau. »**

Les manifestations de cette « néomanie » sont nombreuses. Elles vont du culte du dernier gadget au suréquipement informatique — dans un cas comme dans l'autre, on fait l'acquisition de l'objet moins pour sa valeur d'usage que pour sa valeur symbolique. De même, le terme d'« archaïque » est devenu en politique comme en économie la plus terrible des insultes. L'art moderne s'est défini quant à lui par une série de ruptures avec les conventions esthétiques du passé par une sorte de processus de surenchères, d'escalades, dont la seule issue a souvent été le silence, la toile blanche, la « mort de l'art » : la qualité d'une œuvre n'était plus mesurée qu'à l'audace avec laquelle elle brisait avec les codes du passé. D'une manière plus générale et moins anecdotique, on pourrait avancer que, dans une large mesure, le progrès reste la dernière valeur d'une société sans valeurs. Pour le chef d'entreprise, le ministre, l'artiste ou simplement l'individu pris dans les filets de la mode, *« être absolument moderne »* est la seule attitude qui, dans *« la civilisation du nouveau »* qui est la nôtre, ne soit pas suicidaire.

Les impasses de la modernité

Il est possible cependant qu'aujourd'hui l'essentiel des remarques qui précèdent soit déjà à conjuguer au passé. En effet, notre siècle, quoiqu'il soit trop tôt encore pour l'affirmer, aura peut-être été celui de l'apothéose du moderne et de sa remise en cause. Si bien qu'il devient légitime de se demander si la fin de siècle que nous vivons n'est pas le lieu d'une crise du mot d'ordre moderne qui nous en révèle les impasses et en ébauche pour nous les possibles postérités.

En effet, suivre, comme nous l'avons fait brièvement, la dynamique du moderne, revient inévitablement à reconnaître les fiascos plus ou moins tragiques sur lesquels celle-ci a débouché. Le culte sans limite du progrès, la foi inébranlable dans les vertus du nouveau, le refus systématique de l'ancien, l'optimisme historique, en un mot, trouvent ici leurs limites.

La rupture délibérée avec le socle du passé a cessé en effet d'apparaître, dans de nombreux domaines, comme l'unique chemin à emprunter. Ainsi, dans le domaine idéologique, la faillite des grands messianismes historiques a largement ébranlé la foi dans le sens de l'histoire : l'idée révolutionnaire est en Occident moribonde, elle qui, comme le montre Gilles Lipovetsky, est l'autre nom de la modernité politique — refus des formes institutionnelles héritées du passé, rêve d'une Cité nouvelle. L'optimisme scientifique, lui aussi, n'est plus cette Idole incontestée que le XIXe siècle avait érigée : la conscience écologiste souligne ce que peut avoir de traumatisant voire de suicidaire le rêve prométhéen d'une Nature entièrement dominée et exploitée par l'homme : nous sommes entrés dans l'ère des « désillusions du progrès ». Enfin, les artistes ont bien souvent découvert que la destruction ne peut être la seule ambition de leur travail. La remise en cause générale des codes artistiques ne débouche en effet que sur la négation même de l'art : le refus du langage pictural mène à la toile blanche, le refus du langage musical à la partition vierge, le refus du langage littéraire à la page muette.

Sous des formes extrêmement différentes, notre temps assiste donc bien à une sorte de crise de la conscience moderne qui en annonce peut-être la postérité.

Reste à savoir de quelle nature elle sera. Pure régression vers un passé idéalisé ou invention d'une nouvelle forme de modernité qui saura conjuguer la volonté du neuf avec le respect de l'ancien ?

REPÈRES

Jacques Le Goff, *Histoire et mémoire,* (Folio Histoire) Gallimard, 1988.

Gilles Lipovetski, *L'Ere du vide,* (Folio Essais) Gallimard, 1983.

Alvin Toffler, *Le Choc du futur,* (Folio Essais) Gallimard, 1970.

► **Post-moderne, Technique (progrès).**

Mythe

Le mythe est un récit fabuleux, une histoire légendaire appartenant à l'imaginaire collectif d'une société.

Rompant avec l'attitude de mépris qui jusqu'alors prévalait, la culture moderne s'est penchée sur le mythe, cherchant à découvrir la fonction et le sens de celui-ci. L'historien des religions, Mircea Eliade, a notamment montré que, dans les sociétés primitives, le mythe constituait un langage qui permettait à l'homme de parler le monde et de lui attribuer une signification. S'attachant au monde moderne, Roland Barthes a, pour sa part, défini le mythe comme le véhicule mystificateur d'une idéologie aliénante.

La réhabilitation du mythe

Longtemps le mythe a été déprécié, tenu pour une fable sans fondement, un récit irrationnel, un discours qui ne saurait être porteur d'aucune vérité ou même d'aucun sens. On ne voulait voir en lui qu'un témoignage lointain sur l'enfance pré-logique de l'humanité. Le monde moderne devait en finir avec lui pour ouvrir une ère de rationalité où règnerait la science. Le temps était révolu où les hommes pouvaient se satisfaire d'épopées surnaturelles dont les héros étaient d'improbables guerriers ou d'impossibles dieux.

Pourtant, le XXe siècle aura été celui de la réhabilitation du mythe.

La science a déçu et, du coup, elle est apparue, elle-même comme un mythe tout aussi fragile et discutable que ceux des peuples primitifs. Ne délivrant aucune connaissance ultime, n'ouvrant à aucun paradis, elle n'avait même pas pour elle la force poétique des récits antiques. E.M. Cioran l'explique dans son *Précis de décomposition* (1949).

«Le Savoir — en ce qu'il a de profond — ne change jamais: seul son décor varie. L'amour continue sans

Vénus, la guerre sans Mars, et, si les dieux n'interviennent plus dans les événements, ces événements ne sont ni plus explicables ni moins déroutants : un attirail de formules remplace seulement la pompe des anciennes légendes, sans que les constantes de la vie humaine s'en trouvent modifiées, la science ne les appréhendant guère plus intimement que les récits poétiques. »

L'intérêt porté au mythe s'est manifesté de manières extrêmement diverses dans la culture contemporaine.

Certains des plus grands écrivains du XXe siècle ont redonné vie aux légendes les plus lointaines en en faisant le thème de leurs fictions. Le plus grand reste sans doute l'Irlandais Joyce réécrivant sur le mode parodique *L'Odyssée* d'Homère dans *Ulysse*. Paradoxalement, avec ce roman, on peut avancer que la littérature moderne est née d'une sorte de retour aux sources les plus anciennes d'elle-même. Une *« méthode mythique »* — pour reprendre les mots de T.S. Eliot — était trouvée que sauraient exploiter, de manière il est vrai très différente, aussi bien l'Argentin Borges que le Français Robbe-Grillet, pour se contenter de ces deux exemples.

Quelle que soit l'importance du tournant que constitue *Ulysse*, la méthode cependant n'était pas neuve pour les écrivains qui consistait à adapter des mythes du passé. C'est dans un autre champ que la véritable mutation de notre rapport au mythe se produisit : celui de l'ethnologie.

Là encore les démarches adoptées ont été diverses, voire divergentes. B. Malinowski, au début du siècle, s'attacha à montrer que les mythes avaient pour fonction d'exprimer les codes qu'une société se donnait à elle-même pour assurer sa cohérence, garantir son fonctionnement. Ceux-ci cessaient donc du coup d'être des récits gratuits et absurdes. Une autre logique se manifestait en eux : celle de l'ordre social. Dans un texte de 1926, Malinowski résumait ainsi sa conception du mythe :

« Dans les civilisations primitives, le mythe remplit une fonction indispensable : il exprime, rehausse et codifie

les croyances; il sauvegarde les principes moraux et les impose; il garantit l'efficacité des cérémonies rituelles et offre des règles pratiques à l'usage de l'homme. Le mythe est donc un élément essentiel de la civilisation humaine; loin d'être une vaine affabulation, il est au contraire une réalité vivante, à laquelle on ne cesse de recourir. »

Initiée par Georges Dumézil et Claude Lévi-Strauss, l'approche structurale du mythe sera différente. Elle vise à confronter les mythes pour dégager un certain nombre de constantes qui ne sont pas réductibles forcément à une organisation sociale dont elles seraient le reflet mécanique. Etudié en lui-même, le mythe est un langage dont il s'agit de mettre au jour les règles pour saisir, au-delà d'elles, les règles mêmes et les structures de l'esprit humain.

Différente encore est l'approche de René Girard qui nous invite à lire dans les mythes le récit, offert et refusé, de la crise violente qui est à l'origine de toute société.

Au-delà de toutes ces différences, on voit bien cependant que la pensée contemporaine, loin de se détourner du mythe, découvre en lui le lieu d'une vérité qu'il s'agit de sonder. Pour saisir ce que nous sommes. il n'est pas d'autre alternative que de se mettre à l'écoute du mythe.

Le mythe primitif : la définition de Mircea Eliade

Telle fut l'attitude du grand historien des religions, Mircea Eliade. De toutes les définitions du mythe, nous retiendrons la sienne qu'il expose notamment dans un ouvrage introductif intitulé *Aspects du mythe* (1963).

Fondant son analyse sur l'étude des sociétés primitives dans lesquelles, loin d'être figé et déformé dans un texte écrit, le mythe reste « vivant », Eliade en propose la définition suivante :

« ...le mythe raconte une histoire sacrée; il relate un événement qui a eu lieu dans le temps primordial, le

> **temps fabuleux des « commencements ». Autrement dit, le mythe raconte comment, grâce aux exploits des Etres Surnaturels, une réalité est venue à l'existence, que ce soit la réalité totale, le Cosmos, ou seulement un fragment : une île, une espèce végétale, un comportement humain, une institution. »**

Par les êtres qu'il met en scène, par le temps où il se déroule, le mythe est donc un écrit fabuleux. Cependant, poursuit Eliade, il est perçu comme racontant une histoire vraie dans les sociétés primitives : il relate, et donc explique et fonde à la fois, une pratique ou une réalité. En cela, le mythe éclaire le monde. Il est le langage dans lequel la réalité se présente à l'homme, de manière chiffrée certes mais intelligible. Connaître le mythe revient dès lors à connaître le monde et à pouvoir agir sur lui tout en renouant avec le temps des origines et les êtres qui alors y vivaient.

Quelle est alors la fonction du mythe ? Eliade répond ainsi :

> **« Sa fonction est de révéler des modèles, et de fournir ainsi une signification au Monde et à l'existence humaine. Aussi son rôle dans la constitution de l'homme est-il immense... Grâce au mythe, le Monde se laisse saisir en tant que Cosmos parfaitement articulé, intelligible et significatif. »**

En racontant ce qui a été, le mythe permet à l'homme primitif de donner sens à ce qui est.

Le mythe moderne : la définition de Barthes

Les mythes sont-ils le monopole de la pensée primitive ? Mircea Eliade répond par la négative à cette question en montrant comment ceux-ci survivent aujourd'hui. Cependant, l'analyse, ici la plus intéressante, est celle que Barthes introduit dans son ouvrage, *Mythologies* (1957).

Le livre se compose d'une série d'articles brefs dans lesquels l'auteur s'interroge sur le sens véritable des images qui, tirées de la publicité, du cinéma, de la presse, constituent notre horizon quotidien. Tels sont, affirme Barthes, les nouveaux mythes qui sont les nôtres.

De ces mythes, il propose une étude théorique d'ensemble dans la seconde partie de son ouvrage. Le mythe y est défini comme *« un système sémiologique second »*. En simplifiant la démonstration d'ordre linguistique à laquelle Barthes se livre, cela revient à dire que, dans le langage du mythe, chaque signe devient le signe d'autre chose : derrière le sens apparent des images et des mots se dit un autre sens, moins apparent mais plus décisif.

De manière simple, Barthes illustre sa théorie par l'exemple suivant :

> **« ...je suis chez le coiffeur, on me tend un numéro de *Paris-Match*. Sur la couverture, un jeune nègre vêtu d'un uniforme français fait le salut militaire, les yeux levés, fixés sans doute sur un pli du drapeau tricolore. Cela, c'est le *sens* de l'image. Mais, naïf ou pas, je vois bien ce qu'elle me signifie : que la France est un grand Empire, que tous ses fils, sans distinction de couleur, servent fidèlement sous son drapeau, et qu'il n'est de meilleure réponse aux détracteurs d'un colonialisme prétendu, que le zèle de ce noir à servir ses prétendus oppresseurs. »**

A travers cet exemple, l'essentiel de la thèse de Barthes se laisse saisir. Nous vivons dans un univers de langage mais ce langage est tout sauf innocent. Il véhicule avec lui une vision du monde, une idéologie, une *doxa* — pour utiliser un terme cher à Barthes — dont il me faut me désolidariser. Le mythe est cette parole perverse par laquelle on me présente comme naturel ce qui ne l'est pas, le but étant de m'amener à souscrire spontanément à une vérité factice. Il participe donc d'une rhétorique aussi efficace que dangereuse. Si, pour reprendre l'exemple avancé par Barthes, *Paris-Match* s'était contenté d'un éditorial vantant l'Empire français, conscient de la thèse développée dans l'article, j'aurais pu condamner celle-ci. Mais, plus redoutable en cela, le mythe fait moins et plus qu'un texte politique :

> **« Le mythe ne nie pas les choses, sa fonction est au contraire d'en parler : simplement, il les purifie, les innocente, les fonde en nature et en éternité, il leur donne une clarté qui n'est pas celle de l'explication, mais celle du constat, si je *constate* l'impérialité française sans l'expliquer, il s'en faut de bien peu que je ne la trouve naturelle, *allant de soi...* »**

La force inacceptable du mythe est de nous amener à adopter comme malgré nous la thèse que nous ne partageons pourtant pas. Il convient donc de nous déprendre du mythe : démythifier en somme pour démystifier.

On comprend mieux maintenant où se situe la différence entre le mythe primitif et le mythe moderne — tels du moins que les définissent Eliade et Barthes. L'un comme l'autre cherchent à conférer une signification au monde. Mais dans le premier cas, cette signification est perçue comme positive car elle permet à l'individu de s'arracher au non-sens qui le menace : le mythe fonde et la société et l'homme qui le parlent. A l'inverse, le mythe moderne est présenté comme une signification truquée qui dépossède l'homme de lui-même et le soumet à ce que Marx nommait l'idéologie. Le salut passe alors par une pratique autre du langage qui permet à l'individu de se soustraire à la parole aliénante du mythe.

REPÈRES

Roland Barthes, *Mythologies,* (Points) Seuil, 1957.

Pierre Brunel, *Dictionnaire des mythes littéraires,* Editions du Rocher, 1988.

Mircea Eliade, *Aspects du mythe,* (Folio Essais) Gallimard, 1963.

Roger Caillois, *Le Mythe et l'homme,* (Folio Essais) Gallimard, 1938.

► **Religion.**

Nation

Une nation est une unité humaine et politique partageant un même territoire et soumise à une même autorité.

Deux conceptions essentielles de la nation s'affrontent, qui visent à définir celle-ci soit comme la libre réunion des individus qui la composent, soit comme une entité organique résultant de facteurs géographiques, raciaux, linguistiques ou culturels. Formulée à l'occasion du différend franco-allemand sur la question de l'Alsace-Lorraine mais valide encore aujourd'hui, la plus juste des définitions de la nation est sans doute celle que livra Ernest Renan. Pour lui, l'unité nationale repose à la fois sur un passé commun et sur une volonté manifestée au présent de vivre ensemble.

Théorie ethnique, théorie élective

Risquer une définition de la nation revient déjà largement à prendre position dans un long et complexe débat philosophique dont les enjeux historiques et politiques sont considérables.

Deux conceptions de la nation, en effet, se sont affrontées de la fin du XVIIIe siècle à nos jours, qu'ont illustrées deux traditions philosophiques européennes.

Du côté des philosophes allemands comme Herder et, de manière plus complexe, Fichte, la nation fait l'individu : elle est cette communauté première dont l'esprit — le « Volksgeist » — façonne par la langue, l'histoire, la race ou la culture chacun des membres de la collectivité. Nous sommes ici dans le cadre de ce que l'on nomme quelquefois la *« théorie ethnique des nationalités »*.

Pour les philosophes français comme Renan ou Fustel de Coulanges, à l'inverse, c'est l'individu qui fait la nation : celle-ci est le produit de la volonté de sujets qui décident de s'associer en son sein. Nous sommes cette fois dans le cadre de la « théorie élective des nationalités ».

Qu'est-ce qu'une nation ?

Quitte à ne retenir qu'une définition de la nation, la plus juste et la plus convaincante est sans doute celle que l'on doit au philosophe Ernest Renan et qu'il formula en une célèbre conférence prononcée le 11 mars 1882 à la Sorbonne, sous le titre de : *Qu'est-ce qu'une nation ?*

Renan y cherche à définir ce qui constitue une nation. Pour ce faire, il commence par réfuter les critères traditionnels qui, à son époque, prévalaient. La nation, affirme Renan, n'est le produit ni de la race, ni de la langue, ni de la religion, ni de la communauté des intérêts ni même de l'unité géographique.

Dès lors, qu'est-ce qu'une nation ? Renan répond :

> **« Une nation est une âme, un principe spirituel. Deux choses qui, à vrai dire, n'en font qu'une, constituent cette âme, ce principe spirituel. L'une est dans le passé, l'autre dans le présent. L'une est la possession en commun d'un riche legs de souvenirs; l'autre est le consentement actuel, le désir de vivre ensemble, la volonté de continuer à faire valoir l'héritage qu'on a reçu indivis. »**

Quelques lignes plus loin, la définition est ainsi reprise :

> **« Une nation est donc une grande solidarité, constituée par le sentiment des sacrifices qu'on a faits et de ceux qu'on est disposé à faire encore. Elle suppose un passé; elle se résume pourtant dans le présent par un fait tangible : le consentement, le désir clairement exprimé de continuer la vie commune. L'existence d'une nation est (pardonnez-moi cette métaphore) un plébiscite de tous les jours, comme l'existence de l'individu est une affirmation perpétuelle de vie. »**

A lire ces quelques lignes, on voit ce qui fait la force de la définition de Renan. Se gardant bien de tomber dans les excès d'une philosophie française qui a quelquefois présenté la nation comme une construction purement artificielle et abstraite, Renan ne nie pas la nécessité d'un socle historique commun dans lequel s'enracine l'identité collective. Cependant, se refusant à tout déterminisme historique, culturel ou racial, Renan affirme d'un même mouvement que ce socle n'est pas tout, qu'il ne saurait fonder une nation s'il ne se doublait pas de ce qui est l'élément essentiel : la volonté des individus de vivre ensemble et de travailler ensemble au sein d'une collectivité nationale.

Les enjeux politiques et historiques

Le débat est loin d'être aussi théorique qu'il pourrait le sembler.

La thèse de Renan, en effet, ne prend tout son sens qu'à être inscrite dans le contexte historique qui est le sien. Avec l'annexion de l'Alsace-Lorraine au terme de la guerre franco-prussienne de 1870-1871, la question s'était bien entendu posée, de manière très violente, de la légitimité d'un tel acte. Se rallier à la « théorie ethnique » revenait, en arguant du passé lointain de l'Alsace-Lorraine, de la langue et de la culture, à justifier l'annexion : par le pur déterminisme de la nationalité, Alsaciens et Lorrains étaient, bon gré mal gré, des Allemands et devaient donc rentrer dans le giron de l'Empire. A l'inverse, se rallier à la « théorie élective » consistait à affirmer la liberté des Alsaciens et des Lorrains à choisir l'ensemble national dans lequel ils souhaitaient s'inscrire. La nationalité cessait d'être le produit d'un déterminisme pour devenir l'effet d'une volonté. Renan se range dans ce second camp, prenant position contre l'annexion de l'Alsace-Lorraine et du même coup fondant une théorie de la nation qui dépasse largement l'occasion historique qui en fut le prétexte.

D'actualité, la thèse de Renan l'était donc au siècle dernier; elle le reste encore largement aujourd'hui. Entre théorie ethnique et théorie élective, le dilemme est en effet encore largement inchangé. Sous une forme ou sous une autre, c'est à lui toujours que l'on revient, que ce soit pour s'interroger sur les critères d'attribution de la nationalité française aux populations immigrées, pour condamner l'annexion du Koweït par l'Irak, ou pour décider de la légitimité des mouvements indépendantistes québécois, corse ou écossais. La question reste identique : au nom de quels principes décider de l'ensemble national juste dans lequel un individu ou une collectivité doivent venir prendre place ? Et la réponse est identique tout autant, qui consiste à rappeler la liberté des peuples et des individus à se déterminer eux-mêmes.

REPÈRES

Louis Dumont, « Une variante nationale », *Essais sur l'individualisme,* Seuil, 1983.

Raoul Girardet, *Le Nationalisme français, 1871-1914,* (Points Histoire) Seuil, 1966.

Ernest Renan, « Qu'est-ce qu'une Nation ? », 1882, *Œuvres complètes,* tome I, Calmann-Lévy.

► **Nationalisme.**

Nationalisme

Le nationalisme est l'exaltation — légitime ou excessive selon les cas — du sentiment d'appartenance à une collectivité nationale donnée.

Né avec la Révolution française, le nationalisme affirme tout d'abord le droit de chaque peuple à se constituer en une unité politique autonome qui ne tire que d'elle-même le principe de sa propre souveraineté. A ce nationalisme premier va succéder au long du XIXe siècle un nationalisme hégémoniste qui affirmera le devoir d'un peuple à dominer tous les autres et dont les deux conflits mondiaux du XXe siècle seront dans une large mesure le produit. Fortement discrédité de ce fait, le nationalisme est loin cependant d'être mort aujourd'hui : il trouve dans le tiers monde et en Europe de l'Est un champ nouveau où se développer de manière légitime ou dangereuse selon les pays concernés.

Ainsi que le rapporte Raoul Girardet dans *Le Nationalisme français,* le terme de « nationalisme » apparaît dans notre langue pour la première fois en 1798 et ceci dans un texte de l'abbé Baruel intitulé *Mémoires pour servir à l'histoire du jacobinisme.* Lc mot restera cependant peu utilisé jusqu'à la fin du XIXe siècle où il commencera véritablement à se diffuser dans la langue.

Est-ce à dire que le nationalisme ne serait vieux aujourd'hui que d'à peine un siècle ? En matière d'idéologies, les généalogies sont toujours difficiles et souvent trompeuses. Tout dépend en fait de la définition du nationalisme que l'on retient. On ne peut en effet se contenter de présenter celui-ci comme le sentiment d'appartenance pour un individu donné à une collectivité nationale et comme la valorisation — légitime ou excessive — de ce sentiment. Non que cette définition soit inexacte mais elle confond, par sa généralité même, des réalités très éloignées.

Il y a en effet moins un nationalisme que des nationalismes qui historiquement se sont succédé et politiquement se sont affrontés. C'est pourquoi la compréhension du nationalisme ne peut aller sans une brève approche historique des formes différentes et contradictoires qu'il a empruntées.

De la reconnaissance à l'hégémonie

Historiquement, on peut avancer que le nationalisme naît avec la Révolution française. Pour reprendre la définition que Sieyès formule dans *Qu'est-ce que le Tiers-Etat?,* la nation est « un corps d'associés vivant sous une loi *commune* et représentés par la même *législature* ». Le roi cesse d'être l'unique et seul légitime détenteur de la souveraineté. Celle-ci passe entre les mains de la nation définie comme l'ensemble des citoyens qui la composent. On voit donc que le nationalisme originel est un nationalisme révolutionnaire. Il n'oppose pas les nations entre elles mais oppose la nation dans son ensemble au pouvoir monarchique. Il ne vise pas à dresser des collectivités organisées les unes contre les autres mais tend à affirmer, contre les principes de l'Ancien Régime, que toute collectivité a le droit de s'organiser politiquement de manière autonome en ne tirant le principe de sa souveraineté que d'elle-même.

Tel est le nationalisme qui naît avec la Révolution française et qui va jouer un rôle si considérable dans l'histoire du XIXe siècle. En son nom, la France va mettre en place un système politique nouveau et défendre celui-ci contre la menace militaire que constituent les armées dépêchées contre la République par les puissances monarchiques européennes. En son nom également vont se développer et s'affirmer, partout en Europe, les revendications par lesquelles s'affirmera progressivement la volonté des peuples italiens, allemands, belges ou polonais de se constituer en nations souveraines en brisant l'ordre monarchique instauré en 1815.

Cependant, derrière ce nationalisme généreux et positif qui affirme le droit à l'autonomie et à la liberté des peuples, s'en profile un autre qui va progressivement le supplanter et qui, à la volonté libératrice, substituera l'ambition hégémonique. L'ambivalence nationaliste était déjà perceptible avec la Révolution française et l'Empire napoléonien. Les généreuses guerres menées pour libérer les nations européennes du joug monarchiste se révéleront rapidement de pures et simples conquêtes territoriales. Le cas du nationalisme allemand est encore plus significatif. Il est d'abord revendication légitime d'unité pour un peuple éclaté et dominé, mais très rapidement il se transforme pour devenir exaltation quasi mystique de la supériorité de la race allemande chargée par les philosophes de dominer le monde et de clore l'histoire.

De l'hégémonie à la mise en question

Du nationalisme démocratique, qui affirme le droit de chaque peuple à se constituer en unité politique, au nationalisme hégémoniste, qui exalte le devoir d'un peuple à dominer tous les autres, l'histoire du XIXe siècle est largement l'histoire de ce glissement pervers qui va produire l'engrenage fatal des deux conflits mondiaux.

A l'issue de la Seconde Guerre mondiale, identifié avec le délire racial et destructeur du nazisme, le nationalisme est largement discrédité. L'horizon historique semble dès lors celui du dépassement du cadre national. Les nations européennes, oubliant leurs conflits, s'engagent sur la voie de l'unité économique et politique. Au plan mondial, une culture planétaire se met en place qui diffuse les mêmes valeurs standardisées du Japon aux Etats-Unis, de l'Europe à l'Union soviétique.

Est-ce à dire que le nationalisme aura à peine vécu plus d'un siècle et qu'il appartiendrait désormais au passé de l'humanité? Rien ne serait plus risqué que d'affirmer une telle chose.

En effet, hors d'Europe, le nationalisme a découvert un nouvel horizon où s'épanouir et souvent de la manière la plus légitime qui soit. Les peuples colonisés ont trouvé en lui un discours théorique par lequel ils ont affirmé leur droit à l'autonomie et peuvent encore contester le découpage géographique souvent absurde dont ils ont hérité. De plus, combiné de manière extrêmement dangereuse avec l'intégrisme religieux, le nationalisme apparaît maintenant dans de nombreuses régions du globe comme une arme des plus puissantes dirigées contre l'Occident et ses valeurs. A l'échelle du globe, la dérive perverse du nationalisme, dont l'Europe avait été le lieu au XIXe siècle, semble aujourd'hui se reproduire. On passe d'un nationalisme libérateur à un nationalisme hégémonique.

En Europe même, et ceci quand bien même la perspective de l'unité n'est pas remise en question, l'écroulement du bloc communiste, en 1989, a révélé la permanence d'un sentiment nationaliste qui, en Allemagne notamment, apparaît à la fois légitime et inquiétant. Conclure à la mort du nationalisme, comme on aurait eu tendance à le faire il y a encore quelques années, serait donc des plus inexact.

Nationalisme ouvert, nationalisme fermé

Michel Winock, dans *Nationalisme, antisémitisme et fascisme en France,* a très clairement montré comment, depuis la fin du siècle dernier, s'opposent dans la conscience politique française deux formes de nationalisme qu'il choisit de nommer *« nationalisme ouvert »* et *« nationalisme fermé »*. Il les définit ainsi :

> **« Nationalisme ouvert : celui d'une nation, pénétrée d'une mission civilisatrice, s'auto-admirant pour ses vertus et ses héros, oubliant volontiers ses défauts, mais généreuse, hospitalière, solidaire des autres nations en formation, défenseur des opprimés, hissant le drapeau de la liberté et de l'indépendance pour tous les peuples du monde. »**

Ce nationalisme ouvert est celui de la Révolution, de la colonisation et de l'Empire même — à condition toutefois de ne retenir de ces aventures que la volonté de diffuser les principes universalistes de la République; il est le nationalisme de Michelet ou de Hugo.

Mais poursuit M. Winock :

> **« Un autre nationalisme (celui de « la France aux Français ») resurgit périodiquement, au moment des grandes crises : crise économique, crise des institutions, crise intellectuelle et morale... Un nationalisme clos, apeuré, exclusif, définissant la nation par l'élimination des intrus : Juifs, immigrés, révolutionnaires; une paranoïa collective, nourrie des obsessions de la décadence et du complot. »**

A l'inverse du précédent, ce nationalisme fermé est celui du boulangisme et de l'antisémitisme, de Barrès et de Maurras, pour ne citer que ses représentants les plus respectables et ne rien dire de ses modernes avatars politiques.

REPÈRES

Maurice Barrès, *Les Déracinés,* (10/18) UGE, 1897.

Jean-Luc Chabot, *Le Nationalisme,* (Que sais-je?) PUF, 1986.

Raoul Girardet, *Le Nationalisme français, 1871-1914,* (Points Histoire) Seuil, 1966.

Michel Winock, *Nationalisme, antisémitisme et fascisme en France,* (Points Histoire) Seuil, 1990.

► **Nation.**

Négritude

Le terme de « négritude » a été inventé dans les années 1930 par de jeunes intellectuels noirs pour désigner et revendiquer la spécificité d'une culture noire déniée ou méprisée par la culture occidentale.

Se refusant à l'asservissement comme à l'assimilation, ceux-ci proclamèrent la dignité propre du peuple noir et la nécessité de son émancipation. Poètes, ils firent de la négritude la source de leur inspiration; militants, ils en firent une des armes de leur combat politique contre le racisme et la colonisation.

Du mépris imposé à la dignité revendiquée

Le regard porté par l'Occident sur le continent noir a été longtemps — et reste encore sans doute dans une large mesure — un regard de condescendance, voire de mépris. L'esclavage a été la forme la plus claire et la plus directe de ce mépris. Feignant d'adhérer aux thèses qu'il combattait, Montesquieu traduisait l'opinion majoritaire de son temps en s'étonnant, en un passage célèbre de *L'Esprit des Lois,* de ce que Dieu ait pu mettre une âme dans un corps noir. Au siècle suivant, Hegel ne pouvait concevoir l'Afrique qu'en dehors de la marche glorieuse et rationnelle de l'Histoire qu'il dessinait pour l'humanité tout entière. En toute bonne conscience, quelques années plus tard, Renan pouvait affirmer que le Noir était fait par nature pour servir le Blanc. Parallèles aux discours, procédant de la même conviction, les actes des Occidentaux traduisaient, par la colonisation, la même attitude vis-à-vis d'un continent dont le destin ne pouvait être qu'asservissement et exploitation.

La négritude est rejet de ce mépris; elle est prise de conscience de la dignité propre du peuple noir, de sa spécificité aussi.

Cette prise de conscience — qui est aussi une prise de parole —, on le doit — pour simplifier une histoire complexe — à quelques jeunes poètes, Léon-Gontran Damas, Aimé Césaire et Léopold-Sédar Senghor qui, en 1934, lancèrent à Paris un journal intitulé *L'Etudiant Noir*. Une tribune était trouvée qui permettrait à ces intellectuels de parler au nom du peuple noir, d'en chanter l'âme et surtout d'en appeler à la libération de celui-ci. Le projet est clair qu'exprime Senghor :

> **« L'histoire des Nègres est un drame en trois épisodes. Les Nègres furent d'abord asservis (des idiots et des brutes, disait-on)... Puis on tourna vers eux un regard plus indulgent. On s'est dit : ils valent mieux que leur réputation. Et on a essayé de les former. On les a assimilés. Ils furent à l'école des Maîtres « de grands enfants », disait-on, car seul l'enfant est perpétuellement à l'école des Maîtres.**
>
> **Les jeunes Nègres d'aujourd'hui ne veulent ni asservissement ni « assimilation ». Ils veulent l'émancipement. Des hommes, dira-t-on, car seul l'homme marche sans précepteur sur les grands chemins de la Pensée... Asservissement et Assimilation se ressemblent : ce sont deux formes de passivité. »**

L'asservissement est négation brute du Noir. L'assimilation, négation plus subtile en ceci qu'elle l'amène à se trahir lui-même pour ressembler à ce qu'il n'est pas. Or, il doit s'agir pour les Noirs non pas de se nier mais de s'affirmer enfin, en assumant ce qu'ils sont eux-mêmes.

Inspiration poétique, revendication politique

Cette identité, le terme de « négritude » cherche à la traduire. Les définitions en sont nombreuses, mais les plus fortes sont sans doute poétiques. Ainsi, le superbe *Cahier d'un retour au pays natal* où le Martiniquais, Césaire, évoque :

« Ceux qui n'ont inventé ni la poudre ni la boussole
ceux qui n'ont jamais su dompter la vapeur ni l'électricité

ceux qui n'ont exploré ni les mers ni le ciel
mais ils savent en ses moindres recoins
le pays de souffrance
ceux qui n'ont connu de voyages que de déracinements
ceux qui se sont assouplis aux agenouillements
ceux qu'on domestiqua et christianisa
ceux qu'on inocula d'abâtardissement »

Et il poursuit en définissant, à la première personne, ce qu'est sa négritude :

« ma négritude n'est pas une pierre, sa surdité ruée
contre la clameur du jour
ma négritude n'est pas une taie d'eau morte sur l'œil
mort de la terre
ma négritude n'est ni une tour ni une cathédrale

elle plonge dans la chair rouge du sol
elle plonge dans la chair ardente du ciel
elle troue l'accablement opaque de sa droite patience. »

C'est aux sources de cet être-nègre que plonge dans ses meilleurs moments la poésie des pionniers de la négritude. Dans son « Orphée noir », préfaçant *L'Anthologie de la nouvelle poésie nègre et malgache* de Senghor, Sartre l'a bien montré qui exprime la force de ce cri qui sort des bouches sur lesquelles un bâillon d'indifférence ou de mépris était jusque-là posé.

Mais la négritude est plus qu'un terme littéraire. Autour de lui, certes, se sont retrouvés des poètes qui ont refusé de parler le langage d'autrui et ont eu le courage d'aller chercher leur inspiration dans la culture bafouée qui était la leur. Cependant, le projet de ces hommes était loin d'être purement esthétique : il s'agissait d'affirmer la dignité de tout un peuple, de lui rendre la certitude de sa valeur, et de lui donner le courage de sa liberté. En ceci, et quelles qu'aient pu être les critiques et les objections qui ont été par la suite formulées, la négritude reste une étape décisive dans l'histoire du peuple noir.

REPÈRES

Aimé Césaire, *Cahier d'un retour au pays natal,* Présence Africaine, 1947.

Jacques Chevrier, *Littérature nègre,* Armand Colin, 1974 (édition régulièrement mise à jour).

Franz Fanon, *Peau noire, masques blancs,* (Points) Seuil, 1952.

Léopold-Sédar Senghor, *Anthologie de la nouvelle poésie nègre et malgache de langue française,* PUF, 1948.

Jean-Paul Sartre, « Orphée nègre », *Situations III,* Gallimard, 1949.

Non-violence

La non-violence est l'attitude qui consiste à combattre l'injustice tout en se refusant à avoir recours à la force.

D'inspiration religieuse, la non-violence se veut également stratégie politique. Gandhi en a formulé les principes essentiels démontrant que, loin d'être synonyme de démission et de défaite, la non-violence est la seule voie qui permet de concilier intégrité morale et efficacité politique.

Morale religieuse et efficacité politique

Le refus de la violence caractérise sinon toutes les religions, du moins les plus significatives et les plus importantes d'entre elles. Lorsque le Christ, en une formule célèbre, nous invite à *« tendre l'autre joue »* après avoir été frappé, il affirme que la véritable force n'est pas celle de la brutalité mais celle de la charité et de l'amour.

La non-violence, cependant, est plus que ce simple refus de la violence qu'ont prêché de par le monde les religions les plus différentes. Bien qu'elle puise indéniablement l'essentiel de son inspiration aux sources d'une sensibilité religieuse, la non-violence se veut discours politique et stratégie véritable. Elle ne se résout pas à la beauté de l'échec, à la grandeur du martyr mais se présente paradoxalement comme une arme authentique qu'il peut être efficace d'utiliser dans les luttes de son temps. Entre religion et politique, la non-violence serait donc l'un des seuls lieux d'une possible harmonie où se concilieraient le respect de la morale et le souci de l'efficacité.

Gandhi

Cette double dimension — à la fois religieuse et politique — on la retrouve indubitablement dans la personnalité de celui qui reste la plus prestigieuse des figures de l'action non violente ainsi que son principal théoricien : Gandhi (1869-1948).

Situé à la confluence de deux traditions millénaires, l'hindouisme et le christianisme, admirateur de la *Bhagavad Gita* comme du Sermon sur la montagne, lecteur assidu des *Uphanishads* tout comme des œuvres de Tolstoï, celui-ci est sans conteste un penseur religieux. Mais ce serait une profonde erreur que de ne voir en lui qu'un penseur religieux. Le rôle décisif qu'il joua dans l'indépendance de l'Inde témoigne assez de l'importance de son engagement politique. Seul exemple contemporain, Gandhi fut à la fois un saint parmi les politiques et un politique parmi les saints. Et c'est sous ce double éclairage qu'il convient de considérer la voie politique profondément originale (car « il n'y a de nouveau que ce qui a été oublié ») que Gandhi, au-delà de l'expérience indienne, propose au monde contemporain.

Quelle est la nature de cette voie ? En fait, toute la politique gandhienne repose sur un enchaînement d'idées simples qui s'alimentent aux sources de la religiosité. La base originelle en est la certitude de l'existence d'un Dieu d'amour — et c'est bien sûr ce qui fait la faiblesse de ce raisonnement qui pose comme primat une vérité indémontrable. L'homme étant une créature de Dieu, il recèle en lui une part d'amour et de justice. Gandhi veut s'adresser à cette composante divine pour résoudre les conflits politiques. Refusant l'engrenage infernal où une fin toujours incertaine justifie des moyens certainement toujours plus horribles, Gandhi s'oppose à l'usage de la violence. Loin de vouloir éliminer son adversaire, il se propose de le convertir par la seule force de son amour et le seul exemple de sa foi.

Il convient de préciser, ici, la notion de non-violence qui n'est pas, comme on l'entend souvent, synonyme de faiblesse et de démission du plus faible devant le plus fort. Le non-violent interrompt l'enchaînement implacable par lequel la violence appelle la violence. Dans un conflit, il substitue la force du sacrifice et de l'amour à la brutalité. Il accepte de souffrir mais refuse de faire souffrir. Par son endurance, sa patience, sa foi, il entend montrer à son adversaire son erreur et le convertir à la vérité. Gandhi s'en est d'ailleurs lui-même expliqué dans de nombreux textes :

> **« La non-violence ne consiste pas à s'abstenir de tout combat réel, face à la méchanceté. Au contraire, je vois dans la non-violence une forme de lutte plus énergique et plus authentique que la simple loi du talion qui aboutit à multiplier par deux la méchanceté. Contre tout ce qui est immoral, j'envisage de recourir à des armes morales et spirituelles. Je ne cherche pas à émousser le tranchant de l'arme que m'oppose le tyran en employant une lame encore plus aiguisée que la sienne. Je m'emploie à désamorcer le ressort du conflit en n'offrant aucune résistance d'ordre physique. Mon adversaire doit être tenu en respect par la force de l'âme. Tout d'abord, il sera décontenancé, puis il lui faudra bien admettre que cette résistance spirituelle est invincible. S'il en convient, loin d'être humilié, il ressort de ce combat plus noble qu'avant. »**

La théorie gandhienne est loin d'être à l'abri de toute critique. Elle repose tout entière sur la conviction que l'adversaire, quel que soit le mal qu'il commet, est susceptible de se convertir au bien. Mais bien peu de serviteurs du pouvoir romain ont, à l'instar de Paul, connu leur chemin de Damas et moins encore de membres de la Gestapo ou de la Wehrmacht ! L'embrigadement idéologique ou la pure et simple perversité peuvent enrayer de manière tragique le processus de désescalade de la violence que vise à favoriser l'attitude gandhienne.

Ce fragile édifice théorique, qui pourrait à bon droit passer pour utopique, a cependant trouvé dans les faits un commencement de justification. Cette conversion de l'adversaire, Gandhi l'a en effet obtenue, au moins en partie, par la technique de la non-violence pratiquée à l'égard des Anglais lors de la lutte pour l'indépendance de l'Inde. Cette technique a pris des formes diverses : désobéissance civique, grèves de la faim, manifestations, jeûnes et prières. Et si, en 1947, l'Inde, non sans verser il est vrai dans la violence, obtient son indépendance, c'est au moins en partie grâce, à l'œuvre et à l'action de Gandhi.

La non-violence aujourd'hui

Quelles peuvent être, aujourd'hui, la portée et la signification de l'action non violente ? S'agit-il d'un phénomène propre à l'Inde, pays à vocation spirituelle, du moins selon l'image que s'en font les Occidentaux ? Ou bien est-ce que cette nouvelle manière de penser la politique ne dépasse pas ce cadre historique et culturel limité ?

Il y a en fait toute une postérité gandhienne qui démontre assez la force maintenue de l'idée non violente. Il suffirait pour s'en convaincre de citer le nom de Martin Luther King qui, par des actions très proches de celles de Gandhi, œuvra de manière décisive pour la reconnaissance de l'égalité entre les Noirs et les Blancs aux Etats-Unis. Au-delà de cet exemple célèbre, en France, des philosophes, tels Roger Garaudy et surtout Lanza del Vasto (1901-1981), continuent à mettre leur espoir dans la non-violence, seule alternative affirment-ils à la destruction pure et simple de l'humanité.

Grâce au témoignage d'un Lanza del Vasto et à l'action constante des militants de cette cause, la non-violence garde toutes ses chances d'apparaître, dans un futur il est vrai encore très hypothétique, comme autre chose qu'une dangereuse utopie ou une inacceptable démission.

REPÈRES

Lanza del Vasto, *Technique de la non-violence,* (Médiations) Denoël, 1971.

Gandhi, *Tous les hommes sont frères,* (Idées) Gallimard, 1969.

Roger Garaudy, *Appel aux vivants,* (Points Actuels) Seuil, 1979.

Jean-Marie Muller, *Stratégie de l'action non violente,* (Points Politique) Seuil, 1972

Nouveau Roman

Le Nouveau Roman est un mouvement littéraire qui, essentiellement dans les années 1950-1960, s'est attaché à mettre en question les techniques principales qui définissaient le genre romanesque.

Se refusant à un réalisme de convention hérité de Balzac, puisant son inspiration dans les grandes œuvres de la littérature étrangère, le Nouveau Roman se définit essentiellement comme un anti-roman. En apparence, il ne propose rien d'autre qu'un roman sans intrigue, sans personnages, sans contenu. En réalité, il cherche à rendre l'image d'une réalité intérieure éclatée, comme à la recherche d'elle-même. Au prix d'une nouvelle radicalisation, le Nouveau Roman ne se donne plus d'autre objet que lui-même. Mettant à nu les mécanismes par lesquels il s'engendre, le roman raconte le récit de sa propre création. Ce faisant, il n'évacue pas, cependant, tout lien au réel, comme le démontrent assez les œuvres les plus récentes dans lesquelles se donne à lire, de manière il est vrai ambiguë, le visage même de l'auteur.

Qu'est-ce que le Nouveau Roman ?

Qu'est-ce que le Nouveau Roman ? A cette question, les réponses ont été nombreuses. Certains critiques persistent, encore aujourd'hui, à ne tenir celui-ci que pour un néfaste et éphémère phénomène de mode, voire un dangereux complot destiné à saborder le roman français en détournant de lui tous ses lecteurs. Il s'agirait alors de l'une de ces vaines expériences d'avant-garde, comme l'histoire de la littérature française en a tellement connues, expérience vide de toute créativité authentique qui, sitôt refermée, se transformerait en un nouvel académisme mort et sans intérêt.

C'est bien entendu une autre définition et une autre approche que l'on voudrait risquer ici. On présentera donc le Nouveau Roman comme l'aventure à la fois collective et individuelle de quelques écrivains français qui, par la mise en œuvre d'un certain nombre de techniques et en s'appuyant sur l'expérience-limite de certains textes, ont entrepris une remise en cause profonde et une transformation totale du genre romanesque.

Qui sont tout d'abord les écrivains du « Nouveau Roman » ? On dispose, pour ceux-ci, d'une liste quasi officielle établie à l'occasion des colloques organisés en 1971 sur le Nouveau Roman. Cette liste porte les noms de sept écrivains : Michel Butor, Alain Robbe-Grillet, Claude Ollier, Robert Pinget, Jean Ricardou, Nathalie Sarraute et Claude Simon. A ces écrivains — présents au colloque — il convient d'ajouter un certain nombre d'autres noms : ceux de romanciers qui, comme Jean-Pierre Faye, Philippe Sollers ou surtout Samuel Beckett et Marguerite Duras, sans faire partie véritablement du Nouveau Roman, en sont ou en ont été, par bien des aspects de leur écriture, extrêmement proches.

Qu'y a-t-il de commun entre ces écrivains outre le fait que, édités pour la plupart aux Editions de Minuit, ils se sont rapidement regroupés autour de Robbe-Grillet pour former une sorte de front uni face au traitement très sévère que leur réservait la critique littéraire traditionnelle ?

Le premier dénominateur commun du Nouveau Roman réside sans doute dans la volonté de ses représentants de s'inventer une tradition littéraire autre que celle qui définit, pour l'essentiel, le roman français. Celui-ci en effet était et, il faut le reconnaître, reste à 99 % d'inspiration réaliste ou naturaliste. Faire du Zola ou du Balzac, c'est-à-dire raconter une histoire, faire vivre des personnages, décrire un milieu : tel semblait l'unique voie possible pour le romancier. Or les nouveaux romanciers, justement, se caractérisent d'abord par leur refus de s'inscrire docilement dans cette tradition. Leur modèle n'est pas Balzac, leurs passions les portent vers d'autres écrivains qui, appartenant à d'autres littératures que la française, vont faire souffler un vent inédit sur celle-ci : James Joyce pour Butor, William Faulkner pour Simon, Franz Kafka pour Robbe-Grillet, Virginia Woolf pour Sarraute. Et le premier mérite du Nouveau Roman aura sans doute été d'ouvrir le roman français à d'autres horizons que celui, étroit, d'un réalisme national de convention.

Le Nouveau Roman comme anti-roman

Là, pourtant, n'est pas l'essentiel car, si la référence à Joyce ou à Faulkner est bien capitale pour qui étudie le Nouveau Roman, celui-ci, en aucun cas, ne se résume à l'importation pure et simple, dans la littérature française, de techniques empruntées à des œuvres étrangères. Le Nouveau Roman est doté d'une existence autonome que l'on se donne le plus de chance de saisir à définir celui-ci comme un « anti-roman ».

En effet, le Nouveau Roman se définit, s'affirme et s'élabore en opposition à une conception traditionnelle du roman. Il se bâtit de refuser et de retourner toutes les conventions sur lesquelles celui-ci était fondé. Robbe-Grillet, qui — à l'instar de Breton pour le surréalisme — fut un peu le théoricien et le « leader » du groupe, l'a très clairement expliqué dans les articles qui composent son essai, *Pour un nouveau roman*. Il y explique que le roman traditionnel — disons le roman balzacien, puisque Balzac est le repoussoir qu'il s'est choisi — repose sur toute une série de notions qui sont aujourd'hui des notions périmées et que le Nouveau Roman se propose précisément de remettre en question.

Quelle est cette conception du roman que Robbe-Grillet réfute ? Celle qui voudrait que celui-ci serve à traduire une histoire en mettant en scène des personnages. Le roman, affirme Robbe-Grillet, n'est pas, comme pouvait le prétendre Stendhal en une formule célèbre, *« un miroir que l'on promène le long d'un chemin »*. Il n'a pas pour fonction de nous proposer une image du monde extérieur sur la fidélité, la beauté et la vérité de laquelle nous devrions le juger. Il est une construction formelle par laquelle l'écriture cesse d'être un instrument pour devenir une fin en soi. L'imaginaire y affirme ses droits. Il n'est donc plus question de raconter une histoire par laquelle on tenterait, avec plus ou moins d'adresse, de copier la vie telle qu'elle est — si tant est que cela soit possible : « *Raconter,* affirme Robbe-Grillet, *est devenu proprement impossible.* » De même, mettre en scène des personnages devient dérisoire.

Ainsi, le Nouveau Roman se présente comme une pure création imaginaire de l'écriture, un roman sans intrigue et sans personnage. Mais pourquoi ? C'est que le monde depuis le temps de Balzac a perdu sa totale stabilité, l'ordre qui le définissait. Notre époque, argumente Robbe-Grillet, est celle du vacillement de la vérité, de l'éclatement du sens, de l'érosion de l'individu. C'est dans cette configuration nouvelle que doit s'inscrire, pour prendre la mesure de son temps, le roman contemporain. A quoi bon écrire des romans balzaciens dans un monde qui ne l'est plus, dont le sens nous échappe, et dans lesquels les individus ne vivent plus de la même présence au monde ? Le roman doit se faire fragmentaire, éclater en morceaux que l'écriture juxtapose en un puzzle qui ne se résoudra jamais à composer une image unique et simple, mais qui, par son existence même, sera déjà comme une réponse au désordre du réel :

> **« Les significations du monde, autour de nous, ne sont plus que partielles, provisoires, contradictoires même, et toujours contestées. Comment l'œuvre d'art pourrait-elle prétendre illustrer une signification connue d'avance, quelle qu'elle soit ? [...]**
>
> **Pourquoi voir là un pessimisme ? En tout cas, c'est le contraire d'un abandon. Nous ne croyons plus aux significations figées, toutes faites, que livrait à l'homme l'ancien ordre divin, et à sa suite l'ordre rationaliste du XIXe siècle, mais nous reportons sur l'homme tout notre espoir : ce sont les formes qu'il crée qui peuvent apporter des significations au monde. »**

Dire le désordre du monde et tenter de lui donner forme par l'écriture sans se contenter de s'en remettre à un pseudo-réalisme. Tel est peut-être le projet d'un Nouveau Roman qui ne cesse de mettre en scène des individus anonymes et déchirés qui, aux prises avec la mémoire l'histoire, la mort ou l'obsession, tentent de recoller les morceaux épars de leur conscience, en s'accrochant aux certitudes précaires du monde matériel qui les entoure et qu'ils s'attachent à fixer par l'écriture ou la pensée.

Ainsi dans *La Jalousie* de Robbe-Grillet, ce roman qui, au gré de l'interminable description d'une demeure coloniale, de ses objets, de ses habitants et de leurs gestes anodins donne à lire la conscience éclatée d'un mari tourmenté par l'infidélité de sa femme et retournant sans fin dans son esprit les images — lourdes ou vides de signification — du monde qui les entoure. Aucune histoire cohérente et véritable qui se développerait de manière logique et chronologique, aucun portrait psychologique dans ce texte. Rien d'autre que le monotone ressassement des mêmes formes, l'obsédante répétition des mêmes actes pour dire le mécanisme obsessionnel du soupçon et du doute.

Du Nouveau Roman au Nouveau Nouveau Roman

Roman fragmentaire dans lequel toute intrigue éclate en morceaux, à l'image d'un monde intérieur qui lui-même se défait. Ainsi se présente donc le Nouveau Roman. Telle est du moins l'image qui, grâce aux talents de vulgarisateur de Robbe-Grillet, s'est rapidement imposée et figure désormais dans de nombreux manuels de littérature. Cependant, la réalité est beaucoup plus complexe.

D'abord parce que, comme l'écrivait Roland Barthes, *« il n'y a pas d'école Robbe-Grillet » :* les théories énoncées plus haut ne sont que celles de Robbe-Grillet et à ce titre ne s'appliquent qu'imparfaitement aux œuvres des autres nouveaux romanciers. Bien plus, elles sont souvent comme un rideau de fumée que Robbe-Grillet, avec beaucoup d'astuce, a disposé devant ses propres romans pour orienter ses lecteurs dans un dédale d'interprétations erronées.

Ensuite, parce que le Nouveau Roman tel qu'il a été défini plus haut est uniquement le Nouveau Roman des années 50. Or, à partir du début des années 60, sous l'influence notamment d'écrivains plus jeunes tels Jean Ricardou, le Nouveau Roman connaît une transformation radicale. Celle-ci qui, souvent d'ailleurs, n'est pas estimée à sa juste mesure, amena certains critiques à formuler l'idée que, à partir de cette date-charnière, le Nouveau Roman aurait donné naissance à un Nouveau Nouveau Roman.

Quelle est la nature de ce qui sépare le Nouveau Roman du Nouveau Nouveau Roman? Disons que, même si le Nouveau Roman se refusait avec emphase au réalisme balzacien, il se proposait encore dans une large mesure de traduire une certaine réalité: réalité intérieure, fragmentaire certes, éclatée, contradictoire, mais qui trouvait cependant le lieu de son unité dans la subjectivité d'un personnage central. Ainsi, pour reprendre l'exemple de *La Jalousie,* le roman, certes, ne présente au lecteur aucune intrigue linéaire articulée autour de véritables portraits psychologiques. Cependant, derrière la régulière répétition des mêmes descriptions, l'auteur nous invite bien à déchiffrer une histoire, d'amour en l'occurrence, et à découvrir au sein de celle-ci comme un personnage caché — le narrateur absent. Il en va de même, et quoi qu'aient cru pouvoir démontrer certains exégètes, de tous les Nouveaux Romans de la première génération. S'ils refusent le réalisme balzacien, c'est au nom d'une autre forme de réalisme qu'à la suite de Robbe-Grillet on pourrait qualifier de subjectif.

Tout change avec le Nouveau Nouveau Roman. Déjà dans *Histoire* (1967) de Claude Simon ou *Dans le labyrinthe* (1959) de Robbe-Grillet, il devient impossible de rendre compte des différents épisodes du roman à partir d'une hypothèse aussi simple. Les morceaux du puzzle narratif cessent de s'ajuster et aucune intrigue univoque n'est désormais à reconstituer dans le texte. C'est que, avec le Nouveau Nouveau Roman, le roman se met à proliférer selon une logique qui abandonne tout lien avec le vraisemblable, le réel. Les fragments de texte se multiplient en fonction de procédures extrêmement complexes et subtiles et cessent de composer, dans leur réunion, une histoire cohérente et non contradictoire. Une image appelle une autre image, une scène une autre scène, un mot un autre mot et l'ensemble est organisé à la manière d'une immense charade, d'un complexe rébus, d'un jeu de combinaisons, de déplacements et de substitutions. Il en va ainsi dans *Projet pour une révolution à New York* de Robbe-Grillet, où une invraisemblable et contradictoire histoire de terrorisme et de sexualité est construite progressivement à partir des différentes scènes qui sont générées par le motif de la couleur rouge. De même dans *Leçon de choses* de Claude Simon, où le roman semble par moments surgir des pages mêmes d'un vieux manuel scolaire dont les images s'animent.

Pourquoi une telle manière d'écrire ? C'est que, avec le Nouveau Nouveau Roman, le texte se prend lui-même comme objet. Le roman ne raconte rien d'autre que le roman lui-même et le processus de sa fabrication. Il cesse donc de se rattacher à une réalité qu'il désignait pour mettre à nu les mécanismes de son propre fonctionnement. Il cesse d'être le lieu d'une représentation univoque et manifeste ouvertement son caractère pluriel. Selon la célèbre formule de Jean Ricardou, on passe de l'écriture d'une aventure à l'aventure d'une écriture. Du coup, le texte se refuse à être le lieu d'aucune Vérité, mais devient le lieu où se déconstruit tout discours de Vérité.

Le miroir qui revient

Telle était au début des années 70, l'orthodoxie du Nouveau Nouveau Roman. Celle-ci semble aujourd'hui assez oubliée dans la mesure où la littérature française, dans son ensemble, a abandonné son goût de l'expérimentation romanesque et de l'avant-gardisme.

Pour le Nouveau Roman, les années 80 ont d'abord été celles de la consécration. Largement contesté, voire violemment critiqué il y a encore une quinzaine d'années, le Nouveau Roman est désormais reconnu comme l'un des principaux mouvements littéraires français du XXe siècle. Les livres de Robbe-Grillet sont étudiés dans les universités américaines et les lycées français. Claude Simon a été couronné par l'une des plus conservatrices institutions littéraires du monde : le jury du Prix Nobel. Même les lecteurs ont cessé de bouder les ouvrages de ces auteurs qui étaient jugés rébarbatifs : ils firent de *L'Amant* de Marguerite Duras un best-seller.

Cette consécration a coïncidé avec un important virage littéraire pour le Nouveau Roman. Au tout début des années 80, certains de ses plus célèbres représentants passèrent quasi simultanément à une littérature d'abord moins difficile et d'inspiration plus directement autobiographique : Robbe-Grillet avec *Le Miroir qui revient,* Duras avec *L'Amant,* Sarraute avec *Enfance,* Simon avec *Les Géorgiques* et surtout *L'Acacia.*

On parla, et surtout dans le cas de Robbe-Grillet, de reniement. Le pape du Nouveau Roman, celui qui avait condamné avec véhémence le moi, le réalisme, avait prôné une littérature déshumanisée et combinatoire, finissait par nous livrer comme tout un chacun ses souvenirs d'enfance et de jeunesse ! Il va de soi que les choses étaient plus complexes que ne le laissa entendre la malveillance de certains chroniqueurs littéraires. Certes, avec ces derniers livres, *« le miroir revient »,* le moi de l'auteur se livre sur la page. Robbe-Grillet ou Claude Simon semblent dire plus directement ce qu'ils sont ou ce qu'ils ont été, et ceci sans passer par les savantes constructions auxquelles ils nous avaient accoutumés.

Cependant, et comme le soulignait d'entrée Robbe-Grillet, les nouveaux romanciers n'avaient jamais cessé de parler d'eux-mêmes. Le matériau même dont étaient construits — et de manière si claire — leurs mécaniques romanesques, était emprunté à leur vie ou à leurs rêves : perversions sexuelles chez Robbe-Grillet, saga familiale ou souvenir traumatique de la guerre chez Claude Simon. En ce sens, *Le Miroir qui revient* ou *L'Acacia* ne faisaient que manifester plus clairement ce que laissaient déjà entrevoir *Le Voyeur* ou *La Route des Flandres*.

Le masque théoriciste serait donc tombé? Sans doute, mais ce n'est pas pour se laisser refléter dans le miroir revenu autre chose qu'un nouveau masque, peut-être plus trompeur encore que le précédent. En effet, dans les derniers livres de Robbe-Grillet se mêlent personnages réels et personnages inventés en un texte hybride par lequel s'estompent les frontières entre le roman et l'autobiographie. Si bien qu'au total, le livre finit par constituer pour le lecteur un piège plus retors que celui que composaient les ouvrages plus anciens de Robbe-Grillet. Avec *Le Miroir qui revient,* le Nouveau Roman ne se renie donc pas dans le genre autobiographique. Tout au contraire, c'est l'autobiographie qui, désormais labyrinthique et truquée, se métamorphose à l'image du Nouveau Roman.

REPÈRES

Nathalie Sarraute, *L'Ere du soupçon,* (Folio Essais) Gallimard, 1956.

Alain Robbe-Grillet, *Pour un nouveau roman,* Minuit, 1963, *Le Miroir qui revient,* Minuit, 1984.

Jean Ricardou, *Le Nouveau Roman,* Seuil, 1973.

Claude Simon, *Discours de Stockholm,* Minuit, 1986.

Nouvelle critique

Par « nouvelle critique », on entend un certain nombre d'œuvres qui, dans les années 1960, ont contribué au renouvellement de l'analyse littéraire telle que celle-ci était à l'époque pratiquée à l'université.

La nouvelle critique se caractérise d'abord par sa volonté de lire le texte à la lumière de ces nouveaux langages que sont le marxisme, la psychanalyse ou la linguistique. Particulièrement représentatif de cette ouverture, le Sur Racine *de Roland Barthes a été au cœur d'une importante polémique intellectuelle. La nouvelle critique y était dénoncée par Raymond Picard, professeur à la Sorbonne, comme une « nouvelle imposture ». Deux approches incompatibles du texte s'opposaient en fait en une sorte de face-à-face aujourd'hui largement dépassé.*

Ce qu'on nomma la nouvelle critique n'eut sans doute pas d'autre existence que polémique. Le mot servit au milieu des années 1960 à désigner toute une série d'écrivains qui, opérant souvent en dehors des structures universitaires, cherchaient à approcher les grandes œuvres littéraires du passé. Leur volonté était d'explorer de nouvelles voies, en appliquant aux textes sur lesquels ils se penchaient de nouveaux langages et de nouveaux instruments d'investigation : marxisme, psychanalyse, linguistique, existentialisme...

Pourtant, entre ces écrivains, on aurait été bien en peine de mettre en évidence le dénominateur commun d'une doctrine unique, d'une esthétique cohérente. Roland Barthes, Jean-Pierre Richard, Charles Mauron, Jean-Paul Weber et Jean Starobinski — puisque ce sont eux que d'ordinaire on range dans le camp de la nouvelle critique — avaient en effet peu de choses en commun, si ce n'est le refus de mettre leur pas dans les sentiers battus de l'histoire littéraire traditionnelle. Héritiers de Bachelard plus que de Freud, de Sartre plus que de Marx, ils prêtaient attention à ce qui restait le plus souvent invisible ou interdit au discours académique sur la littérature : le retour constant des mêmes obsessions, des mêmes thèmes ou des mêmes figures, par lequel un sens second se donne à lire dans une œuvre, l'inscription d'un texte dans les conflits de son temps et l'engagement inévitable de celui-ci.

Empruntant aux sciences humaines certains de leurs modèles et de leurs concepts pour les confronter à cet objet-limite qu'est le texte, la nouvelle critique, en somme, enregistrait dans le champ de l'analyse littéraire le grand bouleversement théorique dont la scène intellectuelle française des années 50-60, sous le nom de structuralisme, se faisait le théâtre.

Sur Racine, de Barthes

La nouvelle critique, cependant, est née moins de la convergence de travaux théoriques que d'une polémique intellectuelle qui, en 1965, éclata autour d'un ouvrage du plus en vue des représentants de la nouvelle critique : *Sur Racine*, de Roland Barthes.

Professeur depuis 1960 à l'Ecole Pratique des Hautes Etudes, Roland Barthes jouissait à l'époque d'une relative notoriété — sans commune mesure cependant avec celle qui sera la sienne au cours des années 70 — pour des ouvrages tels que *Le Degré zéro de l'écriture* (1953) et surtout *Mythologies* (1957). Fortement marqué, encore, par l'empreinte de Bachelard et par celle de Sartre, admirateur de Brecht, analyste attentif du « nouveau roman » et tout particulièrement de l'œuvre de Robbe-Grillet, Barthes semblait on ne peut plus éloigné de l'auteur de *Phèdre*.

Racine, il l'avouera lui-même, n'était pour lui en fait rien de plus qu'un prétexte. Prétexte à écrire une série de variations sur le thème du désir, dans lesquelles on peut rétrospectivement lire comme l'ébauche de *Fragments d'un discours amoureux* (1977). Prétexte surtout à essayer, non sans provocation, sur la plus classique et la plus française des œuvres, les armes les plus neuves de la critique.

Ce projet est explicite que Barthes énonce dans un « Avant-Propos » qui est à lire également comme une des plus séduisantes définitions de la littérature qui soit. Pour Barthes, l'œuvre véritable se définit d'être à la fois sens et silence; elle ne nous propose pas une signification ultime qu'il s'agirait de décoder et en laquelle elle s'épuiserait. Elle est tout au contraire cette absence de réponse que chaque lecture vient solliciter de ses questions.

Ce qui consiste à dire que se confronter à l'œuvre de Racine ne revient pas, pour le critique, à en établir *le* sens, à en extraire *le* message. Pas d'autre voie que de proposer *sa* lecture qui sera comme la réponse éphémère de notre temps au silence éternel du texte. Chaque œuvre est ainsi à relire pour toujours et il faut à chaque critique courir le risque de sa propre interprétation.

Telles sont les coordonnées théoriques et méthodologiques dans lesquelles se situe d'entrée le livre de Barthes. Et sur les conséquences d'une telle option critique, Barthes, au terme de son ouvrage, revient après avoir rendu compte des figures essentielles et des textes principaux du théâtre de Racine. Celui-ci se prête à une série ouverte de langages critiques — « psychanalytique, existentiel, tragique, psychologique » — auxquels Barthes a emprunté les éléments de son analyse. Mais aucun de ceux-ci n'est la clé ultime à partir de laquelle l'œuvre rencontrerait enfin son sens. Et cela car, tout simplement, il faut *« reconnaître cette impuissance à dire vrai sur Racine »,* à laquelle le statut même de la littérature condamne le critique.

Nouvelle critique ou nouvelle imposture

Réunissant des textes plus anciens, *Sur Racine* paraît en 1963. Il faudra attendre 1965 cependant pour qu'éclate véritablement ce que l'on nomme la *« querelle de la nouvelle critique ».*

Réagissant à la virulence et à la désinvolture avec laquelle Barthes traitait, dans son livre, certains des spécialistes de Racine et s'en prenait, d'une manière plus large, à ce qu'il nommait la critique universitaire, Raymond Picard déclencha les hostilités. Professeur à la Sorbonne et auteur d'une thèse monumentale sur la carrière de Jean Racine, celui-ci, prolongeant un article publié en 1964 dans *Le Monde,* fit paraître l'année suivante un pamphlet intitulé *Nouvelle critique ou nouvelle imposture,* dans lequel Barthes était directement visé.

Ce livre est bien souvent agaçant par l'assurance avec laquelle Picard en remontre à Barthes sur des points de détail, comme s'il notait et corrigeait en marge la copie trop imprudente d'un étudiant fantasque. Cependant, sur le fond, il faut reconnaître que Picard touche souvent juste et que son court essai, loin de sombrer dans les attaques *ad hominem,* ouvre un débat de fond sur la nature du discours critique.

Quelles sont les objections principales que formule Picard ?

Passons rapidement sur son refus — son horreur même — d'une psychanalyse qui, appliquée à l'œuvre de Racine, défigure totalement celle-ci : on en viendrait presque à la confondre avec les romans de D.H. Lawrence. Picard ne reconnaît plus les chastes et nobles figures du théâtre classique dans les portraits qu'en trace un Barthes qui, sous la plume de son adversaire, prend pratiquement le visage d'un obsédé sexuel.

Au-delà de la psychanalyse, ce sont en fait toutes les sciences humaines dont Picard refuse de voir la contribution qui peut être la leur pour l'intelligence des textes littéraires. Avoir recours à celles-ci ne peut être, pour lui, que sombrer dans l'esprit de système. Avec une foi aveugle dans les lois de la psychanalyse ou du marxisme, Barthes extrapolerait de manière hasardeuse, forçant le texte de Racine à l'aide de clés théoriques totalement inadaptées.

L'essentiel, cependant, n'est pas là. L'hérésie critique contre laquelle Picard s'élève avec le plus de violence est celle qui consiste à affirmer qu'il est impossible de *« dire vrai »* sur un auteur. La certitude, aux yeux de Barthes, serait interdite au critique littéraire. Rien de plus faux selon Picard :

> **« Il y a une vérité de Racine, sur laquelle tout le monde peut arriver à se mettre d'accord. En s'appuyant en particulier sur les certitudes du langage, sur les implications de la cohérence psychologique, sur les impératifs de la structure du genre, le chercheur patient et modeste parvient à dégager des évidences qui déterminent en quelque sorte des zones d'objectivité : c'est à partir de là qu'il peut — très prudemment — tenter des interprétations. »**

Au total, on peut avancer qu'aux yeux de Picard, la « nouvelle critique » telle que l'incarne Barthes est coupable d'un double crime : procédant d'un hybride et monstrueux *« impressionnisme dogmatique »*, elle constitue un continuel anachronisme par lequel les œuvres du passé sont étudiées à partir de concepts critiques qui ne valent qu'appliqués à l'anti-littérature contemporaine.

Barthes donnerait ainsi libre cours à sa propre subjectivité dans le cadre de ses analyses, mais il présenterait sa lecture de Racine avec une telle arrogance intellectuelle que celle-ci, immanquablement, prendrait le visage d'une vérité ultime et unique. De plus, il plaquerait des catégories modernes — telles celles issues de l'investigation psychanalytique — sur des œuvres qui ont vu le jour dans un contexte culturel totalement différent. Au total, en donnant à Racine un visage moderne, il défigurerait totalement celui-ci.

Critique et vérité

La plupart de ces objections, Barthes, il convient de le reconnaître, les avait anticipées dans le cours même de son ouvrage. Dans une large mesure, *Sur Racine* n'avait même pas d'autre sens que de démonter le discours traditionnel sur la littérature dont Picard, dans son pamphlet, allait se faire le plus clair des défenseurs.

Rien n'y fit, cependant. Dans la polémique qui s'engagea, la majeure partie de l'opinion et de la presse prit le parti de Raymond Picard. Barthes se retrouva du coup marginalisé. Quelques années seulement après les violents débats sur le nouveau roman, la critique se retrouvait du coup sur la sellette, engagée dans une sorte de nouvelle *« querelle des Anciens et des Modernes »*.

La réponse de Barthes aux attaques dont il avait été l'objet prit la forme d'un petit ouvrage publié en 1966 : *Critique et vérité*. Analysant avec un talent égal à celui qu'il avait déployé dans *Mythologies* les reproches qui lui avaient été adressés, Barthes s'attachait à montrer que si la démarche de la « nouvelle critique » avait choqué, c'est que celle-ci se refusait à se soumettre à un *« vraisemblable critique »* qui n'est en fait que l'autre nom de cette doxa, de cette idéologie, de cette opinion commune dont Barthes a fait son plus constant adversaire. Autrement dit, le seul crime de la « nouvelle critique » était de se refuser à parler le langage bien particulier d'une « critique universitaire » qui, en toute naïveté, était présenté comme le seul langage critique possible.

Les partisans de Picard reprochaient à la nouvelle critique de ne respecter ni les règles de l'objectivité, ni celles du goût, ni celles, enfin, de la clarté. Mais, répliquait Barthes, l'objectivité n'est rien d'autre que le nom dont la critique affuble ses propres partis pris de lecture. Le goût, quant à lui, est l'alibi commode d'une censure qui s'exerce sur la vérité sexuelle dont un texte est le lieu. Quant à la clarté, enfin — attribut par excellence du mythique *« bien écrire »* français — elle n'est qu'un code rhétorique parmi les autres : celui de la bourgeoisie.

Se soumettre aux pseudo-impératifs de cette triade éthique que sont l'objectivité, le goût et la clarté revient donc en fait à interdire à la critique d'explorer d'autre voie que celle extrêmement pauvre et limitée qui consiste à ne pas s'autoriser d'autre lecture qu'exclusivement littérale des textes. Or, tout le pari de la « nouvelle critique » est justement de se refuser à cette sorte d'enfermement et d'intimidation pour ouvrir l'œuvre littéraire à la multiplicité de ses significations potentielles.

Ce pari de la « nouvelle critique », Barthes s'attache à l'expliciter dans la seconde partie de son texte. Il écrit que, de la crise du commentaire qui se manifeste à l'époque, doit émerger une nouvelle manière de concevoir le discours critique :

> **« ... le critique devient à son tour écrivain [...]. Si la critique nouvelle a quelque réalité, elle est là : non dans l'unité de ses méthodes, encore moins dans le snobisme qui, dit-on commodément, la soutient, mais dans la solitude de l'acte critique, affirmé désormais, loin des alibis de la science ou des institutions, comme un acte de pleine écriture. Autrefois séparés par le mythe usé du "*superbe créateur et de l'humble serviteur, tous deux nécessaires, chacun à leur place, etc.*", l'écrivain et le critique se rejoignent dans la même condition difficile, face au même objet : le langage. »**

Le critique se découvre donc écrivain. Ni simple lecteur ni détenteur d'une hypothétique science du texte, il produit à son tour du sens, prolonge et propage en quelque sorte l'œuvre, donnant de ce fait naissance à une œuvre nouvelle.

Au terme de *Critique et vérité,* Barthes confirme donc ses positions de *Sur Racine.* Ni lui, ni Picard, comme l'on pouvait s'y attendre, n'ont changé d'avis. Nouvelle et ancienne critique restent face à face.

Après la « nouvelle critique »

Depuis la querelle du *Sur Racine,* beaucoup d'eau a coulé sous les ponts de la critique littéraire. Et selon la loi énoncée autrefois par Proust, les paradoxes d'hier sont devenus les préjugés d'aujourd'hui. Ou plus exactement, les paradoxes d'avant-hier ont été les préjugés d'hier.

En effet, les années 1970 ont, dans une large mesure, consacré la victoire de la « nouvelle critique ». Ses représentants ont souvent connu une incontestable consécration universitaire. Il a fallu à tous reconnaître l'indéniable dimension intellectuelle de ces grands ouvrages que sont, par exemple, *L'Univers imaginaire de Mallarmé* de Jean-Pierre Richard, ou encore *Jean-Jacques Rousseau : la Transparence et l'Obstacle* de Jean Starobinski. Quant à Roland Barthes, son nom s'est rapidement inscrit au zénith de la pensée française contemporaine. A tel point d'ailleurs, qu'aujourd'hui, dans les universités britanniques et plus encore sur les campus américains, son œuvre est davantage étudiée que le théâtre de Racine lui-même.

Le triomphe, en un sens, a été entier et a permis à l'université de ne pas s'enliser dans un langage devenu périmé et inopératoire. A cette médaille, il y eut cependant un revers : la « nouvelle critique » a perdu souvent toute la force qu'elle tirait de sa marginalité même. Une nouvelle vulgate s'est quelquefois mise en place, tout aussi répétitive que l'ancienne, où les hypothèses de la psychanalyse ou le jargon de la poétique ponctuent les textes de manière aussi rébarbative et convenue qu'autrefois les mises au point biographiques ou les pures paraphrases littérales.

Les représentants de la « nouvelle critique » ont été les premiers à percevoir le risque qu'ils couraient et à s'engager, quand le besoin s'en faisait sentir, dans d'autres voies. Ainsi, Barthes qui, peu de temps après sa polémique avec Picard, délaissait progressivement son rêve d'une science de la littérature pour s'abandonner au *« plaisir du texte »* et s'engager dans une voie plus personnelle, celle qui le mènera à deux de ses meilleurs livres : *Roland Barthes par Roland Barthes* et *Fragments d'un discours amoureux*.

Plus significative encore est la trajectoire de deux écrivains qui appartiennent à ce que l'on pourrait nommer la seconde génération de la « nouvelle critique » : Julia Kristeva et Tzvetan Todorov. Les années 60 et 70 avaient été pour eux le temps des ambitieuses constructions théoriques d'inspiration structuraliste : *La Révolution du langage poétique* ou *Poétique de la prose.* Le tournant des années 80 — si important à tous égards pour la pensée française — les a vu abandonner le rêve d'un système pour s'engager dans l'écriture de textes plus fragmentaires dans leur objet et moins totalisateurs dans leurs ambitions : ainsi *Soleil noir* de Julia Kristeva ou *Nous et les autres* de Todorov. Il ne s'agit pas de régression, mais bien plutôt de nouveau départ, de recommencement dans ces textes qui, de manière passionnante et éclatée, composent peut-être un peu du visage de la « *nouvelle nouvelle critique* » à venir.

REPÈRES

Pierre Brunel, Daniel Madelénat, Jean-Michel Glicksohn, Daniel Couty, *La Critique littéraire,* (Que sais-je ?) PUF, 1984.

Jean-Yves Tadié, *La Critique littéraire au XXe siècle,* Belfond, 1987.

Roland Barthes, *Sur Racine,* (Points) Seuil, 1963.
Critique et vérité, Seuil, 1966.

Raymond Picard, *Nouvelle critique ou nouvelle imposture,* Pauvert, 1965.

Tzvetan Todorov, *Critique de la critique : un roman d'apprentissage,* Seuil, 1984.

Nouvelle histoire

La nouvelle histoire est un mouvement intellectuel propre à la discipline historique et qui visait au renouvellement total des méthodes utilisées par celle-ci.

Née en 1929 de la fondation, par Marc Bloch et Lucien Febvre, de la revue Les Annales, *la nouvelle histoire consiste essentiellement dans le refus de la stricte histoire événementielle. Rejetant la « fallacieuse illusion » des faits, elle cherche avec Braudel à saisir le temps de l'histoire dans toute sa complexité et toute son amplitude. Ouvrant de nouveaux territoires pour l'historien, elle a obligé la discipline historique à une métamorphose certes discutée mais au total positive.*

L'Ecole des *Annales*

En janvier 1929, deux historiens, le médiéviste Marc Bloch et le moderniste Lucien Febvre fondaient à Strasbourg la revue *Les Annales d'histoire économique et sociale.* Leur volonté, telle qu'ils l'exprimaient d'entrée, n'était pas simplement d'ajouter un titre à la longue liste des publications historiques. Il s'agissait, à partir des *Annales,* de forcer la discipline historique à un renouvellement total de ses méthodes. Il s'agissait de l'ouvrir à la diversité du savoir et du monde, en un mot, de la faire sortir du cercle confortable et fastidieux dans lequel elle avait tendance à s'assoupir. L'accent était tout particulièrement mis sur la nécessité d'une interdisciplinarité qui permettrait un dialogue nouveau et fécond entre historiens et représentants des sciences humaines. Lucien Febvre, à ce propos, déclarait :

> **« Tandis qu'aux documents du passé les historiens appliquent leurs bonnes vieilles méthodes éprouvées, des hommes de plus en plus nombreux consacrent, non sans fièvre parfois, leur activité à l'étude des sociétés et des**

économies contemporaines... Rien de mieux, bien entendu, si chacun, pratiquant une spécialisation légitime, cultivant laborieusement son jardin, s'efforçait néanmoins de suivre l'œuvre du voisin. Mais les murs sont si hauts que bien souvent ils bouchent la vue. Que de suggestions précieuses, cependant, sur la méthode et sur l'interprétation des faits, quels gains de culture, quel progrès dans l'intuition naîtraient entre ces divers groupes, d'échanges intellectuels plus fréquents ! L'avenir de l'histoire... est à ce prix, et aussi la juste intelligence des faits qui demain seront l'histoire. »

Ainsi naquit, l'école des *Annales* que l'on ne nommerait que quelques années plus tard — pour sacrifier à ce que Valéry nommait la « néomanie » de notre temps? — la *« nouvelle histoire »*. Son objet était donc, dès l'origine, de favoriser, par l'interdisciplinarité notamment, le renouvellement et le développement de la discipline historique. Une impulsion décisive était ainsi donnée par Febvre et Bloch, initiant par là-même un des plus importants mouvements de la culture contemporaine.

La fallacieuse illusion des faits : le refus de l'histoire événementielle

Comment définir celui-ci?

La « nouvelle histoire » se caractérise d'abord par une méfiance inédite à l'égard de ce que Fernand Braudel — le principal héritier de Bloch et surtout de Febvre — nommera la *« fallacieuse illusion »* des faits.

La proposition peut surprendre. Les faits ne sont-ils pas le matériau obligé de l'historien? A l'origine même — et tout particulièrement chez les chroniqueurs médiévaux ou les mémorialistes du XVIIe siècle — l'histoire ne se donnait pas d'autre ambition que la pure collection des faits. Il fallut attendre le XVIIIe siècle avec notamment Montesquieu, Voltaire ou Gibbon pour que, prenant avec les faits purs une certaine distance, les historiens s'aventurent à expliquer le cours des événements, à tracer des cadres plus généraux dans lesquels l'histoire humaine semblait presque dotée d'un sens général. Au XIXe siècle, les philosophes — avec Hegel et Marx au premier rang d'entre eux — s'engagèrent plus loin sur cette voie, découvrant derrière le désordre des actes humains l'ordre inflexible d'un devenir. Cependant, la discipline historique en tant que telle, au XXe siècle, se caractérisait encore largement par la volonté de rendre compte, de la manière la plus objective et la plus scientifique, des faits dont était tissé le passé des sociétés humaines. Envisagée dans cette perspective, l'histoire se réduisait à une succession d'événements célèbres — batailles, traités, révolutions..., à un défilé de figures prestigieuses — monarques, militaires, hommes politiques...

Contre cette manière de rendre compte du passé, la « nouvelle histoire » réagit. Pourquoi ce refus de l'événementiel ? Fernand Braudel s'en explique dans sa leçon inaugurale au Collège de France en 1950 :

> **« La vie, l'histoire du monde, toutes les histoires particulières se présentent à nous sous la forme d'une série d'événements : entendez d'actes toujours dramatiques et brefs. Une bataille, une rencontre d'hommes d'Etat, un discours important, une lettre capitale, sont des instantanés d'histoire. J'ai gardé le souvenir, une nuit, près de Bahia, d'avoir été enveloppé par un feu d'artifices de lucioles phosphorescentes; leurs lumières pâles éclataient, s'éteignaient, brillaient à nouveau, sans trouer la nuit de vraies clartés. Ainsi les événements : au-delà de leur lueur, l'obscurité reste victorieuse... »**

Et l'histoire événementielle en elle-même, poursuit Braudel, est déjà une interprétation mais qui ne se présente pas comme telle :

> **« Des lueurs, mais sans clarté; des faits, mais sans humanité. Notez que cette histoire-récit a toujours la prétention de dire "les choses comme elles se sont réellement passées"... En réalité, elle se présente comme une interprétation, à sa manière sournoise, comme une authentique philosophie de l'histoire. Pour elle, la vie des hommes est dominée par des accidents dramatiques;**

par le jeu des êtres exceptionnels qui y surgissent, maîtres souvent de leur destin et plus encore du nôtre. Et, lorsqu'elle parle d'"histoire générale", c'est finalement à l'entrecroisement de ces destins exceptionnels qu'elle pense, car il faut bien que chaque héros compte avec un autre héros. Fallacieuse illusion, nous le savons tous. »

Il faut, affirme Braudel et avec lui toute la nouvelle histoire, se garder de céder à la trompeuse fascination du « feu d'artifice » de l'événementiel. Sans doute, c'est sous ce visage que l'histoire, pour nous séduire, se présente. Mais l'anecdote n'est pas l'histoire, elle n'en est que l'étincelle éphémère et visible. Prétendre réduire l'histoire à sa face événementielle revient à gravement mutiler celle-ci, à n'en proposer qu'une infime partie qu'indûment on présente comme étant le tout.

Les temps étagés de la nouvelle histoire

Mais, si l'événement n'est pas l'histoire, ou du moins n'est pas toute l'histoire, quels sont les nouveaux territoires dont l'historien doit faire le champ de ses investigations ?

C'est à Fernand Braudel, là encore, qu'on empruntera la réponse à cette question, et plus précisément à la préface de son premier grand livre : *La Méditerranée et le monde méditerranéen à l'époque de Philippe II* (1949). Le modèle qui s'y trouve présenté n'engage bien entendu nul autre historien que son auteur. Cependant, mieux qu'aucun autre peut-être, il permet d'éclairer le bouleversement méthodologique radical dont la nouvelle histoire fut le lieu.

La thèse de Braudel est simple et irréfutable : le temps de l'histoire n'est pas un, il est multiple. Braudel le réaffirmera en 1950, déclarant de l'histoire :

« ... ce sont des mouvements qui n'ont ni la même durée, ni la même direction, les uns qui s'intègrent dans le temps des hommes, celui de notre vie brève et fugitive,

les autres dans ce temps des sociétés pour qui une journée, une année ne signifient pas grand-chose, pour qui, parfois, un siècle entier n'est qu'un instant de la durée. Entendons-nous : il n'y a pas un temps social d'une seule et simple coulée, mais un temps social à mille vitesses, à mille lenteurs qui n'ont presque rien à voir avec le temps journalistique de la chronique et de l'histoire traditionnelle. Je crois ainsi à la réalité d'une histoire particulièrement lente des civilisations, dans leurs traits structuraux et géographiques. »

Telle est la vision du temps qui présida à la conception de la thèse consacrée par Braudel à la Méditerranée à l'époque de Philippe II. Pour saisir véritablement son objet, l'historien doit se situer sur chacun des plans superposés du temps qui, dans leur réunion, composent l'histoire. Ces plans superposés, Braudel les présente comme étant au nombre de trois : le « temps géographique », le « temps social » et le « temps individuel ».

D'abord, le « plan » le plus profond est celui du « temps géographique » : il constitue une « histoire quasi immobile », *« celle de l'homme dans ses rapports avec le milieu qui l'entoure; une histoire lente à couler et à se transformer, faite bien souvent de retours insistants, de cycles sans fin recommencés »*.

Ensuite, on découvre le niveau intermédiaire : il est celui d'*« une histoire lentement rythmée, on dirait volontiers, si l'expression n'avait été détournée de son sens plein, une histoire sociale, celle des groupes et des groupements »*.

Enfin, superposée aux deux précédentes, se situe « l'histoire traditionnelle », « l'histoire événementielle » : *« une agitation de surface, les vagues que les marées soulèvent sur leur puissant mouvement. Une histoire à oscillations brèves, rapides, nerveuses. Ultrasensible par définition »*.

Telle est l'histoire étagée que s'attache à décrire Braudel. Et pour reprendre une métaphore qui traverse tous ses textes, on pourrait la présenter comme une sorte de profond et complexe océan où, aux fonds immobiles et obscurs, s'ajouteraient de moins inaccessibles courants maritimes et enfin la surface même avec ses remous et ses vagues. L'entreprise de Braudel et celle de la nouvelle histoire, si on voulait les définir à partir de cette métaphore, consisterait en une plongée en deçà de la surface de l'histoire événementielle pour s'engager dans l'exploration des profondeurs mêmes du temps. Non pas d'ailleurs par simple goût de ce qui est dissimulé, mais aussi parce que l'on ne se donne une chance de comprendre la surface miroitante et changeante du flot qu'en étudiant les courants plus complexes qui, en profondeur, la commandent.

De nouveaux territoires pour l'historien

Concrètement, sur quoi le modèle braudelien débouche-t-il dans l'ordre du travail historique ?

Puisque le temps de l'histoire n'est pas un mais multiple, la tâche de l'historien doit être de tourner ses regards vers ses dimensions jusqu'alors inexplorées. L'historien doit cesser de consacrer exclusivement ses travaux à la surface du temps. Il doit aller vers un refus, non des événements de l'histoire mais d'une histoire qui ne serait que l'histoire des événement. Délaissant un instant la relation du politique, le goût du spectaculaire, il doit s'intéresser à tout ce que l'histoire antérieure négligeait et laissait dans l'ombre : l'économie, la démographie, l'histoire des sciences et des techniques, l'évolution des mentalités, l'histoire des rapports avec le milieu naturel, l'histoire également de tous les hommes qui — paysans, ouvriers... — n'avaient jamais laissé de nom dans l'histoire. C'est pourquoi l'historien n'a plus d'autre choix que de se faire géographe, économiste, sociologue, historien de l'art. Pour saisir le temps dans sa profondeur, pour embrasser le passé dans sa totalité, il lui faut faire sauter les cloisons qui lui interdisaient l'accès aux autres disciplines du savoir. Doté de ce bagage intellectuel nouveau et plus large, il lui sera possible de construire une histoire qui ne sera plus seulement l'histoire des batailles, des guerres et des traités.

Un bilan

Tel était donc le programme que la nouvelle histoire s'était tracé. Et s'il fallait aujourd'hui dresser un bilan, celui-ci ne pourrait être que largement positif.

Grâce à la véritable libération qu'a signifié la nouvelle histoire, notre culture historique s'est, au cours de ces dernières années, considérablement agrandie. La liste serait trop longue à dérouler des ouvrages de Georges Duby, Emmanuel Le Roy Ladurie, Philippe Ariès ou Jacques Le Goff qui nous ont découvert des pans entiers d'un passé perdu.

Marginale, dissidente à ses débuts, la nouvelle histoire s'est aujourd'hui imposée à un point tel qu'on en est arrivé à quelquefois critiquer son ambition hégémonique. L'Université, en France, et souvent à l'étranger, s'est ralliée à ses méthodes — et ceci à tel point que l'école française constitue aujourd'hui pour nombre d'historiens anglais ou américains un prestigieux et incontestable modèle. L'enseignement même de l'histoire à l'école s'est trouvé modifié par les apports de Braudel — qui est l'auteur d'un manuel scolaire — et de ses disciples : on abandonna progressivement un enseignement qui ne consistait qu'à aligner des images d'Epinal — le baptême de Clovis, le martyr de Jeanne d'Arc, le pont d'Arcole... — pour amener les jeunes élèves à comprendre le devenir véritable des civilisations en portant plus d'attention au sort des paysans du Moyen Age ou des ouvriers du XIXe siècle.

La nouvelle histoire, certes, a été critiquée. Certains intellectuels lui ont reproché sa volonté d'annexer à son profit toutes les sciences de l'homme : poussée jusqu'à ses plus extrêmes conclusions, la volonté d'interdisciplinarité manifestée dès le départ par Febvre et Bloch aurait pu aboutir à une sorte de synthèse totalitaire du savoir. Tout est histoire, l'histoire est le tout. Tel pourrait bien être le dernier discours idéologique de notre temps, nous met en garde Michel Serres dans *Le Passage du Nord-Ouest*.

Sur un tout autre terrain, on a souligné le danger qu'il pouvait y avoir à modifier de manière excessive l'enseignement de l'histoire à l'école. Certes, l'histoire événementielle n'est pas toute l'histoire, mais les enfants aiment les faits et ils ont besoin de récits. Les programmes inspirés des méthodes de la nouvelle histoire, en confrontant les élèves avec les problèmes de la « longue durée », leur ont souvent fait perdre de vue les éléments les plus simples de la chronologie. On n'ignore plus rien de la vie des paysans au Moyen Age mais on ignore tout le reste et, à la limite — c'est du moins la thèse catastrophiste que colportent certains — on finit par se demander si, dans l'histoire de France, Napoléon vient avant ou après la Révolution.

Enfin, on peut se demander si, positif hier, le refus de l'événementiel ne risque pas de devenir un obstacle aujourd'hui au développement de la culture historique quand elle devient un dogme. L'événement fait partie intégrante de l'histoire et, maintenant qu'il a perdu la place excessive qu'il occupait hier, il convient de le réintégrer dans le champ de la recherche historique. Telle est d'ailleurs la voie dans laquelle se sont engagés aujourd'hui les plus grands des nouveaux historiens qui, après une plongée nécessaire dans les profondeurs de l'histoire, remontent au soleil de l'histoire événementielle riches d'une intelligence plus grande des éléments denses et complexes qui la commandent.

Braudel : l'histoire en 1950

Lors de sa leçon inaugurale au Collège de France faite le 1er décembre 1950, Fernand Braudel dresse un bilan de l'histoire au lendemain du choc de la Seconde Guerre mondiale. Le texte figure en tête des *Ecrits pour l'histoire :*

> **« L'histoire se trouve, aujourd'hui, devant des responsabilités redoutables, mais aussi exaltantes. Sans doute parce qu'elle n'a jamais cessé, dans son être et dans ses changements, de dépendre de conditions sociales concrètes. "L'histoire est fille de son temps." Son inquiétude est donc l'inquiétude même qui pèse sur nos cœurs et nos esprits. Et si ses méthodes, ses programmes, ses réponses les plus serrées et**

les plus sûres hier, si ses concepts craquent tous à la fois, c'est sous le poids de nos réflexions, de notre travail et, plus encore, de nos expériences vécues. Or ces expériences, durant ces quarante dernières années, ont été particulièrement cruelles pour tous les hommes; elles nous ont rejetés, avec violence, vers le plus profond de nous-mêmes et, par-delà, vers le destin d'ensemble des hommes, c'est-à-dire vers les problèmes cruciaux de l'histoire. Occasion de nous apitoyer, de souffrir, de penser, de remettre forcément tout en question. D'ailleurs, pourquoi l'art fragile d'écrire l'histoire échapperait-il à la crise générale de notre époque? Nous abandonnons un monde sans avoir toujours eu le temps de connaître ou même d'apprécier ses bienfaits, ses erreurs, ses certitudes et ses rêves — dirons-nous le monde du premier XXe siècle? Nous le quittons, ou, plutôt, il se dérobe, inexorablement, devant nous. »

REPÈRES

Fernand Braudel, *Ecrits sur l'histoire*, (Champs) Flammarion, 1969.

Faire de l'histoire (sous la direction de Jacques Le Goff et Pierre Nora), (Folio Histoire) Gallimard, 1974

François Dosse, *L'Histoire en miettes, des « Annales » à la « Nouvelle histoire »*, La Découverte, 1987

▶ **Histoire.**

Politique

La politique — du grec politeia *— est, selon la définition de Julien Freund,* « l'activité sociale qui se propose d'assurer par la force, généralement fondée sur le droit, la sécurité extérieure et la concorde intérieure d'une unité politique particulière en garantissant l'ordre au milieu de luttes qui naissent de la diversité et de la divergence des opinions et des intérêts ».

Au-delà de cette définition globale, philosophie et sociologie politiques ont cherché à mettre en place une grille d'analyse qui permettrait de rendre compte de la diversité des systèmes politiques. On retiendra ici les typologies élaborées par Aristote, Montesquieu et Raymond Aron.

Histoire d'un mot

Le terme « politique » nous vient du grec *politeia.* Dans son ouvrage *Droit naturel et histoire,* Léo Strauss s'interroge longuement sur la signification de ce mot qui est au cœur de toute la réflexion classique sur la meilleure organisation possible de la société. Il refuse les traductions trop juridiques de ce terme qui feraient de celui-ci un simple synonyme de « lois » ou de « constitution ». Il faut entendre, selon lui, le mot « politeia » dans un sens plus large :

> **« La *politeia* est plutôt le genre de vie d'une société que sa constitution. Pourtant ce n'est pas par hasard que la traduction inexacte de "constitution" est en général préférée à celle de "façon de vivre". Parler de constitution revient à discuter du gouvernement; or on n'y vient pas nécessairement lorsqu'on parle des façons de vivre d'une communauté. Par *politeia* les classiques entendaient la façon de vivre d'une communauté pour autant qu'elle est déterminée par sa "forme de gouvernement". Nous traduirons donc *politeia* par "régime", en prenant ce mot au sens large comme dans l'expression "Ancien Régime". »**

Comme très souvent l'étymologie nous mène droit à l'essentiel. Le mot de « politique » peut, dans les langues modernes, renvoyer à des significations bien diverses mais ce qui compte en lui et que nous rappelle son origine grecque est qu'il désigne les règles que s'impose à elle-même une collectivité et qui déterminent l'existence des individus qui y vivent. On rejoint la définition que formule Raymond Aron au tout début de *Démocratie et totalitarisme* :

> **« La politique, c'est d'abord la traduction du terme grec *politeia*. La politique, c'est par essence ce que les Grecs appelaient le régime de la cité, c'est-à-dire le mode d'organisation du commandement considéré comme caractéristique du mode d'organisation de la collectivité tout entière. »**

Définition d'un mot

Pour saisir véritablement la nature de la politique, il est nécessaire d'aller plus loin que cette seule et rapide enquête étymologique. Le philosophe Julien Freund peut nous y aider qui, dans son ouvrage *Qu'est-ce que la politique ?*, définit le terme ainsi :

> **« La (politique) est [...] l'activité sociale qui se propose d'assurer par la force, généralement fondée sur le droit, la sécurité extérieure et la concorde intérieure d'une unité politique particulière en garantissant l'ordre au milieu de luttes qui naissent de la diversité et de la divergence des opinions et des intérêts. »**

En cette définition dense, rigoureuse et synthétique, l'essentiel est dit.

Par la force obligatoirement, par le droit éventuellement, le but avoué du politique est d'abord présenté comme la sauvegarde de la collectivité qui peut être menacée de l'intérieur comme de l'extérieur. De l'intérieur, par le jeu des intérêts contradictoires qui, s'il n'était pas encadré et régulé, risquerait de dégénérer en guerre civile et de mener à l'éclatement de la société. De l'extérieur, à cause de la menace que fait inévitablement planer sur toute collectivité l'existence de voisins dont les visées peuvent être hégémoniques. On retrouve ici l'une des thèses les plus classiques de la philosophie politique. Elle fut notamment illustrée par l'anglais Hobbes qui, dans *Le Léviathan,* montre que c'est par goût de la sécurité et pour échapper à la « guerre perpétuelle » que les hommes s'assemblent en société. Tel est donc le but essentiel qui définit la politique.

Celui-ci peut s'accompagner de visées plus ambitieuses. A leurs risques et périls, les politiques peuvent rêver d'offrir aux hommes, en plus de la sécurité, le bonheur, en sus de la paix, la félicité. Cependant, ce faisant, ils sortent du champ strict qui définit la politique car, comme le déclare Leibniz que cite Freund :

> **« Ma définition de l'Etat ou de ce que chez les Latins on appelle *Respublica* est : que c'est une grande société dont le but est la sûreté commune. Il serait à souhaiter qu'on pût procurer aux hommes quelque chose de plus que la sûreté, à savoir le bonheur, et l'on doit s'y appliquer, mais du moins la sûreté est essentielle, et sans cela le bien cesse. »**

Les différents régimes politiques

Par sa puissance, sa généralité, la définition de Julien Freund englobe tous les régimes politiques. Il ne saurait cependant être question d'en conclure qu'ils sont tous identiques. S'ils se proposent tous en principe de parvenir aux mêmes fins, les chemins qu'ils empruntent sont tellement divergents qu'il rendent obligatoire une typologie des régimes politiques qui mette en évidence ce qui les distingue sans retour.

Philosophie et sociologie politiques, dans des perspectives différentes, se sont toujours attachées à mettre en place une telle typologie qui permettrait de mettre un peu d'ordre dans la diversité des systèmes politiques.

La plus ancienne et la plus célèbre de ces tentatives est celle du philosophe grec Aristote. Retenant comme critère essentiel de classification le nombre des détenteurs du pouvoir, il distingue la royauté où un seul règne, l'aristocratie où le pouvoir appartient à un groupe limité au sein de la société, la république enfin où le pouvoir est celui de tous. Mais pour rendre compte véritablement de la nature de ces différents systèmes, il est nécessaire aux yeux d'Aristote, d'aller encore plus loin.

Chaque régime, en effet, est susceptible de fonctionner de manière saine et corrompue : la monarchie peut dégénérer en tyrannie, l'aristocratie en oligarchie, la république enfin en démocratie étant entendu que la démocratie est pour Aristote un système dangereux. Au total, et ainsi qu'il s'en explique dans le chapitre IX de *La Politique,* Aristote distingue donc six formes de régimes en combinant deux critères de classification : le nombre des détenteurs du pouvoir et le caractère juste ou injuste du gouvernement :

> **« Le gouvernement est l'exercice du pouvoir suprême dans l'Etat. Ce pouvoir ne saurait être qu'entre les mains soit d'un seul, soit du moindre nombre, soit du plus grand nombre de personnes. Quand le monarque, le petit nombre ou le plus grand ne cherchent, les uns ou les autres, que le bonheur général, le gouvernement est nécessairement juste. Mais s'il vise à l'intérêt particulier du prince ou des autres chefs, c'est une déviation. L'intérêt doit être commun à tous ou, s'il ne l'est pas, ce ne sont plus des citoyens. »**

La classification que propose au XVIIIe siècle Montesquieu est à la fois plus simple et plus complexe. Plus simple en cela qu'elle distingue trois et non plus six régimes différents : la république, la monarchie et le despotisme. Montesquieu s'en explique au chapitre Ier du Livre II de *L'Esprit des lois :*

> **« Il y a trois espèces de gouvernements; le REPUBLICAIN, le MONARCHIQUE, et le DESPOTIQUE. Pour en découvrir la nature, il suffit de l'idée qu'en ont les**

hommes les moins instruits. Je suppose trois définitions, ou plutôt trois faits : l'un, que *le gouvernement républicain est celui où le peuple en corps, ou seulement une partie du peuple, a la souveraine puissance; le monarchique, celui où un seul gouverne, mais par des lois fixes et établies; au lieu que, dans le despotique, un seul, sans loi et sans règle, entraîne tout par sa volonté et par ses caprices.* »

Proche en cela d'Aristote, Montesquieu combine donc pour les appliquer aux régimes de son temps des critères très similaires de classification. Mais — et c'est en cela que la typologie de Montesquieu est plus complexe également — il associe à chaque régime un principe qu'il définit comme *« ce qui le fait agir » :* le principe de la république est la « vertu (le sens civique) », celui de la monarchie l'honneur, celui de la tyrannie enfin la crainte. Nécessaires au bon fonctionnement de chacun de ces régimes, ces principes sont les sentiments qui doivent prévaloir en eux.

Plus près de nous, Raymond Aron, dans *Démocratie et totalitarisme,* s'est essayé à mettre en place une classification qui, inspirée de ces prestigieux modèles, vaudrait pour le monde moderne. Il retient comme caractéristique essentielle des régimes politiques d'aujourd'hui *« la modalité d'organisation de la lutte partisane »* et plus précisément *« l'unité ou la pluralité des partis ».* Du coup, il en vient à opposer *« les régimes pluralistes »,* dans lesquels s'affrontent pour le pouvoir des partis multiples, aux *« régimes de parti monopolistique »* où règne sans partage un parti unique. Cherchant à mettre en évidence, à l'image de Montesquieu, les principes propres à chaque régime, il retient pour le système pluraliste *« le respect de la légalité »* et *« le sens du compromis »* et pour le système monopolistique *« la foi »* et *« la peur ».*

On constatera sans difficulté que, dans chacune de ces classifications, le jugement de fait ne se distingue pas clairement du jugement de valeur; les auteurs décrivent les systèmes de leur temps mais ils les jugent également, distinguant — et même dans le cas de

Rayond Aron — les régimes justes des régimes condamnables : soulignant les dérives néfastes de chaque régime, Aristote plaide en fait pour un système tempéré qui serait celui du juste milieu; mettant en accusation le despotisme, Montesquieu critique de manière détournée la monarchie absolue française; quant à Raymond Aron, s'il entend faire œuvre de sociologue, il ne fait aucun doute que son analyse est à la fois éloge de la démocratie et dénonciation du totalitarisme. Toute description du politique est aussi prise de position politique.

REPÈRES

Aristote, *La Politique,* (Médiations) Denoël.
Raymond Aron, *Démocratie et totalitarisme,* (Folio Essais) Gallimard, 1965.
Philippe Bénéton, *Introduction à la politique moderne,* (Pluriel) Hachette, 1987.
Julien Freund, *Qu'est-ce que la politique?,* (Points Politique) Seuil, 1965.
Léo Strauss, *Droit naturel et histoire,* (Champs) Flammarion, 1953.

► **Démocratie, Etat, Libéralisme, Totalitarisme.**

Politique (bipolarisation)

La bipolarisation est la tendance que manifestent les forces politiques à se regrouper autour de deux pôles opposés : la droite et la gauche.

Nées en France lors de la Révolution française, les notions de droite et de gauche ont acquis une valeur quasi universelle. Pourtant, elles restent des notions floues et contestées. Personne ne semble en mesure d'en proposer une véritable définition et nombreux sont ceux qui contestent l'existence même d'un tel clivage. Force est cependant de constater que la vie politique s'articule encore largement autour de cette opposition droite-gauche dont on ira chercher chez le romancier Roger Vailland l'une des formulations possibles.

Droite et gauche

En France comme à l'étranger, on a coutume d'aborder le paysage politique national et international en distribuant ses acteurs sur un éventail qui se déploie de droite à gauche. Entre ces deux pôles symboliques se laisseraient inscrire, dans le domainc du politique, tous les débats, tous les individus, tous les partis, toutes les convictions. Droite ou gauche ? Telle serait en somme l'alternative unique et répétitive à laquelle devraient se ramener et se réduire tous les conflits politiques aussi complexes et variés qu'ils puissent sembler en apparence. Ainsi que le déclare René Rémond dans son ouvrage *Les droites en France* :

> **« Droite..., gauche... La pulsation de ces deux termes, indissolublement liés par leur opposition, *rythme* de son temps toute l'histoire politique de la France contemporaine. [...] L'obsédant martèlement de ces deux vocables jumeaux scande 150 années de luttes politiques. [...] La division traditionnelle de l'esprit public en deux grandes tendances contraires reste aujourd'hui la clé qui ouvre l'intelligence de notre histoire récente; elle**

égare, cette histoire sombre, dans l'incohérence arbitraire d'un désordre fortuit. »

Cette opposition, ainsi que le laissait entendre dans la citation qui précède René Rémond, ne date pas d'hier. L'origine serait à en chercher dans les débats qui présidèrent à l'établissement de la première constitution française, celle de septembre 1791. La question se posait pour les révolutionnaires français de savoir s'il convenait, dans le nouveau système politique, de laisser ou non au monarque le droit de veto illimité sur les lois qui seraient votées. A l'issue de la séance du 28 août 1789, ainsi que le relatent Philippe Buchez et l'abbé Pierre Roux-Lavergne dans leur *Histoire parlementaire de la Révolution française,* les partisans du droit de veto et les adversaires de celui-ci se séparèrent en deux camps, les premiers — favorables au roi — se rangèrent à droite du président de l'assemblée constituante et les seconds — hostiles au pouvoir monarchique — à la gauche de celui-ci.

Les notions de droite et de gauche, ainsi, étaient nées qui, en France mais aussi bien à travers le monde entier, à quelques variations locales près, allaient permettre aux hommes politiques et aux citoyens de se définir, de se désigner et de se reconnaître.

Le succès de ces deux termes mérite qu'on s'interroge un instant à leur sujet : la droite et la gauche ne constituent-elles qu'un acccident de l'histoire révolutionnaire française qui aurait, par miracle ou par hasard, imprégné de manière universelle notre vision du politique ? A l'inverse, faudrait-il lire derrière ces deux termes comme deux tendances fondamentales de la nature humaine qui se retrouveraient et s'affronteraient à toutes les époques et dans tous les pays ?

Des notions floues

Il faut commencer par reconnaître que, ainsi que le démontre avec brio Guy Rossi-Landi dans *Le Chassé-croisé,* rien n'est plus difficile que de prétendre définir ces deux termes. Pour essayer, en effet, de s'y retrouver dans ce paysage politique pourtant simple en apparence, il n'est possible de se fier ni aux savantes analyses de la science politique, ni aux ambitieuses synthèses des idéologues, ni même aux discours des politiciens eux-mêmes.

La première raison de ce brouillage généralisé est à chercher dans le fait que les notions de droite et de gauche avant d'être susceptibles d'une analyse neutre et objective, sont d'abord polémiques. Dans la lutte politique, elles fonctionnent moins comme des étiquettes que comme des étendards. Ainsi, se dire de droite ou se proclamer de gauche consiste moins à se placer calmement sur l'échiquier politique qu'à essayer de s'approprier une forme de légitimité politique en s'inscrivant dans une sorte de continuité historique.

Et la distance peut être énorme entre le discours que l'on tient sur soi-même et la réalité de ses positions. Pendant longtemps par exemple, il ne s'est pas trouvé un seul homme politique de droite pour revendiquer cette appellation jugée alors péjorative : *« modéré »*, *« libéral »*, *« gaulliste » :* tels étaient quelques-uns des euphémismes qui évitaient alors de se classer à droite. Il aura fallu attendre Jean-Marie Le Pen pour trouver enfin un homme politique qui ose se proclamer de droite et ceci sans doute pour dissimuler qu'il était en réalité d'une droite plus extrême que celle à laquelle il prétendait appartenir.

A défaut de pouvoir s'en remettre avec confiance aux discours des acteurs politiques eux-mêmes, peut-on espérer distinguer la droite et la gauche sur la base de critères sociologiques simples ? La réponse ici est encore largement négative. L'image classique qui consiste à opposer une France de droite — celle des riches, des bourgeois, des catholiques et des personnes âgées — à une France de gauche — celle des pauvres, des ouvriers, des athées et des jeunes — est largement une caricature. Ce que nous démontre la science politique par l'étude fine des résultats électoraux, c'est que le vote — à droite ou à gauche — des électeurs est loin d'être déterminé de manière mécanique par des critères de type sociologique. A bien des égards, par exemple, le mouvement gaulliste repose sur une base électorale plus populaire que le Parti socialiste qui attire à lui les scrutins des cadres supérieurs. De même, la classe ouvrière en France se rallie aussi bien au Front National qu'au Parti communiste. Il faut, de ce fait, reconnaître qu'il est impossible d'établir un lien simple entre convictions politiques et classe sociale qui nous permettrait de poser comme une définition scientifique et objective des notions de droite et de gauche.

Est-il davantage possible d'opposer de manière claire une idéologie de droite à une idéologie de gauche ? Là encore, on voit rapidement les deux images caricaturales qu'il serait facile de dresser l'une contre l'autre. La droite se définirait d'être conservatrice, capitaliste, libérale, nationaliste, élitiste... La gauche, elle, se définirait du retournement mécanique de chacun de ces adjectifs : elle se voudrait progressiste, collectiviste, dirigiste, internationaliste, égalitariste... On ne peut évidemment s'en tenir à de tels lieux communs. Plutôt que d'opposer de manière statique des idées de droite à des idées de gauche, il faut reconnaître que droite et gauche se définissent bien davantage par le fait de puiser alternativement dans un vivier commun de convictions politiques pour constituer, à partir de celles-ci, leurs programmes opposés.

Ainsi, pour s'en tenir à deux exemples simples, il est totalement inexact historiquement de définir la droite, par opposition à la gauche, comme nationaliste et libérale. Le nationalisme, en effet, est à l'origine une idée de gauche qui naît et s'affirme avec la Révolution française et qui, en France, ne passe véritablement à droite qu'à la fin du XIXe siècle. Et encore la situation est-elle loin d'être claire aujourd'hui dans la mesure où, sur la question de l'unité européenne, on voit bien par exemple que communistes et gaullistes ont longtemps témoigné d'une même méfiance à l'égard de tout ce qui pouvait constituer une limitation de la souveraineté nationale. En ce qui concerne le libéralisme économique, il est loin de constituer comme on l'affirme l'apanage d'une droite qui, par son souci de la libre-entreprise et du capitalisme, s'opposerait au dirigisme et au collectivisme de la gauche. De Napoléon III à de Gaulle, on pourrait sans paradoxe affirmer que la droite a été en France beaucoup plus interventionniste que la gauche et que c'est elle qui a amené l'Etat à mettre en place, sous le Second Empire comme sous la Ve République, certaines des structures de l'économie nationale.

Nationalisme, libéralisme : on pourrait dans cet esprit multiplier les exemples qui nous mèneraient à cette conclusion unique : il existe moins des idées de droite et des idées de gauche que des idées qui passent de la droite à la gauche en fonction des nécessités du temps, des effets de mode, des stratégies électorales.

Des notions contestées

Est-ce à dire que les notions de droite et de gauche sont totalement vides de sens ? Certains l'ont prétendu qui visaient à proposer une sorte de dépassement de ce clivage droite-gauche qu'ils jugeaient vide, stérile et générateur de conflits politiques sans signification ?

Tel est par exemple le discours des partis centristes qui se présentent comme n'étant ni de droite ni de gauche mais situés en un lieu où il devient peut-être possible de réaliser comme une synthèse féconde entre droite et gauche. A cet égard, la position des écologistes est bien proche de celle-ci et significative de la difficulté qu'il y a à placer les partis et les individus de manière claire sur l'échiquier politique. *« Droite ne puis, gauche ne daigne, écologiste suis »* déclaraient il y a quelques années les Verts qui, tout en prétendant se situer en dehors de l'opposition droite/gauche, mobilisent un électorat de gauche au service d'idées originellement à droite.

Rejettent également l'opposition droite/gauche ceux qui bénéficient — ou croient bénéficier — d'une compétence particulière ou d'une situation privilégiée qui leur permet de se situer au-dessus des partis, de prendre de la distance, de l'altitude, vis-à-vis du monde politicien et des querelles partisanes. Technocrates convaincus de ce que la compétence n'est ni de droite ni de gauche puisqu'elle leur appartient, ou hommes politiques qui, de de Gaulle à Barre, pensent qu'en vertu de leur lucidité exceptionnelle ou de leur charisme inégalé, il leur est possible là encore de se situer au-dessus de la mêlée.

Se situer *« entre deux »* (le centre), *« en dehors »* (les écologistes) ou *« au-dessus »* (de Gaulle) : trois manières en somme de réfuter le traditionnel clivage droite/gauche et de prendre ses distances par rapport à lui comme le font d'ailleurs ces citoyens de plus en plus nombreux qui, de sondage en sondage, se refusent à se laisser classer dans les catégories traditionnelles que leur proposent les politologues.

Une incontestable réalité politique

Force est de reconnaître, cependant, que, introuvable selon les critères de l'analyse sociologique, difficile à saisir sur le plan idéologique, contesté de toutes parts, c'est bien le clivage droite/gauche qui structure la vie politique française caractérisée par l'opposition entre ces deux blocs fondamentaux que constituent partis de droite et partis de gauche.

Cette opposition, les politologues lui donnent le nom de *« bipolarisation »* et la définissent comme le regroupement des forces politiques françaises autour de deux pôles, en deux blocs, deux alliances opposées. Alors que sous la IVe République, le paysage politique se définissait par le nombre important de partis que ne liait aucun système d'alliance stable, le nouveau régime mis en place en 1958 déboucha progressivement, du fait de l'adoption du scrutin majoritaire et de l'élection du président au suffrage universel, sur la constitution de deux blocs politiques. Forces de droite et forces de gauche, réunies autour de programmes politiques clairs, s'opposaient ainsi à chaque scrutin, se disputant les votes des électeurs, et constituant ainsi un système bipolaire qui connut sans doute son apogée à la fin des années 70. Depuis lors, les cartes ont été quelque peu brouillées par l'affaiblissement du Parti communiste, l'émergence du Front National et la tentative de constitution d'une force centriste autonome. Cependant, dans une large mesure et sous réserve de développements ultérieurs, on peut soutenir que c'est bien l'opposition entre la droite et la gauche qui constitue l'axe inchangé de la vie politique française.

Homme de droite, homme de gauche

Comment rendre compte du paradoxe apparent auquel les analyses qui précèdent ont abouti ? Des notions impossibles à enfermer dans une définition précise et qui cependant régissent de manière inflexible l'affrontement des partis.

C'est peut-être que le jeu politique, pour fonctionner, a besoin de deux adversaires qui rentrent en compétition dans la course au pouvoir et que, quand bien même aucune idéologie permanente ne définit ceux-ci, nous les nommons par commodité ou par habitude droite et gauche. Termes qui sont comme les traces de conflits politiques et de traditions historiques passés dans un présent qui est celui de l'affaissement politicien et de l'aplatissement technocratique.

C'est peut-être aussi que, malgré tout, au-delà des métamorphoses, des compromis et des compromissions, persistent deux tendances fondamentales, deux visions complémentaires ou opposées de la société et du rôle que chacun doit y jouer. Telle était la thèse en tout cas que mettait en scène, de manière assez partisane il est vrai, l'écrivain communiste Roger Vailland dans son roman, « *Drôle de jeu* » :

> **« L'antagonisme foncier, irréductible des deux attitudes se manifeste dans tous les domaines.**
>
> **L'homme de gauche croit au chemin de fer, à l'avion, à la T.S.F., au vaccin qui jugulera la maladie inguérissable, à la greffe qui rendra la jeunesse, à l'égalité de la**

femme et de l'homme, à l'entente internationale qui empêchera les guerres. L'hommes de gauche croit à l'homme et ne conçoit pas de limites *à priori* au pouvoir de l'homme.

L'homme de droite croit en Dieu, à la fatalité des lois économiques, à l'enfer, à la syphilis inguérissable, à l'éternel féminin, à la malédiction qui pèse sur le peuple juif, à la guerre inévitable, qu'il y aura toujours "des riches et des pauvres"... »

Il faut bien entendu faire la part de la propagande pro-communiste qu'un tel texte contient — et que Vailland lui-même d'ailleurs nuance dans le cours de son roman. Cependant, l'image de l'homme de droite et celle de l'homme de gauche est, peut-être au total, loin d'être inexacte. L'homme de gauche ou celui qui, face aux événements tragiques de l'histoire, porte en lui une foi dans l'homme et dans l'avenir radieux de l'humanité, qui peut s'avérer aussi positive que dangereuse, aussi utopique que nécessaire. L'homme de droite ou celui qui, préférant au rêve la réalité, se refuse à tout bouleversement qui, par sa brutalité, ne pourrait être que préjudiciable à l'ordre social, au risque bien sûr de sombrer dans le conservatisme le plus néfaste. Images bien entendu sommaires là encore, et discutables, mais qui, exposées dans le cours d'un roman, portent en elles peut-être autant de vérité que les plus subtiles des analyses de la science politique.

REPÈRES

Alain Duhamel, *Le Complexe d'Astérix,* Gallimard, 1985.

René Rémond, *Les Droites en France,* Aubier-Montaigne, 1982.

Guy Rossi-Landi, *Le Chassé-croisé. La droite et la gauche de 1789 à nos jours,* J.C. Lattès, 1978.

Roger Vailland, *Drôle de jeu,* Buchet-Chastel, 1945.

▶ **Démocratie.**

Post-moderne

L'attitude post-moderne — esthétique plus qu'idéologique — consiste non pas à refuser la tradition au nom de la modernité mais à intégrer la tradition dans la modernité.

En cela — et quand bien même les définitions en sont nombreuses et contradictoires —, on peut découvrir dans le post-moderne, avec Umberto Eco, une esthétique de la distance, de la citation, de l'ironie, qui constitue comme une sortie hors de l'impasse avant-gardiste.

Postérité du moderne

Introduit en 1975 dans le vocabulaire de l'architecture par le critique anglais Charles Jenck, le mot de « post-moderne » fait aujourd'hui partie du lexique obligatoire des années 90. Sortant du champ dans lequel son « inventeur » l'avait assigné, il a fini, en quelques années à peine, par s'appliquer à tous les arts et même par définir une sorte d'attitude culturelle générale, de vision du monde, d'idéologie presque.

Cette diffusion n'a sans doute été possible que parce que le terme change radicalement de sens selon le discours dans lequel il s'intègre. Il n'y a pas en effet de définition unique d'un post-moderne par lequel ne se marque souvent que le refus du moderne ou l'acharnement à l'être encore davantage.

Pour Jean-François Lyotard (*La Condition post-moderne*), qui a été l'un des premiers à faire pénétrer le terme dans la langue française, la post-modernité se confond avec ce qu'il nomme « la fin des grands récits » c'est-à-dire la désillusion vis-à-vis des idéologies qui ont défini la modernité.

Pour Alain Finkielkraut (*La Défaite de la pensée*), le post-modernisme n'est rien d'autre qu'une sorte de fourre-tout idéologique qui fait d'un écletisme de pacotille la seule valeur. Il est ce qui permet à l'individu de

« *marier à sa guise les engouements les plus disparates, les inspirations les plus contradictoires* », de « *pouvoir passer sans obstacles d'un restaurant chinois à un club antillais, du couscous au cassoulet, du jogging à la religion, ou de la littérature au delta-plane* ».

Une esthétique de la distance et de l'ironie

Pour risquer une définition moins polémique, disons que, alors que le moderne refusait et condamnait sans appel l'ancien auquel il prétendait substituer le nouveau, le post-moderne entend réhabiliter l'ancien et le combiner au nouveau dans une sorte d'éclectisme généralisé à l'intérieur duquel se concilieraient toutes les époques et tous les styles. De ce fait, l'art post-moderne est un art du composite et de la citation dans lequel les traditions, au lieu d'être purement et simplement repoussées, sont réutilisées avec distance et ironie. L'attitude post-moderne permet de ce fait de concilier le goût de l'ancien et la soif du nouveau, la mémoire de ce qui a été et le désir de ce qui sera. Ce que Umberto Eco dans son *Apostille au Nom de la Rose* présentait ainsi :

> **« La réponse post-moderne au moderne consiste à reconnaître que le passé, étant donné qu'il ne peut être détruit parce que sa destruction conduit au silence, doit être revisité : avec ironie, d'une façon non innocente. Je pense à l'attitude de celui qui aimerait une femme très cultivée et qui saurait qu'il ne peut lui dire : "Je t'aime désespérement" parce qu'il sait qu'elle sait (et elle sait qu'il sait) que ces phrases, Barbara Cartland les a déjà écrites. Pourtant, il y a une solution. Il pourra dire : "Comme dirait Barbara Cartland, je t'aime désespérement." Alors, en ayant évité la fausse innocence, en ayant dit clairement que l'on ne peut parler de façon innocente, celui-ci aura pourtant dit à cette femme ce qu'il voulait lui dire : qu'il l'aime et qu'il l'aime à une époque d'innocence perdue. Si la femme joue le jeu, elle aura reçu une déclaration d'amour. Aucun des deux interlocuteurs ne se sentira innocent, tous deux auront**

accepté le défi du passé, du déjà dit que l'on ne peut éliminer, tous deux joueront consciemment et avec plaisir au jeu de l'ironie... Mais tous deux auront réussi encore à parler d'amour. »

REPÈRES

Laurent Dispot, *Manifeste archaïque,* Grasset, 1986.
Umberto Eco, *Apostille au nom de la rose,* (Biblio/Essais) Le Livre de Poche, 1987.
Jean-François Lyotard, *La Condition post-moderne,* Minuit, 1979.
Le Post-moderne expliqué aux enfants, Galilée, 1986.
Guy Scarpetta, *L'Impureté,* Grasset, 1985.
Félix Torrès, *Déjà-vu,* Ramsay, 1986.

► **Modernité.**

Psychanalyse

Fondée par Sigmund Freud, la psychanalyse est à la fois un discours théorique visant à rendre compte du fonctionnement de notre esprit et une méthode thérapeutique visant à guérir les troubles psychiques.

Remise en cause radicale de l'image que nous nous faisons de nous-mêmes, la psychanalyse démontre que, selon le mot célèbre de Freud, « le moi n'est pas seulement maître dans sa propre demeure » : *une partie de ce que nous sommes — l'Inconscient — se dérobe et commande à l'ensemble. La cure analytique vise à résoudre les troubles qui naissent de cette situation. Cependant, au-delà de cette vocation thérapeutique, la psychanalyse est aussi discours théorique qui met à nu les mécanismes mêmes qui déterminent l'individu et la société. Définie ainsi, la psychanalyse, du vivant même de Freud, a été l'objet de toutes les relectures et de toutes les interprétations au point qu'il est impossible aujourd'hui d'en saisir une image unitaire.*

Copernic, Darwin et Freud

Les dictionnaires définissent d'ordinaire la psychanalyse comme une méthode d'exploration des phénomènes psychiques. A ne retenir cependant qu'une image aussi brève et aussi sèche, on aurait de grandes difficultés à saisir l'impact prodigieux et durable qui fut celui de la psychanalyse dans le champ de la culture contemporaine.

Moins par prétention que par lucidité, Sigmund Freud — qui fut l'inventeur de la psychanalyse et en reste aujourd'hui le plus grand théoricien — avait, lui, entièrement conscience de la révolution formidable que constituait l'inédite et souvent vertigineuse plongée dans les profondeurs de l'esprit à laquelle invitait la psychanalyse. Par elle, c'est l'image même de ce que nous sommes, dans la plus secrète intimité, qui se trouvait renversée. C'est le socle même de notre conscience, le bastion de notre moi, qui découvrait les fondations friables et complexes sur lesquelles il se tenait comme en équilibre instable.

En un passage très célèbre de son *Introduction à la psychanalyse,* Freud comparait sa propre découverte à celles de Copernic et de Darwin qui obligèrent, en leur temps, l'humanité à reconsidérer la place qu'elle s'arrogeait au sein de la création et l'image factice d'elle-même dans laquelle elle se complaisait :

> **« Dans le cours des siècles, la science a infligé à l'égoïsme naïf de l'humanité deux graves démentis. La première fois, ce fut lorsqu'elle a montré que la terre, loin d'être le centre de l'univers, ne forme qu'une parcelle insignifiante du système cosmique dont nous pouvons à peine nous représenter la grandeur. Cette première démonstration se rattache pour nous au nom de Copernic, bien que la science alexandrine ait déjà annoncé quelque chose de semblable. Le second démenti fut infligé à l'humanité par la recherche biologique, lorsqu'elle a réduit à rien les prétentions de l'homme à une place privilégiée dans l'ordre de la création, en établissant sa descendance du règne animal et en montrant l'indestructibilité de sa nature animale. Cette dernière révolution s'est accomplie de nos jours, à la suite des travaux de Ch. Darwin, de Wallace et de leurs prédécesseurs, travaux qui ont provoqué la résistance la plus acharnée des contemporains. »**

Freud poursuit en affirmant que, pour l'humanité, les découvertes de la psychanalyse sont en passe de produire un traumatisme équivalent :

> **« Un troisième démenti sera infligé à la mégalomanie humaine par la recherche psychologique de nos jours qui se propose de montrer au *moi* qu'il n'est seulement pas maître dans sa propre maison, qu'il en est réduit à se contenter de renseignements rares et fragmentaires sur ce qui se passe, en dehors de sa conscience, dans sa vie psychique. »**

Démontrer au moi qu'il n'est pas maître dans sa propre demeure : telle serait donc la nature de cette nouvelle révolution scientifique qu'est la psychanalyse.

Le moi n'est pas seulement maître dans sa propre demeure

La formule est assez énigmatique pour qu'on s'attache à l'éclaircir. Elle ne s'explique que si l'on pose, à la suite de Freud, que le psychique ne se limite pas au conscient. Notre esprit n'est pas cet espace transparent dont rien ne nous échappe et sur lequel nous régnons entièrement. Quelque chose en lui se dérobe, sur quoi nous n'avons pas de prise et dont nous ignorons même l'existence : cette zone d'ombre est ce que la psychanalyse nomme l'*« Inconscient »*. Les définitions et les descriptions en ont été diverses et changeantes, et cela pour Freud lui-même qui a été amené à remanier à plusieurs reprises ses théories.

Une analyse plus fine nous obligerait ici à opposer ce qu'on nomme la première topique à la seconde. Cependant, et pour en rester ici à des considérations simples, il est possible d'affirmer que pour Freud l'Inconscient est le lieu de tout ce qui, tout en se dérobant à notre conscience, agit, à notre insu, sur notre conduite. Ainsi les souvenirs traumatiques ou les désirs inavouables qui, toujours de nature sexuelle, menacent, par leur violence et la souffrance qu'ils génèrent, notre équilibre psychique. Notre esprit n'a pas d'autre alternative que de les refouler dans cette partie de nous-mêmes qui nous échappe, il les repousse dans l'ombre profonde de l'Inconscient.

Cependant, du plus profond de cette ombre, ceux-ci continuent à exercer leur influence sur nous. Ils font retour dans notre vie, s'expriment à mi-voix dans nos rêves et nos cauchemars, se glissent subrepticement dans notre discours pour en déformer le sens, se marquent quelquefois dans notre corps par toute une série de symptômes qui peuvent mener jusqu'à la maladie mentale.

Ce sont tous ces signes — rapidement énumérés dans les lignes qui précèdent — qui témoignent de l'existence de l'Inconscient et qui permirent à Freud de remonter jusqu'à lui. Seule l'hypothèse, au sens scientifique du terme, de l'Inconscient permet d'expliquer ce qui auparavant passait pour une énigme.

Ainsi en ce qui concerne les lapsus. Comment expliquer que tout à coup notre langue fourche? Que sans raison apparente, dans notre discours, un mot vienne prendre la place d'un autre? Distraction ou fatigue, sans doute. Mais Freud démontre — et tout particulièrement dans *Psychopathologie de la vie quotidienne* — qu'il y a une logique du lapsus, qui est celle de l'Inconscient. Dans ces occasions où notre parole trébuche, un sens nouveau et en apparence aberrant vient se superposer au sens originel que nous voulions donner à notre phrase. Et dans ce sens, ce qui se donne à lire n'est rien d'autre que le discours caché de notre Inconscient. Le lapsus révèle ce que nous sommes mais que nous ignorons être.

De même, en ce qui concerne les rêves. Leur caractère énigmatique a, de tout temps, suscité la curiosité voire l'angoisse. On a voulu voir en eux des messages surnaturels par lesquels, en termes voilés, des puissances supérieures s'adresseraient à nous pour nous conseiller, nous mettre en garde et nous annoncer ce que serait notre destin. L'hypothèse de l'Inconscient permet à Freud de rompre définitivement avec ces pseudo-explications et de déchiffrer enfin le secret du rêve. Celui-ci n'est en effet rien d'autre que *« la réalisation déguisée de désirs refoulés »*. Tout ce que le moi, pour se défendre, a refoulé dans l'Inconscient fait retour dans le sommeil mais de manière chiffrée et c'est la psychanalyse qui, comme pour le lapsus, se découvre en mesure de trouver la clé qui lui permettra de lire le sens de ce rébus complexe que compose le rêve.

L'essentiel n'est pourtant ni dans le décryptage du lapsus ni dans celui du rêve, mais dans celui du symptôme. La psychanalyse naît en effet de la volonté de soigner, et plus précisément de soigner ces troubles mentaux que l'approche traditionnelle de l'esprit humain était incapable de traiter, étant impuissante à en saisir la logique. Là encore, la clé est celle de l'Inconscient. A la suite du Français Charcot et plus encore de l'Autrichien Breuer, Freud étudie l'hystérie. Pour lui, celle-ci trouve sa cause dans un événement traumatique inscrit profondément dans le passé de la malade. Celle-ci n'en garde en apparence aucun souvenir mais le choc qui est associé à l'événement en question persiste à la troubler, depuis l'Inconscient où il est relégué : telle est la souffrance dont seule la psychanalyse permet de saisir la cause et de comprendre la logique. Au-delà du cas de l'hystérie, et au même titre que le lapsus et le rêve, le symptôme est donc l'inscription violente et énigmatique de l'Inconscient et des désirs qui y sont refoulés dans la vie d'un individu.

On comprend mieux maintenant en quoi, et pour reprendre le mot de Freud, le moi n'est pas maître dans sa demeure. Il règne, certes, dans la partie consciente de notre esprit mais son règne est des plus fragiles car l'essentiel de ce que nous sommes lui échappe.

Objectif thérapeutique ou ambition idéologique ?

Telle est, ramenée à son expression la plus simple, l'idée-clé dont procède la pyschanalyse. Définie ainsi, on voit que la psychanalyse indissociablement se présente comme une pratique thérapeutique et comme un discours théorique.

Dans son versant thérapeutique, la psychanalyse, forte de ses découvertes, rend compte des troubles mentaux, de leurs causes et de leur logique. Elle se propose également de guérir ceux-ci. Puisque les symptômes sont en réalité le signe d'un traumatisme passé, la guérison ne peut passer que par une remontée jusqu'au lieu du déséquilibre premier. Tel est l'objectif de la cure analytique. Le patient parle devant le psychanalyste qui l'écoute, attentif aux résistances qu'il lui oppose, aux glissements de sens, bref à tous ces signes qui trahissent l'Inconscient de celui qui s'exprime. Curieuse entreprise où, comme le disait Freud, il s'agit d'apprendre du malade quelque chose qu'on ne sait pas et que lui-même ignore ! Cependant, remontant la chaîne du sens et du souvenir, la cure psychanalytique doit permettre de revenir jusqu'au lieu où s'enracine le symptôme. Ainsi, seulement, le malade pourra s'en libérer.

Pratique analytique, la psychanalyse est également discours théorique et c'est à ce titre que plus particulièrement elle nous intéresse ici. Par elle, en effet, s'est trouvée révolutionnée l'image que nous nous faisions de nous-même. Et c'est non sans résistances que le message de Freud a finalement été reçu.

Que nous découvre, en effet, la psychanalyse? D'abord que le rapport que nous entretenons avec nous-mêmes est un rapport non de connaissance mais de méconnaissance. L'essentiel de ce que nous sommes, les motivations les plus profondes de nos gestes nous échappent. En cela, c'est notre vision trop simple et trop naïve du moi qui, avec les travaux de Freud, se défait.

Ensuite, la psychanalyse nous révèle la part déterminante qui est celle de la sexualité dans nos existences. Des premiers temps de l'enfance jusqu'à l'âge adulte, l'essentiel des forces qui nous animent sont d'ordre sexuel et cela même lorsque leur objet semble tout autre que sexuel. Derrière chacun de nos gestes — affectifs mais aussi professionnels, sociaux ou créatifs — se dissimule cette réalité première qu'il est impossible d'évacuer.

Autant que notre vision de l'individu, la psychanalyse s'attache à remettre en question nos certitudes quant à la réalité politique et sociale. C'est en ce sens que la psychanalyse mérite presque le nom d'idéologie. S'appuyant sur sa théorie de l'esprit humain, Freud s'est en effet aventuré à expliquer en fonction de celle-ci quelques-unes des grandes questions qui se posaient à l'humanité de son temps; il s'est engagé sur la voie d'analyses d'ordre philosophique ou anthropologique. Il l'a fait notamment dans les grandes œuvres de sa maturité comme *Totem et tabou, Malaise dans la civilisation* ou encore *L'Avenir d'une illusion.* Il s'y attache à montrer que la société n'est possible qu'au prix d'une «*sublimation*» par l'individu des pulsions sexuelles qu'il porte en lui. Celles-ci sont détournées de leur objectif premier et réinvesties dans le champ de l'art, de la morale, du travail ou de la politique. Elles servent la collectivité tout entière. Renouant avec les théoriciens du contrat comme Hobbes mais sur d'autres bases théoriques, Freud affirme :

> **« L'homme civilisé a fait l'échange d'une part de bonheur possible contre une part de sécurité. »**

A la lumière des thèses freudiennes, nous posons un autre regard sur la société à laquelle nous appartenons. Nous découvrons que celle-ci est agie en profondeur par des forces qui s'enracinent dans l'économie de notre propre Inconscient et qui de ce fait nous échappent.

La diaspora psychanalytique

Il reste à préciser que la psychanalyse est loin d'avoir la simple et solide homogénéité doctrinale que, dans leur simplicité et leur rapidité, s'attachaient à mettre en évidence les quelques remarques qui précèdent.

La première raison en est que, comme cela est souvent le cas, il y a moins un freudisme que des freudismes et cela dans la mesure où le fondateur de la psychanalyse a sans cesse remis en jeu sa propre vision théorique du fonctionnement de l'esprit humain. Selon donc la date des textes de Freud auxquels on se reporte, on est susceptible de rencontrer des analyses largement différentes, de trouver sous des mots inchangés des définitions très éloignées. A partir des années 1920, Freud se voit notamment contraint, sous le poids de ses observations cliniques, de modifier radicalement sa théorie. Il lui faut constater que ce qui se dit de manière répétitive sur les divans n'est pas cette sage recherche du plaisir et de la satisfaction qu'il avait cru déceler au principe de toute conduite humaine. Plus fort se laisse entendre cet élan par lequel les individus se précipitent à la poursuite de leur propre destruction, s'acharnant à répéter tout au long de leur vie les mêmes et douloureux échecs. Telle est la pulsion de mort qui constituera l'horizon dernier et pathétique d'un Freud vieillissant qui s'engagera dans une théorisation nécessaire mais inachevée.

Au-delà des révisions opérées par Freud lui-même, il est une seconde raison qui rend caduque toute présentation unitaire de la doctrine psychanalytique. Celle-ci, en aucun cas, ne se limite au discours freudien. Si le docteur viennois a bien été l'initiateur du mouvement et s'il en reste le principal théoricien, il est loin d'en être l'unique représentant. Si bien que la psychanalyse, au même titre que le marxisme, se présente comme un discours largement éclaté en une série de théories inconciliables et contradictoires.

Du vivant même de Freud, certains de ses disciples se sont démarqués de lui pour développer leur propre conception de la psychanalyse. Le plus célèbre de ces « dissidents » est Carl Gustav Jung qui s'oppose à l'interprétation exclusivement sexuelle des phénomènes de Freud. Il développa une théorie propre de l'Inconscient collectif par laquelle il lui devint possible de rendre compte des principales traditions mythologiques et folkloriques. Au prix de telles révisions, le jungisme peut-il encore être considéré comme une forme de psychanalyse ? Avec humour, Freud déclarait à ce propos :

> **« ... la psychanalyse de Jung ressemble au fameux couteau de Lichtenberg : après avoir changé le manche et remplacé la lame, il veut nous faire croire qu'il possède le même instrument, parce qu'il porte la même marque que l'ancien. »**

Après la mort de Freud en 1939, l'éclatement de la psychanalyse se fit plus évident encore et ceci à tel point qu'il est pratiquement impossible d'en dresser un tableau général aujourd'hui. Les œuvres nouvelles incontestablement existent qui prolongent le travail freudien : ainsi celles de Melanie Klein ou de Donald Woods Winnicott. Mais, victime en quelque sorte de son propre succès, la psychanalyse a emprunté les chemins les plus divergents. Ramenée à quelques principes trop simples, soumise à toutes les reformulations théoriques envisageables, apparentée aux doctrines les plus hétérogènes, la psychanalyse est susceptible de servir toutes les causes et c'est ce qu'elle a fait, pour le meilleur ou pour le pire.

D'un côté, avec Herbert Marcuse ou avec Wilhelm Reich, la psychanalyse s'est faite révolutionnaire, s'engageant dans la voie d'une impossible synthèse avec le marxisme qui aura été largement l'horizon culturel de la fin des années 60. La société est rendue responsable d'une néfaste répression des instincts sexuels que la révolution permettra de lever. On se trouve on ne peut plus loin des thèses freudiennes mais c'est, en partie au moins au nom de Freud, que s'opèrent ces passionnantes transformations de son œuvre.

Le projet du psychanalyste français Jacques Lacan était en apparence moins ambitieux. Il fut sans doute dans la réalité plus décisif : il s'agissait simplement de relire Freud, de revenir à son texte. Mais la relecture entreprise se fit à la lumière du modèle linguistique et de ce que l'on nomme le structuralisme. Le résultat fut une œuvre déroutante et séduisante à la fois qui exerça une influence déterminante sur la culture française des années 60. S'en dégageait une image tragique du désir et du sujet pris dans la chaîne d'un langage qui le parle lui-même :

> **« ...l'homme est pris, dès avant sa naissance et au-delà de sa mort, pris dans la chaîne symbolique, laquelle a fondé le lignage avant que s'y brode l'histoire, — [...] c'est dans son être même, dans sa personnalité totale comme on s'exprime comiquement, qu'il est en effet pris comme un tout, mais à la façon d'un pion, dans le jeu du signifiant, et ce dès avant que les règles lui en soient transmises, pour autant qu'il finisse par les surprendre... »**

Malheureusement, l'image que la psychanalyse propose d'elle-même à la société est souvent moins séduisante que celle que, dans son génie baroque, Lacan dessinait. Largement diffusé, le message psychanalytique s'est inévitablement dilué. Ne subsistent bien souvent de lui que quelques concepts-clés — tels castration, Œdipe, refoulement... — qui, repris jusque dans la presse féminine, peuvent servir toutes les démonstrations. Utilisés en dehors du cadre rigoureux de la pratique analytique, les mots du vocabulaire freudien peuvent même être récupérés pour construire une nouvelle et souvent très fade vision normative de l'être humain. La psychanalyse devient alors idéologie, vulgate, instrument d'une sorte de contrôle social généralisé.

Devant une telle situation, les critiques adressées à la psychanalyse n'ont pas manqué. Les féministes s'en sont prises à un Freud qui, selon elles, serait resté totalement aveugle à une spécificité féminine que, aveuglé par ses préjugés patriarcaux, il aurait été incapable de comprendre. Sur un autre terrain, on s'est attaché à démontrer que la psychanalyse n'était en rien cette science qu'avait voulu fonder Freud. Elle ne relevait que de l'idéologie ou de la mythologie.

La vérité est sans doute autre que formulait ainsi André Breton en tête de ses *Prolégomènes à un troisième manifeste du surréalisme ou non :*

> **«...toute grande idée est sujette à gravement s'altérer de l'instant où elle entre en contact avec la masse humaine, où elle est amenée à se composer avec des esprits d'une tout autre mesure que celui dont elle est issue. En témoignent assez, dans les temps modernes, l'impudence avec laquelle les plus insignes charlatans et faussaires se sont volontiers réclamés des principes de Robespierre et de Saint-Just, l'écartèlement de la doctrine hégélienne entre ses zélateurs de droite et de gauche, les dissidences monumentales à l'intérieur du marxisme, la confiance stupéfiante avec laquelle catholiques et réactionnaires travaillent à mettre Rimbaud dans leur jeu. Plus près de nous, la mort de Freud suffit à rendre incertain l'avenir des idées psychanalytiques et, une fois de plus, d'un instrument exemplaire de libération menace de faire un instrument d'oppression.»**

REPÈRES

Sigmund Freud, *Introduction à la psychanalyse,* (Petite bibliothèque) Payot, 1915-17.

Cinq leçons sur la psychanalyse, (Petite bibliothèque) Payot, 1908.

Jacques Lacan, *Ecrits,* (Points) Seuil, 1966.

Pierre Daco, *Les triomphes de la psychanalyse,* Marabout (MS 15), 1973.

Racisme

Le racisme est l'attitude qui consiste à hiérarchiser entre elles les différentes races constituant l'espèce humaine. Il se traduit par l'affirmation de la supériorité d'une race sur toutes les autres et le mépris ou l'hostilité pour quiconque n'appartient par à celle-ci.

Unanimement condamné, le racisme est le plus souvent aujourd'hui un discours hors-la-loi. Cependant, de manière subtile ou grossière, il persiste en tant qu'attitude et, dans un contexte de crise économique et culturelle, menace l'équilibre et la paix des sociétés pluriraciales.

Le racisme hors-la-loi

Le racisme est une réalité multiforme et c'est en cela qu'il est difficile à définir. Il se présente parfois sous la forme d'un discours sophistiqué à prétentions scientifiques ou philosophiques. Plus souvent, il se vit au quotidien dans le rejet de celui qui, dans son apparence physique, dans son appartenance ethnique, se révèle différent.

Quel que soit le visage qu'il présente, le racisme est aujourd'hui — sauf chez quelques individus qui relèvent de la médecine mentale — un discours clandestin. En effet, après le délire raciste et antisémite de l'Allemagne nazie, le racisme a montré au monde son véritable visage, celui monstrueux des camps de concentration et d'extermination. Si bien qu'aujourd'hui, plus personne ne peut ouvertement se déclarer raciste sans se voir automatiquement discrédité et faire même — dans certains pays — l'objet de poursuites judiciaires. Le racisme est hors-la-loi.

Il faut savoir qu'il n'en a pas toujours été ainsi. Les mêmes révolutionnaires de 1789 qui proclamèrent solennellement, dans la Déclaration des droits de l'homme et du citoyen, l'égalité de tous, omirent d'abolir l'esclavage des Noirs. Tout au long du XIXᵉ siècle, le racisme — quand bien même il fut dénoncé par certains — constitua une opinion philosophique honorable. Sans crainte de se discréditer, le philosophe français Ernest Renan pouvait ainsi écrire, en 1876, dans sa « Préface aux *dialogues et fragments philosophiques* » :

> **« La meilleure base de la bonté, c'est l'admission d'un ordre providentiel, où tout a sa place et son rang, son utilité, sa nécessité même. Les hommes ne sont pas égaux, les races ne sont pas égales. Le nègre, par exemple, est fait pour servir aux grandes choses voulues et conçues par le Blanc. »**

Sauf dans la bouche d'un néo-nazi égaré, un tel discours serait aujourd'hui impensable. En ce sens, la cause de l'antiracisme a bien vaincu. En tant qu'idéologie politique, le racisme est unanimement condamné : refusant à certains et la liberté et l'égalité, il est l'atteinte par excellence aux droits de l'homme. En tant que discours théorique, le racisme a perdu toute crédibilité. La biologie a démontré que la notion de race — et plus encore celle d'inégalité entre les races — étaient dépourvues de tout fondement scientifique et relevaient davantage du délire que de la théorie.

Une réalité bien présente

Il y aurait bien entendu une grande naïveté à croire que, puisque le discours théorique et politique qui l'accompagne est introuvable, le racisme du même coup aurait disparu.

Malgré les propos alarmistes que tiennent certains, il est incontestable que, si l'on compare la situation actuelle à celle qui prévalait dans les années 1930, le racisme et plus encore l'antisémitisme sont en très net recul. Cependant, dans un contexte de crise économique et quelquefois de misère, il est certain que tout autant, dans les grandes villes modernes, les tensions entre les communautés raciales s'exacerbent. Aujourd'hui comme hier, pour une collectivité à la recherche d'elle-même, l'étranger reste le plus évident et le plus vulnérable des boucs émissaires. D'où l'incontestable regain d'un racisme quotidien qui pourrait, si rien n'était fait, déboucher dans les années à venir sur un terrible et inextricable engrenage de violence.

Les partis d'extrême-droite ont particulièrement bien su profiter de la situation. En eux perdure un discours raciste qui, tout en ne se présentant plus ouvertement comme tel, vise aux mêmes objectifs de rejet et de négation d'autrui. Le discours raciste, en effet, a moins disparu qu'il n'a changé de forme. Son avatar le plus subtil est sans doute celui qui consiste à prétexter le respect de la différence culturelle pour refuser l'intégration des communautés étrangères. Affirmant, au nom d'un louable refus de l'ethnocentrisme, que les civilisations sont égales mais différentes et doivent conserver chacune leur spécificité, les nouveaux théoriciens de l'extrême-droite s'opposent à tout métissage qui pour eux ne peut être que préjudiciable aux deux cultures en présence. Le relativisme généreux d'un Montaigne ou d'un Lévi-Strauss devient alors l'alibi intellectuel de la xénophobie. On feint de ne plus mépriser autrui pour sa race mais de se refuser à tout échange avec lui par respect de sa civilisation. Le résultat, pourtant, est identique qui consiste dans le triste et inquiétant refus de l'autre.

REPÈRES

Julia Kristeva, *Etrangers à nous-mêmes,* Fayard, 1988.
Michel Leiris, *Cinq études d'ethnologie,* (Tel) Gallimard, 1969.
Claude Lévi-Strauss, *Race et histoire,* (Folio Essais) Gallimard, 1952.
Albert Memmi, *Le Racisme,* (Idées) Galimard, 1982.

▶ **Ethnocentrisme, Négritude, Relativisme.**

Relativisme

Le relativisme est la conception selon laquelle toutes les convictions se valent quels que soient le lieu ou l'époque où elles ont été exprimées.

Défini ainsi, le relativisme pourrait apparaître comme le recours le plus efficace contre tous les dogmatismes. Jetant le doute sur toutes les certitudes, il enseignerait la vertu de la tolérance. Cependant, le relativisme n'est en rien une solution : il s'agit philosophiquement d'une position intenable et, moralement, d'une attitude dangereuse.

Relativisme historique, relativisme ethnologique

Le relativisme est l'attitude philosophique qui consiste à affirmer qu'il n'existe aucune valeur qui vaille pour toutes les époques ou pour toutes les sociétés. Toutes nos conceptions — que ce soit dans le domaine de la morale, du droit, de la politique, de la religion, de l'art... — sont du coup relatives et varient de pays en pays, d'époque en époque.

Le relativisme s'oppose donc à toute doctrine ou à toute religion qui se définit par la croyance en des principes éternels et immuables tels que le Vrai, le Juste, le Bien ou le Beau. Plus encore, il s'oppose à l'ethnocentrisme par lequel, en toute naïveté, une culture présente ses propres valeurs comme étant les valeurs absolues au nom desquelles l'humanité tout entière doit agir.

Sur la base de la définition qui précède, on peut distinguer deux formes de relativisme selon que l'on considère la différence des valeurs dans l'histoire ou dans l'espace.

Dans le premier cas, on parlera d'*historicisme* plutôt que de relativisme historique. Il s'agira ici de nier l'existence de valeurs éternelles et de poser que la vérité évolue forcément avec l'histoire. Comme le déclare le philosophe allemand Hegel en une formule célèbre — à laquelle on ne doit pas, sous peine de contresens, résumer sa conception des rapports entre l'histoire et la vérité —, «*chacun est le fils de son temps*».

L'historicisme pose donc que chaque époque se définit par un système de valeur qui lui est propre. Du coup, juger les civilisations d'hier à l'aune des valeurs d'aujourd'hui relève tout simplement de l'anachronisme. Il faut se résoudre à ce que chaque vérité ne soit jamais que provisoire; il faut savoir que chaque valeur n'est jamais qu'éphémère.

La seconde forme du relativisme nous retiendra ici davantage. On peut la nommer du nom de relativisme ethnologique. Elle consiste en l'affirmation que les valeurs, loin d'être universelles, varient dans l'espace. Juger de ce fait une société autre en fonction des normes qui prévalent dans sa propre culture est donc absurde. Cela revient tout simplement à faire preuve d'ethnocentrisme. Conscient de ce qu'il n'existe pas d'échelle universelle à laquelle pourraient être rapportées toutes les valeurs et les coutumes que les peuples à travers le monde se donnent, la seule solution consiste à respecter autrui. Il faut se résoudre en somme à ce que toute vérité ne soit jamais que locale.

Un recours contre le dogmatisme

Par l'esprit d'ouverture qu'il manifeste pour les époques révolues et les civilisations lointaines, le relativisme peut apparaître comme étant le recours par excellence contre tous les dogmatismes. A tous ceux qui prêchent une vérité à laquelle ils sont prêts à convertir par la force ceux qui ne la partagent pas, le relativisme rappelle les vertus de la tolérance. Il démontre qu'il n'est pas de principe qui soit assez solidement établi pour qu'on se croie autorisé à tuer en son nom. Jetant le doute sur toute religion et sur toute philosophie, il nous prémunit du coup contre leurs excès éventuels.

Tel est par exemple le projet de Montaigne dans ses *Essais*. Contemporain du massacre des Indiens d'Amérique par les Espagnols, le philosophe français s'attache à remettre en cause les certitudes au nom desquelles l'Europe s'apprête à asservir le reste du monde. Sommes-nous bien sûrs en effet de détenir la vraie et unique civilisation et de n'avoir en face de nous que des sauvages méritant le traitement que nous leur infligeons ? Rien n'est moins certain :

> **« ... il n'y a rien de barbare et de sauvage en cette nation, à ce qu'on m'en a rapporté, sinon que chacun appelle barbarie ce qui n'est pas son usage. Comme de vrai, il semble que nous n'avons d'autre mire de la vérité et de la raison que l'exemple et idée des opinions et des usances du pays où nous sommes. Là est toujours la parfaite religion, la parfaite police, parfait et accompli usage de toutes choses. »**

La barbarie n'est donc nulle part sinon dans le regard de celui qui contemple autrui sans vouloir le comprendre. Telle serait la leçon du relativisme que formulerait Montaigne.

Une position intenable

Malheureusement, le relativisme ne saurait être l'arme ultime contre le dogmatisme et la négation d'autrui, il s'agit en effet d'une position intenable et cela aussi bien philosophiquement que politiquement.

La raison en est d'abord que la logique relativiste repose sur une contradiction interne. Affirmer, en effet, que tout est relatif, c'est déjà poser une affirmation absolue qui échappe à la règle que l'on vient juste de formuler. Prêcher la tolérance en arguant du fait que toutes les civilisations et toutes les cultures sont également respectables, c'est déjà placer la tolérance audessus de toutes les autres valeurs. Du fait de cette logique tronquée, le relativisme sape donc lui-même les fondements sur lesquels il s'établit. Nous sommes en plein cœur d'une contradiction insurmontable.

De plus, le relativisme apparaît largement comme une arme à double tranchant. Utilisé hier pour défendre la dignité humaine, il peut servir aujourd'hui à absoudre avec désinvolture les crimes les plus inacceptables. En effet, si l'on admet que chaque société est entièrement libre des valeurs qu'elle se donne et qu'il est coupable de prétendre juger autrui en fonction de nos propres normes, il devient impossible de condamner quelque acte ou quelque attitude que ce soit dès lors que ceux-ci s'inscrivent dans une tradition culturelle qui nous est étrangère : il nous faut renvoyer dos à dos, par exemple, et la libération de la femme en Occident et le statut subalterne qui est le sien dans les pays musulmans; il nous faut considérer comme aussi légitimes le port de la mini-jupe que celui du tchador. De même, il nous faudra accepter l'excision au même titre que la circoncision. L'unité de l'espèce humaine, dès lors, éclate totalement. Plus rien ne me lie à autrui et plus rien ne m'autorise à m'élever contre une pratique criminelle. Il ne me reste plus qu'à tolérer et le cannibalisme et l'esclavagisme.

La solution est donc ailleurs, mais elle est des plus complexes. Entre ethnocentrisme et relativisme, il convient de trouver une voie médiane par laquelle serait affirmée l'existence de valeurs universelles qui seraient autre chose que le simple masque de nos préjugés.

Léo Strauss : une réfutation du relativisme

Le philosophe Léo Strauss, dans son ouvrage *Droit naturel et histoire* (Champs, 1954), s'en prend au relativisme et plus particulièrement à l'historicisme. Ce faisant, il prend position dans l'un des plus vieux débats de l'histoire juridique et philosophique, celui qui oppose les partisans du droit naturel aux tenants du droit positif. Alors que pour les premiers le droit dépend d'une conception du juste et de l'injuste qui est naturelle, les seconds soutiennent qu'une telle conception n'est inscrite que dans les textes législatifs que les différents pays se donnnent à eux-mêmes. Aux yeux de Léo Strauss, une telle théorie est scandaleuse et criminelle car elle vise à faire accepter comme juste une loi quel qu'en soit le caractère moral. Léo Strauss plaide donc pour un retour au droit naturel qui seul peut nous prémunir contre le nihilisme et le fanatisme :

> **« Rejeter le droit naturel revient à dire que tout droit est positif, autrement dit que le droit est déterminé exclusivement par les législateurs et les tribunaux des différents pays. Or il est évident qu'il est parfaitement sensé et parfois nécessaire de parler de lois ou de décisions injustes. En passant de tels jugements, nous impliquons qu'il y a un étalon du juste et de l'injuste qui est indépendant du droit positif et lui est supérieur : un étalon grâce auquel nous sommes capables de juger le droit positif. Bien des gens considèrent que l'étalon en question n'est tout au plus que l'idéal adopté par notre société ou notre "civilisation" tel qu'il a pris corps dans ses façons de vivre ou ses institutions. Mais, d'après cette même opinion, toutes les sociétés ont leur idéal, les sociétés cannibales pas moins que les sociétés policées. Si les principes tirent une justification suffisante du fait qu'ils sont reçus dans une société, les principes du cannibale sont aussi défendables et aussi sains que ceux de l'homme policé. De ce point de vue, les premiers ne peuvent être rejetés comme mauvais purement et simplement. Et puisque tout le monde est d'accord pour reconnaître que l'idéal de notre société est changeant, seule une triste et morne habitude nous empêcherait d'accepter en toute tranquillité une évolution vers l'état cannibale. »**

REPÈRES

Alain Finkielkraut, *La Défaite de la pensée,* (Folios Essais) Gallimard, 1987.

Claude Lévi-Strauss, *Race et histoire,* (Folio Essais) Gallimard, 1952.

Le Regard éloigné, Plon, 1983.

Tsvetan Todorov, *Nous et les autres : la réflexion française sur la diversité humaine,* Seuil, 1989.

Léo Strauss, *Droit naturel et histoire,* (Champs) Flammarion, 1953.

► **Droits de l'homme, Ethnocentrisme.**

Religion

Une religion est un ensemble de croyances et de rites en lequel communient des individus qui y découvrent un sens surnaturel aux questions que pose l'existence.

Condamnées par la modernité comme aliénantes et néfastes aussi bien pour l'individu que pour la société, les religions, loin de disparaître, s'affirment aujourd'hui avec une vigueur renouvelée. De manière dangereuse à travers le phénomène de l'intégrisme ou de manière légitime avec un retour à la spiritualité qui prend les formes les plus diverses dans la culture et la société contemporaines.

Une étymologie incertaine

L'étymologie du mot religion est des plus incertaines. La plus séduisante, sinon la plus probable des hypothèses, voudrait que le terme « *religio* » dérive du verbe « *religare* » qui signifie en latin : « relier ».

A partir de là, on peut s'essayer à mettre en place les éléments d'une définition. La rcligion scrait à la fois ce qui relie les hommes entre eux et ce qui les relie à un principe supérieur.

En sa première fonction, la religion ne se distingue que partiellement de l'idéologie. Elle participe de ce ciment social sans lequel nulle collectivité n'est possible. Croyant aux mêmes dieux, adorant les mêmes idoles, les hommes se soumettent au même code moral et se reconnaissent comme appartenant à un même groupe.

En sa seconde fonction la religion met en contact chaque individu avec une réalité d'ordre surnaturel dont il s'agit de faire l'expérience par le rituel, la prière ou la fusion mystique. Cette réalité peut être extrêmement diverse en sa forme — dieu unique, panthéon foisonnant, principe immatériel, cosmos... — mais son existence donne son sens ultime à l'expérience religieuse.

Au total, on voit que la religion vise, selon des modalités diverses, à inscrire l'homme dans un double réseau de solidarités : horizontales ou sociales, verticales ou mystiques. Telle est sa fonction et son sens.

Dieu est mort

Définie ainsi la religion a été l'objet d'une profonde remise en question qui aurait dû déboucher, à terme, sur sa disparition.

Dans sa fonction sociale, la religion a été dénoncée comme participant irrémédiablement d'un ordre politique archaïque et aliénant. Invitant les Français à faire encore un effort pour être vraiment républicains, le marquis de Sade dans son livre, *La Philosophie dans le boudoir,* affirme avec violence qu'à ses yeux le catholicisme est complice de la monarchie :

> **« Français, je vous le répète, l'Europe attend de vous d'être à la fois délivrée du *sceptre* et de l'*encensoir*. Songez qu'il vous est impossible de l'affranchir de la tyrannie royale sans lui faire briser en même temps les freins de la superstition religieuse : les liens de l'une sont trop intimement unis à l'autre pour qu'en laissant subsister un des deux vous ne retombiez pas bientôt sous l'empire de celui que vous aurez négligé de dissoudre. »**

La seule véritable révolution sera donc à la fois politique et spirituelle : pour renverser la monarchie, elle devra d'abord éliminer le christianisme.

Le programme est ainsi énoncé de ce qui sera au XIXe siècle la lutte du pouvoir laïc contre les institutions religieuses. La religion — « opium du peuple », selon la célèbre formule de Marx — entrave la marche de l'humanité vers la liberté. Elle est solidaire d'un ordre ancien qu'il s'agit d'abattre.

Saisie non plus dans sa dimension sociale mais dans ce qu'elle signifie pour chaque individu, la religion ne sera pas davantage épargnée par les grands penseurs de la modernité. Pour Freud, elle n'est rien de plus qu'une illusion sur laquelle, tout en lui reconnaissant une certaine valeur, il pose un jugement sévère comme dans ce bref passage de *Malaise dans la civilisation :*

> **« Sa technique consiste à rabaisser la valeur de la vie et à déformer de façon délirante l'image du monde réel, démarches qui ont pour postulat l'intimidation de l'intelligence. A ce prix, en fixant de force ses adeptes à un infantilisme psychique et en leur faisant partager un délire collectif, la religion réussit à épargner à quantité d'êtres humains une névrose individuelle, mais c'est à peu près tout. »**

Nietzsche, quant à lui, est encore plus définitif dans sa condamnation. Dénonçant le « monotono-théisme », il écrit dans l'*Antéchrist :*

> **« Quiconque a du sang de théologien dans les veines, ne peut, *a priori,* qu'être de mauvaise foi, et en porte-à-faux devant les choses. Le trouble qui en résulte se donne le nom de *foi* : fermer une fois pour toutes les yeux pour ne pas voir, pour ne pas souffrir au spectacle d'une incurable fausseté. »**

Loin d'être l'apanage de quelques audacieux penseurs, la dénonciation de la religion, au XXe siècle, gagne en Occident l'ensemble de la population. Les églises sont désertées, les vocations se font rares, la religion imprègne de moins en moins les conduites et cesse de constituer, dans une société laïcisée, la référence essentielle. Dieu semble aussi définitivement mort que l'avait annoncé l'« insensé » que met en scène *Le Gai savoir* nietzschéen.

La montée de l'intégrisme

A rebours de toutes les prophéties, les années 80 ont cependant été celles d'une réaffirmation du religieux dans le monde.

Celle-ci a pris d'abord la forme d'un réveil politique dont la spiritualité, souvent, aura été le moteur véritable et quelquefois seulement le masque. L'intégrisme, car c'est de lui qu'il s'agit, se définit comme la volonté d'un retour aux sources mêmes de la religion et comme le refus corrélatif du monde moderne jugé incompatible voire contraire aux exigences spirituelles. Peu de religions auront été épargnées par ce phénomène qui a d'ores et déjà imprimé sa marque à notre fin de siècle. Il y a en effet un intégrisme juif comme un intégrisme chrétien et plus encore un intégrisme musulman. Tous trois se traduisent par la même intolérance, la volonté d'avoir recours si nécessaire à la violence pour imposer le respect de la religion par tous.

De ces trois intégrismes, seul le dernier, cependant représente une menace véritable pour l'équilibre du monde. Aussi inacceptable qu'il soit, en effet l'intégrisme juif, de par le refus du prosélytisme qui caractérise le judaïsme, n'a pas vocation à s'exercer en dehors des limites de la communauté juive. Il reste en quelque sorte une affaire interne. En ce qui concerne l'intégrisme chrétien, il n'est guère plus, en l'état actuel des choses, qu'un combat d'arrière-garde. La « majorité morale » aux Etats-Unis exerce certes une influence appréciable sur le pouvoir américain, mais en Europe occidentale les sociétés sont laïcisées sans retour. Les intégristes catholiques peuvent séduire, par leurs discours réactionnaires, les personnes âgées qui retrouvent avec la messe en latin la foi de leur enfance ou les très jeunes gens qui réunissent en une même et très suspecte dévotion Monseigneur Lefèvre et Jean-Marie Le Pen. Tout cela reste voué à la marginalité. En effet, le christianisme des années 1980 avec le pontificat de Jean-Paul II et la lutte de Lech Walesa en Pologne, quelle que soit la critique de la modernité à laquelle il se livre, a très clairement choisi son camp : celui des droits de l'homme.

Il en va différemment avec l'intégrisme musulman. Non pas parce que l'islam en soi serait une religion plus intolérante qu'une autre. Il n'en est rien et, autrefois, le christianisme a connu et les Croisades et l'Inquisition. Il se trouve simplement que les circonstances historiques ont fait de l'islam le véhicule d'un message moins spirituel qu'idéologique. Pour un tiers monde abaissé, divisé, dominé, il a constitué le discours privilégié par lequel justifier son refus de l'Occident, affirmer son irréductible différence, et travailler à une possible unité. En Orient, en Afrique ou dans les communautés immigrées d'Europe, l'islam devient le moyen légitime de proclamer sa propre dignité, mais aussi celui inacceptable de dire sa violence et sa haine de l'Occident et de ses valeurs. Tel est l'islam qui fut au principe de la révolution iranienne en 1979, qui s'acharne à justifier le terrorisme et qui menace aujourd'hui l'ensemble des nations arabes.

Le retour du religieux

Le retour actuel du religieux ne se limite pas cependant à cette résurgence archaïque et violente qu'est l'intégrisme. Il prend des formes extrêmement diverses et souvent légitimes.

Il est d'abord — et c'est là sans doute l'essentiel — renouveau de la foi. Dans un monde qui se veut celui de la rationalité et de la science, le besoin en effet se fait sentir d'exprimer une autre dimension de la nature humaine — celle de la spiritualité — qui ne soit pas réductible à la pure raison. Après avoir cru pouvoir substituer la science à la religion, notre époque découvre que, selon le mot de Paul Feyerabend, « *le rationnel ne peut pas être universel; et l'irrationnel ne peut pas être exclu* ». La science étant incapable de nous livrer l'intelligence entière du monde, la technique étant impuissante à nous assurer sans dangers la maîtrise du réel, la soif de croire resurgit et fait figure d'alternative possible aux yeux de nombre d'individus : pour le meilleur ou pour le pire.

D'un côté, savants et philosophes redécouvrent la dignité d'un discours religieux dans lequel, au

XIXe siècle, ils avaient vu leur principal adversaire. Dans *A tort et à raison*, le biologiste Henri Atlan présente la logique mythique et la logique scientifique comme deux formes de rationalités distinctes mais tout aussi légitimes l'une que l'autre à condition de ne pas chercher à les déployer en dehors de leurs champs spécifiques. Dans *Le Testament de Dieu,* le philosophe Bernard-Henri Lévy va chercher du côté du texte biblique le seul fondement possible d'une politique des droits de l'homme qui est notre dernière garantie contre la montée du totalitarisme. René Girard, enfin, au terme d'une des plus singulières et des plus importantes œuvres contemporaines, affirme que seul le christianisme est susceptible d'empêcher l'humanité de périr de sa propre violence. Au-delà de ces trois exemples, c'est l'ensemble de la culture contemporaine qui, bien souvent, réhabilite une religion vers laquelle les individus désormais se tournent à nouveau.

La médaille cependant a son revers. La soif de croire souvent dégénère et va se satisfaire dans les succédanés les plus suspects de la religion : idéologies ou sectes. La « *boue noire de l'occultisme* », contre laquelle Freud si justement avais mis en garde Jung, déferle sur notre fin de siècle qui redécouvre toutes les formes de la superstition : des plus innocentes — astrologie — aux plus menaçantes — sectes.

Au total, on voit bien que l'on aurait tort de conclure à la disparition prochaine du religieux comme on aurait encore été tenté de le faire il y a seulement une quinzaine d'années. Les formes religieuses évoluent mais la fonction religieuse reste, pour l'homme comme pour la société, une dimension permanente de sa condition. Mircea Eliade, le grand historien des religions, s'en expliquait en 1980 :

> **« ...je ne crois pas à l'effacement total du religieux. A Santa-Barbara (Californie), j'ai eu des hippies comme étudiants. Ils rejetaient Dieu, la morale, le mariage. Mais, pour eux, la nudité, le fait de faire l'amour dans la nature, relevaient presque d'un rituel. Ils ne le reconnaissaient pas explicitement, mais ils étaient en train de**

redécouvrir la religiosité cosmique, la condition paradisiaque de l'homme avant la Chute. On pourrait donc très bien demain, assister à une resacralisation de certaines dimensions de l'existence humaine.»

Dieu est donc loin d'être mort. Ou, pour reprendre une boutade du psychanalyste Jacques Lacan, s'il est mort, il ne le sait pas. Sa présence clandestine ou apparente reste l'une des données essentielles de la modernité.

Dans *Le Gai savoir,* prévoyant d'autres luttes à venir, Nietzsche en tirait la leçon suivante :

«Après que le Bouddha fut mort, on montra encore des siècles durant son ombre dans une caverne — ombre formidable et effrayante. Dieu est mort : mais telle est la nature des hommes que des millénaires durant peut-être, il y aura des cavernes où l'on montrera encore son ombre. Et quant à nous autres — il nous faut vaincre son ombre aussi.»

Les religions dans le monde

		Effectifs en millions pour l'année 1980
Chrétiens		998
dont :		
	Catholiques	580
	Orthodoxes	79
	Protestants	338
Juifs		14
Musulmans		587
Shintoïstes		57
Taoïstes		31
Confucianistes		158
Bouddhistes		254
Hindouistes		475

REPÈRES

Sigmund Freud, *L'Avenir d'une illusion,* PUF, 1948.
René Girard, *Des choses cachées depuis la fondation du monde,* Biblio Essais, Livre de Poche, 1978.
Friedrich Nietzsche, *L'Antéchrist,* (Idées) Gallimard, 1888.
Entretiens avec Le Monde, 4. Civilisations, La découverte/Le Monde, 1984.

▶ **Idéologie, Mythe.**

Révolte

La révolte est ce refus — individuel ou collectif — par lequel les hommes s'opposent à l'injustice qui leur est faite et se dressent contre l'autorité qu'on leur impose.

Dans son essai, L'Homme révolté, *Albert Camus s'attache à distinguer révolte et révolution. Alors que la première est ce « non » légitime que l'homme oppose à ce qui l'écrase, la seconde est une vaine « croisade métaphysique » qui aliène l'individu encore davantage.*

Révolte et révolution

Entre révolte et révolution, la frontière, souvent, est des plus incertaines qu'Albert Camus s'est attaché à tracer dans son essai *L'Homme révolté* (1951).

La révolte se définit tout entière d'être du côté du « non » que l'individu oppose à l'injustice dont il est l'objet. Elle est ce mouvement par lequel il se dresse dans l'instant contre ce qui l'écrase et ceci au nom d'une valeur dont son geste, tout à coup, témoigne. Elle est donc à la fois négation et affirmation. Lorsque l'esclave, en effet, se refuse à servir davantage, il dit « non » certes, mais dans ce « non » résonne un « oui » plus haut, celui par lequel il affirme l'existence d'un principe qui fonde et justifie sa rébellion. Et dans la mesure où l'esclave est prêt à sacrifier sa vie au nom de ce principe, il reconnaît du coup en celui-ci quelque chose qui le dépasse et qui, au-delà de lui-même, vaut pour chaque homme. Dans le geste individuel de la révolte, se donne à lire la solidarité des hommes engagés dans un même combat pour la défense de leur dignité commune. Tel est le sens du célèbre « *Je me révolte, donc nous sommes* » qu'énonce Camus.

La révolution, elle, est à la fois plus et moins que cela. Elle prolonge certes la révolte : par elle, le geste de refus résonne au-delà de lui-même et engendre un bouleversement politique par lequel l'ordre ancien se trouve renversé. Mais ce bouleversement à son tour génère un ordre historique nouveau qui se révèle tout autant aliénant et négateur que le précédent. En ceci la révolution est trahison de l'esprit de révolte. Véritable « croisade métaphysique », elle entend modeler le monde selon les principes qu'elle s'est donné à elle-même et faire advenir dans un futur souvent très hypothétique le règne de la justice et de la liberté. Mais au nom de ce rêve, elle est prête à tous les crimes et à toutes les injustices.

De révolte en révolution

Alors que le révolté, par son geste, en appelait à l'unité au milieu du désordre et du chaos de l'injustice, le révolutionnaire travaille, lui, à mettre en place un monde qui serait celui de la totalité enfin maîtrisée. Mais de la totalité au totalitarisme, il n'y a qu'un faible et quelquefois imperceptible glissement qui, affirme Camus, aura été celui de toutes les révolutions :

> **« La revendication de la révolte est l'unité, la revendication de la révolution historique la totalité. La première part du non appuyé sur un oui, la seconde part de la négation absolue et se condamne à toutes les servitudes pour fabriquer un oui rejeté à l'extrémité des temps. L'une est créatrice, l'autre nihiliste. La première est vouée à créer pour être de plus en plus, la seconde forcée de produire pour nier de mieux en mieux. »**

On voit que, pour Camus, entre révolte et révolution, la différence est loin d'être une secondaire question de vocabulaire, un simple problème de terminologie. Alors que la révolte est la force positive par laquelle l'homme se dresse contre sa condition, la révolution est la perversion historique de cette force, celle par laquelle l'humanité semble s'engager sans retour sur la voie du crime et de l'esclavage.

Toute l'histoire de l'Occident, telle que Camus la rapporte dans son livre, n'est rien d'autre que l'histoire de ce glissement de l'esprit de révolte au projet révolutionnaire. Des régicides de 1793 aux révolutionnaires de 1917, la tragédie est la même qui sans cesse se répète : l'aspiration à la liberté ne débouche sur rien d'autre que la servitude. Rêver de refaire le monde est en effet le meilleur moyen de le défaire comme l'affirmera Camus lors de sa réception du Prix Nobel. Tel est le constat que dresse *L'Homme révolté* et qui, au-delà de l'exemple soviétique, s'applique pour lui à toute révolution :

> **« La totalité n'est pas l'unité. L'état de siège, même étendu aux limites du monde, n'est pas la réconciliation. La revendication de la cité universelle ne se maintient dans cette révolution qu'en rejetant les deux tiers du monde et l'héritage prodigieux des siècles, en niant, au profit de l'histoire, la nature et la beauté, en retranchant de l'homme sa force de passion, de doute, de bonheur, d'invention singulière, sa grandeur en un mot. »**

La pensée de midi

Dès lors, que faire ? La solution ne peut consister que dans la volonté de rester coûte que coûte fidèle au principe même de la révolte qui est à la fois négation et affirmation. Il faut donc se refuser aux « *ivrogneries de l'âme* » qui, au nom d'une incertaine fin, justifient les moyens certainement les plus injustifiables. La voie juste, semble nous dire Camus, est la voie intermédiaire, celle de la mesure, en laquelle se concilient la volonté d'agir sur le monde et le souci de respecter ce qui en fait la valeur. La pensée de la révolte ne peut être qu'une pensée de la mesure renouant du coup avec cette antique « pensée de midi » qui est l'origine même de notre civilisation :

> **Quoi que nous fassions, la démesure gardera toujours sa place dans le cœur de l'homme, à l'endroit de la**

solitude. Nous portons tous en nous nos bagnes, nos crimes et nos ravages. Mais notre tâche n'est pas de les déchaîner à travers le monde; elle est de les combattre en nous-mêmes et dans les autres. La révolte, la séculaire volonté de ne pas subir dont parlait Barrès, aujourd'hui encore, est au principe de ce combat. Mère des formes, source de vraie vie, elle nous tient toujours debout dans le mouvement informe et furieux de l'histoire. »

Autour de *L'Homme révolté* : purgatoire et postérité d'Albert Camus

L'Homme révolté fut à l'origine de l'une des plus violentes polémiques intellectuelles de l'après-guerre. L'objet en était essentiellement le jugement critique que formulait Camus sur la révolution russe et le système soviétique. A une époque où, dans un contexte de guerre froide, l'immense majorité des intellectuels français cédait à la fascination marxiste, le livre de Camus ne pouvait avoir l'effet que d'un pavé dans la mare. Sartre, et autour de lui toute l'équipe des *Temps modernes,* s'en prit très violemment à *L'Homme révolté,* et de manière plus perfide à son auteur. Avec beaucoup de mépris et de condescendance, celui-ci était présenté comme un vulgaire amateur en philosophie, un penseur court et superficiel.

Camus ne se releva jamais totalement de ces attaques et son dernier roman, *La Chute* (1956), en témoigne. Dans une large mesure, et alors même que sur le fond il avait indiscutablement tort, Sartre l'avait emporté sur un Camus, ravalé au rang de « philosophe pour classe terminale ».

Peut-être, le purgatoire que l'œuvre de Camus connaît encore aujourd'hui s'explique-t-il ainsi. Purgatoire doré, il est vrai. De par le monde, on étudie et on lit *L'Etranger,* roman à la langue si simple et au contenu si complexe. Mais Camus semble largement confiné dans ce « ghetto » scolaire où l'on ne semble l'étudier que pour mieux le méconnaître. Dans le champ de la culture contemporaine, toute référence à Camus semble introuvable.

Camus a cependant connu comme une revanche posthume sur ceux qui l'ont méprisé. Mais cette revanche est largement clandestine et invisible. Les principales idées de *L'Homme révolté* triomphent en effet aujourd'hui sur la scène philosophique, mais ceci sans que le nom de Camus soit jamais prononcé. Ainsi, lorsque les « nouveaux philosophes », tels Bernard-Henri Lévy, condamnent tous les messianismes modernes et partent à la recherche d'une nouvelle morale politique qui saurait préserver les droits de l'individu, très largement ils mettent leur pas dans la voie ouverte par *L'Homme révolté*. De même, lorsque Alain Finkielkraut, dans *La Défaite de la pensée,* dénonce un nihilisme moderne pour lequel « *Une paire de bottes est égale à Shakespeare* », il retrouve pratiquement les mots mêmes de Camus. Si bien que, au total, on pourrait presque affirmer que dans le champ de la morale et de la politique, la pensée la plus actuelle n'apparaît nouvelle qu'au prix de l'oubli de Camus.

REPÈRES

Albert Camus, *L'Homme révolté,* (Folio Essais) Gallimard, 1951.
Albert Camus, *Les Justes*, (Folio) Gallimard, 1950.

▶ **Révolution**

Révolution

Passé du vocabulaire astronomique au vocabulaire politique, le mot de « révolution » désigne un bouleversement historique d'envergure par lequel un ordre nouveau succède à l'ordre ancien.

Définie par cette volonté de fonder un système nouveau, l'aventure révolutionnaire débute au XVIIIe siècle aux Etats-Unis, mais plus encore en France. Là naît véritablement un idéal qui va imprimer sa marque à toute l'histoire moderne, avant de perdre aujourd'hui l'essentiel de sa force sous le coup de désillusions politiques successives.

Vocabulaire astronomique, vocabulaire politique

Le mot de « révolution » est de ceux qui ont tout gagné à changer totalement de signification. Cantonné à l'origine dans le vocabulaire de l'astronomie, il désignait le mouvement cyclique et récurrent des astres par lequel, au terme d'une longue boucle, chaque chose retrouve sa place. Ainsi que le souligne Hannah Arendt dans son *Essai sur la révolution,* envisagé dans cette perspective, le mot, dans le champ politique, ne devrait pas avoir de synonyme plus exact que « restauration ».

On sait que, bien entendu, il n'en est rien et que, tout à l'inverse, dans le vocabulaire politique comme dans la réalité historique, les termes de « restauration » et de « révolution » ont une signification exactement inverse. La restauration est retour à l'ordre ancien; la révolution, elle, est ce mouvement radical et, en principe, définitif, qui met à bas l'ordre ancien et jette les bases d'un ordre neuf par lequel l'histoire semble comme débuter à nouveau sur des fondements plus solides et plus justes.

Et c'est en cela d'ailleurs que la révolution se distingue de tous les autres désordres sanglants dont l'histoire a toujours été le théâtre : guerres, révoltes, jacqueries, coups de force de toute nature... Elle est certes à la fois violence et changement mais, comme l'explique Hannah Arendt, elle est plus que cela :

> **« ... la violence ne suffit pas plus à la description du phénomène révolutionnaire que le changement; ce n'est que là où le changement se produit dans le sens du nouveau commencement, là où la violence intervient en vue de la formation d'un corps politique nouveau, là où la libération vise au moins à établir la liberté, qu'on pourra parler de révolution. Et le fait est que même si l'histoire a toujours connu ceux qui, tel Alcibiade, voulaient le pouvoir pour eux-mêmes, ou ceux qui, comme Catilina, étaient *rerum novarum cupidi*, cupides de choses nouvelles, l'esprit révolutionnaire des derniers siècles, c'est-à-dire l'élan de la libération *et* de la construction d'une maison nouvelle où la liberté puisse s'établir, est sans précédent et sans équivalent dans toute histoire jusque-là. »**

Le bon grain de 1789 et l'ivraie de 1793

Défini ainsi, l'esprit révolutionnaire naît au XVIIIe siècle, rendu pensable par le surgissement d'une nouvelle conception de l'homme, du droit et surtout de l'histoire. La révolution américaine et plus encore, par son retentissement, la française, en sont les premières traductions politiques.

Même lorsqu'on le considère avec le confortable recul de l'histoire, cet événement reste dans une large mesure inouï. En l'espace de quelques brèves années, le cours des choses semble s'accélérer, menant toute une nation à franchir la distance incroyable séparant la France qui, au moment de la réunion des Etats Généraux, rêve nostalgiquement d'un retour à une bonne et paternelle monarchie qui n'a jamais été, de celle qui met en place la première des républiques modernes. Tout aussi infranchissable et impensable semble la distance qui sépare la France de 1789 qui, généreuse, proclame les droits de l'homme et l'abolition des privilèges de celle qui, sanguinaire, s'enfonce en 1793 dans le cauchemar de la Terreur.

Pour rendre compte de ce glissement criminel, toutes les théories ont été échafaudées. Certaines visent à distinguer le bon grain de 1789 de l'ivraie de 1793 et à opposer ainsi une révolution libérale à une révolution totalitaire. C'est oublier cependant que, souvent, les hommes de 1793 étaient déjà ceux de 1789 et que, associant le nécessaire impératif d'égalité au légitime désir de liberté, le temps de Robespierre et de Saint-Just fut, à bien des égards, celui de l'accomplissement des idéaux de la Révolution et non celui de leur reniement. Pour cette raison, d''autres historiens préfèrent affirmer avec Clemenceau que *« la révolution est un bloc »*, que ce soit d'ailleurs pour en faire l'éloge complet ou pour la rejeter entièrement. Mais cette position inverse n'est guère plus satisfaisante, car elle tait l'hallucinante et imprévisible escalade dont ces années ont été le théâtre. Si bien qu'au total, l'événement, largement, nous échappe.

La révolution : du futur au passé

Or, la question est plus que de simple curiosité historique. La Révolution française, comme l'a si bien montré François Furet, est le lieu où se forge notre modernité politique. En ceci, elle détermine encore largement ce que nous sommes. De plus, elle a constitué un modèle dont se sont inspirés les principaux mouvements du XIXe et du XXe siècle : les révolutions de 1830, de 1848 comme celle de 1917 en constituent largement l'écho. Si bien que l'on serait presque tenté de dire avec Proudhon qu'*« il n'existe pas plusieurs révolutions, qu'il n'en est qu'une seule et unique, toujours la même, perpétuelle »*.

La question devient dès lors de savoir quelle attitude adopter devant cette perpétuelle révolution ? Dans une large mesure, le rêve du XXe siècle aura été de se mettre au service de celle-ci, de travailler à sa victoire définitive. Le marxisme devait relayer le jacobinisme et l'humanité, au terme d'un dernier choc, pénétrer dans le paradis de la société sans classes par lequel se terminerait l'histoire. Ce rêve est aujourd'hui révolu. La révolution a changé de visage. Elle nous apparaît telle que Camus la décrivait dans *L'Homme révolté* : néfaste « croisade métaphysique » qui ne met à bas l'ordre ancien que pour lui substituer un ordre plus terrible encore.

L'idée révolutionnaire est donc morte aujourd'hui en Occident. Il n'en est sans doute d'ailleurs pas de meilleur signe que les tristes et dérisoires célébrations qui ont accompagné en France le bicentenaire de 1789. Vidée de sa véritable substance, l'image même de la révolution s'y perdait dans une sorte de dédale de signes vides et grotesques, l'ensemble se ramenant à ce qui est apparemment le dernier langage collectif de notre temps : celui du clip publicitaire. Dans l'espèce de monotone Thermidor auquel nous sommes condamnés, il n'y avait peut-être pas, paradoxalement, de meilleur moyen de nous faire, par le contraste, cruellement éprouver la grandeur passée de l'idéal révolutionnaire.

Les grandes révolutions de l'Histoire

1640-1659 : première révolution d'Angleterre
Dans un royaume divisé par les querelles religieuses et nationales, le Parlement s'oppose à Charles Ier. A la faveur de la guerre civile, Cromwell, à la tête des puritains, prend le pouvoir et, le roi exécuté, s'institue lord-protecteur de la République anglaise. Cromwell mort, la monarchie est restaurée.

1688-1689 : seconde révolution d'Angleterre
Pour éviter que ne se mette en place une dynastie catholique, les Anglais font appel à Guillaume d'Orange qui met sur le trône la maison de Hanovre. A la faveur de ce changement, les Anglais obtiennent la « Déclaration des droits ».

1775-1783 : guerre d'Indépendance américaine
Les Américains obtiennent par la lutte leur indépendance de la Grande-Bretagne. La Déclaration d'indépendance du 4 juillet 1776 proclame les principes sur lesquels les Etats-Unis seront fondés.

1789-1799 : révolution française
La réunion des Etats Généraux initie un processus politique qui va aboutir à la mise en place d'une monarchie constitutionnelle (1791) puis à l'abolition de la royauté (1792). La Terreur prend fin avec la chute de Robespierre (juillet 1794). La révolution elle-même s'achève avec la prise du pouvoir par Bonaparte (novembre 1799).

1830 : révolution de Juillet et révolution belge
En France, au terme des « trois glorieuses » (27-28-29 juillet), un monarque plus libéral, Louis-Philippe, remplace Charles X. En Belgique, au terme d'une insurrection, l'indépendance est proclamée.

1848 : révolutions nationales en Europe
En France, la Seconde République est proclamée. En Autriche, en Italie, en Allemagne, se produisent des soulèvements nationaux par lesquels l'ordre hérité du Congrès de Vienne (1815), de manière éphémère, est remis en question.

1871 : la Commune de Paris
Sous l'effet de la guerre avec la Prusse, un pouvoir insurrectionnel se met en place à Paris qui sera écrasé avec une très grande violence.

1905 : première révolution en Russie
Les Russes se révoltent contre l'autocratie du tsar. Un régime constitutionnel est mis en place de manière très éphémère avant le retour à la réaction.

1917 : révolution russe
Sous l'effet de la Première Guerre mondiale et du mécontentement général, la monarchie s'écroule. Les bolcheviks (avec Lénine et Trotski) triomphent des autres opposants. En 1922 naît l'URSS.

REPÈRES

Hannah Arendt, *Essai sur la révolution,* (Tel) Gallimard, 1963.
Albert Camus, *L'Homme révolté,* (Folio Essais) Gallimard, 1951.
François Furet, *Penser la Révolution française,* (Folio Histoire) Gallimard, 1978.
Joseph de Maistre, *Considérations sur la France,* Complexe, 1796.
Saint-Just, *Discours et rapports,* Messidor-Ed. Sociales, 1792-1794.

► **Marxisme, Révolte.**

Science

La science est le discours qui, soumis à des règles propres qui en garantissent l'objectivité, vise à la connaissance et à la compréhension du réel par la mise en évidence de lois vérifiables.

L'histoire des rapports entre la science et la culture est celle d'un long et spectaculaire divorce qui se solde aujourd'hui par une véritable fracture dans le domaine de la connaissance. Et pourtant, quand bien même elle se distingue par une indéniable spécificité, la science participe à la culture de l'époque qui est la sienne. Loin d'être le discours sans appel et sans attache de la vérité, elle est le lieu d'un pouvoir autant que d'un savoir et à ce titre doit faire l'objet de la plus grande vigilance critique.

Science et culture

La science moderne, lorsqu'elle naît au XVIe ou au XVIIe siècle, s'émancipant de la religion à laquelle elle était subordonnée, nc se distingue pas de la culture. Elle en est partie intégrante. Le savoir n'est qu'un seul et vaste ensemble dont l'homme cultivé doit pouvoir maîtriser la totalité.

Traçant le portrait de l'individu idéal que, dans une large mesure, il est lui-même, Blaise Pascal écrit dans ses *Pensées* : « *Il faut qu'on n'en puisse dire, ni : "Il est mathématicien", ni "prédicateur", ni "éloquent", mais : "Il est honnête homme". Cette qualité universelle me plaît seule.* » Il faut n'être homme ni de science, ni de parole, ni de foi, car il faut être tout cela à la fois. A l'inverse du pédant, qui est l'homme d'un seul savoir, l'honnête homme maîtrise la totalité du connu, refusant de se laisser enfermer dans le champ d'aucune spécialité : Descartes ou Pascal sont autant philosophes que scientifiques, écrivains que physiciens.

Entre science et culture surgit, au siècle des Lumières, l'indice d'un premier fossé. Cependant, communiant dans la même foi pour le Progrès, savants et philosophes continuent à envisager leurs travaux comme participant d'une même entreprise de libération de l'homme. Voltaire, dans ses *Lettres philosophiques,* témoigne de tout l'intérêt qu'il porte à Newton et s'attache avec beaucoup de sérieux et de rigueur à rendre compte à l'attention de son public des découvertes de celui-ci. Distinctes déjà, science et culture se rêvent encore solidaires.

L'histoire ultérieure va être celle d'une séparation sans retour. Devant une science triomphante et sûre de ses réussites comme de sa légitimité, les philosophes quelquefois, les artistes presque toujours se refusèrent à un dialogue auquel ils n'étaient d'ailleurs pas invités par les savants. Paul Valéry décrit ainsi la situation dans ses « Propos sur le Progrès » :

> **« Les Romantiques, tout contemporains qu'ils étaient des Ampère et des Faraday, ignoraient aisément les sciences, ou les dédaignaient; ou ne retenaient que ce qui s'y trouve de fantastique. Leurs esprits se cherchaient un asile dans un Moyen Age qu'ils se forgeaient; fuyaient le chimiste dans l'alchimiste. Ils ne se plaisaient que dans la Légende ou dans l'Histoire, — c'est-à-dire aux antipodes de la Physique. Ils se sauvaient de l'existence organisée dans la passion et les émotions, dont ils instituèrent une culture (et même une comédie). »**

Scientifiques et littéraires

La situation n'a guère changé aujourd'hui. Dès l'école, on impose aux enfants de se définir eux-mêmes comme « scientifiques » ou « littéraires », et une fois le choix effectué, il devient pratiquement impossible de bifurquer. Deux visions du monde s'affrontent ainsi, de l'école à l'entreprise, entre lesquelles la société tout entière est sommée, à chaque instant, de choisir.

Dans un texte célèbre de son *Passage du Nord-Ouest,* Michel Serres rend compte ainsi du conflit :

> **« Deux cultures se juxtaposent, deux groupes, deux collectivités parlent deux familles de langues. Ceux qui furent formés aux sciences dès leur enfance ont coutume d'exclure de leur pensée, de leur vie, de leurs actions communes, ce qui peut ressembler à l'histoire et aux arts, aux œuvres de langues, aux œuvres de temps. Instruits incultes, ils sont formés à oublier les hommes, leurs rapports, leurs douleurs, la mortalité. Ceux qui furent formés aux lettres dès leur enfance sont jetés dans ce qu'on est convenu de nommer les sciences humaines, où ils perdent à jamais le monde : œuvres sans arbre ni mer, sans nuage ni terre, sauf dans les rêves ou les dictionnaires. Cultivés ignorants, ils se consacrent aux chamailles sans objet, ils n'ont jamais connu que des enjeux, des fétiches ou des marchandises. »**

Faut-il se résoudre à cet immobile face-à-face entre *« instruits incultes »* — formés aux sciences et fermés aux lettres — et *« cultivés ignorants »* — formés aux lettres et fermés aux sciences ? Nous avons pris l'habitude d'une telle fracture dans le domaine du savoir et celle-ci, du coup, nous semble naturelle. La science se présente à nous comme un champ clos qui, soumis à ses propres règles, fonctionne selon une logique de rigueur inaccessible du fait de sa complexité. Bien souvent, la science passe pour le discours de la vérité, de l'objectivité, de la neutralité et de l'efficacité. Au sein de la culture, elle jouit de ce fait d'une sorte de privilège d'extra-territorialité. Au-dessus des critiques, telle autrefois la religion, elle constitue de ce fait la forme moderne du sacré — c'est-à-dire, étymologiquement, de ce qui est interdit au profane.

Or, il est nécessaire de réagir contre une telle conception de la science car celle-ci est à la fois inexacte et dangereuse.

La science fait partie de la culture

Un des principaux acquis de l'épistémologie — philosophie des sciences — moderne a été de montrer que la science appartenait, malgré tout, à la culture. Ce qui signifie qu'elle n'est pas le pur discours de la vérité mais qu'elle s'inscrit dans une réalité qui est à la fois politique, économique et sociale. Pour reprendre l'excellente formule qui constitue le titre d'un des ouvrages de Pierre Thuillier : les savoirs sont « ventriloques »; ils prétendent nous livrer le monde dans son objectivité, nous mettre directement en contact avec la matérialité de celui-ci, mais en réalité, une autre voix parle en eux, celle de l'époque, avec ses enjeux, ses doutes, ses angoisses et ses préjugés :

> **« ...la science fait partie de la culture. Idée banale si l'on veut; mais sans cesse méconnue. Elle signifie tout simplement que la science est une construction humaine, une institution progressivement élaborée, historiquement conditionnée et inséparable des autres institutions ou activités humaines. A des degrés divers et sous des modalités non moins diverses, les activités dites « scientifiques » sont tributaires d'une inépuisable série de facteurs philosophiques, religieux, politiques, économiques, esthétiques, etc. »**

Il convient ici de ne pas se méprendre. Il ne s'agit pas du tout de nier la spécificité du discours scientifique et d'affirmer que toutes les formes de savoir ou de discours — philosophiques, religieux, politiques voire artistiques — se valent et s'équivalent. L'objectif est simplement de mettre en évidence les facteurs extra-scientifiques qui pèsent sur la science : il s'agit de montrer les ramifications souterraines et masquées qui relient une théorie scientifique à la culture d'ensemble dont elle est, au moins en partie, le produit.

L'intérêt de ce type d'approche est de nous montrer que la science est loin d'être ce discours de rigueur, d'objectivité et de méthode qu'elle prétend être. En un ouvrage iconoclaste significativement intitulé *Contre la méthode,* l'épistémologue Paul Feyerabend s'est attaché à montrer que l'anarchie et le désordre étaient les véritables facteurs du progrès scientifique : les savants ne produisent du nouveau qu'à se refuser aux règles trop étroites de la recherche. Faisant feu de tout bois, n'hésitant pas à tricher et à aller chercher son inspiration dans les domaines les plus incongrus et les plus surprenants, le génie scientifique est celui qui ose bousculer toutes les certitudes et tous les préjugés. On est ici aux antipodes de l'image traditionnelle de la démarche scientifique. Remettant en cause nos idées toutes faites, Paul Feyerabend nous amène à prendre nos distances avec les prétentions du discours scientifique. Il conclut son ouvrage en écrivant :

> **« ...la science est beaucoup plus proche du mythe qu'une philosophie scientifique n'est prête à l'admettre. C'est l'une des nombreuses formes de pensée qui ont été développées par l'homme, mais pas forcément la meilleure. La science est indiscrète, bruyante, insolente; elle n'est essentiellement supérieure qu'aux yeux de ceux qui ont opté pour une certaine idéologie, ou qui l'ont acceptée sans jamais avoir étudié ses avantages et ses limites. »**

Le savoir est le pouvoir

Or la question est d'importance car elle est autant politique qu'épistémologique.

Fascinée par les prouesses de la technique et le confort sans précédent que ses bienfaits nous assurent, la société moderne manifeste souvent une foi aveugle dans le discours scientifique. On remet quelquefois en question les applications de celui-ci mais jamais on ne fait porter la critique plus en amont. A tort, nous tenons la science pour le discours sans appel de la vérité. La science — ou plutôt le scientisme qui en est la caricature — est de ce fait devenue la plus intouchable et la plus assurée des idéologies modernes.

Or, savoir et pouvoir forment un couple indissociable. Le savoir fonde le pouvoir qui, à son tour, use du savoir. Platon, dans *La République,* avait rêvé d'une société où savoir et pouvoir seraient réunis entre les mêmes mains : sous le règne des rois-philosophes, la Justice triompherait enfin car les décisions politiques appartiendraient aux plus rationnels des êtres. Mais le rêve platonicien peut se faire cauchemar : la science en effet en soi n'est obligatoirement, ni neutre, ni objective, ni désintéressée, ni positive dans ses effets : loin d'être le guide d'un pouvoir éclairé, elle peut donc devenir l'arme d'un système tyrannique.

Rappeler à sa vérité et à ses limites l'image idéale de la science que nous nous faisons constitue donc un geste politique nécessaire ainsi que ne cesse de le marquer, dans ses différents ouvrages, Jean-Marc Lévy-Lebond. A cette condition seulement pourra être évitée la dérive d'où naîtrait un pouvoir totalitaire qui fonderait son pouvoir ultime sur le prestige d'une vérité garantie par le discours scientifique.

REPÈRES

Paul Feyerabend, *Contre la méthode,* (Points) Seuil, 1975.
Jean-Marc Lévy-Leblond, *L'Esprit de sel,* (Points) Seuil, 1984.
Michel Serres, *Le Passage du Nord-Ouest,* Minuit, 1980.
Alexandre Koyré, *Du monde clos à l'univers infini,* (Tel) Gallimard, 1957.

► **Idéologie, Technique (progrès).**

Structuralisme

Le structuralisme est le terme d'ensemble par lequel on désigne les « sciences du signe » qui se sont développées dans le champ de la culture française au cours des années 1950-1960.

L'impulsion première a été conférée par les travaux du linguiste Ferdinand de Saussure qui, au début du siècle, ont bouleversé l'approche traditionnelle du langage. Le structuralisme, largement, consiste en l'importation du modèle linguistique dans le champ plus large de la culture : anthropologie, psychanalyse, critique littéraire ou philosophie. Mettant ainsi l'accent sur le langage qui nous parle et nous constitue, le structuralisme est un anti-humanisme : non pas en ceci qu'il nierait entièrement et sans retour l'individu, mais parce qu'il nous amène à nous défaire de la conception classique du sujet qui jusqu'à lui largement prévalait.

Structuralisme : sciences du signe

On regroupe d'ordinaire sous le nom de « structuralisme » un ensemble large d'œuvres qui, chacune dans leur champ spécifique, ont marqué la culture française des années 1950-1960. Ces œuvres sont celles de l'ethnologue Claude Lévi-Strauss, du critique Roland Barthes, du psychanalyste Jacques Lacan, et des philosophes Louis Althusser, Michel Foucault et Jacques Derrida.

Existe-t-il pour ces travaux — et ceux qui en procèdent — un quelconque dénominateur commun ? Le structuralisme est-il quelque chose de plus solide que l'un de ces apparentements commodes et factices par lesquels les historiens de la philosophie et de la culture regroupent des penseurs qui n'ont d'autre point commun que d'appartenir sensiblement à la même génération intellectuelle ?

Il faut commencer par reconnaître que c'est avec beaucoup de réticence que certains des théoriciens dont les noms précèdent ont accepté quelquefois de se ranger sous la bannière du structuralisme.

Aussi imprécises qu'en soient les limites, aussi vague qu'en soit la nature, il existe cependant quelque chose qui fut nommé le structuralisme, qui domina la scène intellectuelle française après que se soit dissipée la séduction de l'existentialisme et qu'il est possible de définir, au moins de manière approximative.

Posons donc que le structuralisme se présente comme le renouvellement spectaculaire et décisif du savoir qui, à partir des années 50, se produisit dans le champ des sciences humaines et de la philosophie grâce à l'introduction dans ces domaines d'un modèle emprunté aux sciences du langage.

La définition rapide esquissée ici rejoint celle que François Wahl expose au début de son *Qu'est-ce que le structuralisme?* Il écrit :

> **« Nous dirons — et c'est la seule façon de ne pas tomber dans la confusion — que *sous le nom de structuralisme se regroupent les sciences du signe, des systèmes de signes.* »**

Le modèle linguistique

C'est donc dans le champ de la linguistique que s'origine ce que l'on a quelquefois nommé la « révolution structurale ». C'est pourquoi l'on ne peut comprendre le structuralisme qu'à remonter en amont de celui-ci jusqu'au bouleversement qui, dans le champ des sciences du langage, fut initié par les travaux de Ferdinand de Saussure.

Ce bouleversement consiste d'abord dans l'abandon de la perspective historique dans laquelle s'inscrivaient les travaux linguistiques du XIXe siècle. Pour les représentants de la grammaire comparée comme pour les néo-grammairiens qui leur succédèrent, étudier la langue revenait en fait à étudier son évolution : depuis le lointain tronc commun de l'hypothétique indo-européen jusqu'aux transformations historiques plus directement attestées. La logique d'une langue n'était rien d'autre que celle de sa genèse, de son épanouissement puis de son déclin.

Dans ses *Cours de linguistique générale* professés à Genève entre 1906 et 1911, Saussure brise avec cette conception de la linguistique : il combine à l'approche diachronique de la langue une étude synchronique de celle-ci. Ce qui signifie qu'au lieu de saisir la langue uniquement dans son évolution, la linguistique se proposera désormais de cerner chaque état de la langue en considérant celui-ci comme autonome par rapport à l'état précédent. La langue est maintenant envisagée comme un système, une structure dotée d'une organisation propre que la linguistique a pour charge de mettre au jour en saisissant la nature des relations qui s'établissent entre chaque élément et l'ensemble.

L'apport de Saussure est bien entendu plus large et plus complexe que ce que laissent entendre les lignes qui précèdent. Il passe notamment par la mise au point de toute une terminologie qui va ultérieurement jouer un rôle décisif (ainsi l'opposition signifiant/signifié; langue/parole). L'essentiel cependant est bien là : dans un changement total de perspective qui amène à décrire la réalité linguistique comme un système dans lequel les éléments ne trouvent leur valeur qu'à être rapportés au système dans son ensemble.

De la linguistique aux sciences humaines

C'est de l'irruption de cette théorie du langage dans le champ des sciences humaines que va naître le structuralisme. Les artisans essentiels de celle-ci seront le linguiste Roman Jakobson et l'ethnologue Claude Lévi-Strauss. Dans *Les Structures élémentaires de la parenté*, ce dernier s'applique à rendre compte des règles matrimoniales extrêmement complexes des peuples primitifs à l'aide d'un modèle emprunté à la linguistique qui se révèle d'une très grande force explicative. L'idée est qu'il existe une logique d'ensemble — le système de parenté — dont les mariages réels, et les relations familiales observables sont comme la traduction visible, l'actualisation. Entre ce système et la réalité qu'il engendre, les relations sont du même ordre que celles que Saussure découvrait entre la langue — là encore, le système d'ensemble — et la parole — le discours qui peut être produit à partir de ce système. Comme le précisera *Anthropologie structurale,* « le système de parenté est un langage ». D'où la pertinence du recours à la linguistique pour étudier celui-ci.

Avec Lévi-Strauss, un premier pont est donc jeté entre la linguistique et le domaine des sciences humaines. Ce qui se trouve affirmé ici de décisif, c'est que dans la mesure où une réalité sociale peut être appréhendée comme une forme particulière de langage, celle-ci devient justiciable de l'application du modèle linguistique avec ses méthodes et son vocabulaire.

Dans cette brèche ainsi ouverte, tout ce qui deviendra le structuralisme va s'engouffrer.

Du côté de l'analyse littéraire, le structuralisme s'attachera à mettre en place une théorie qui rendrait compte de la multiplicité des récits. Dans son « Introduction à l'analyse structurale des récits », Roland Barthes explique que, dans le mesure où « *la linguistique s'arrête à la phrase* », il devient nécessaire d'inventer une autre linguistique dont l'objet serait le discours :

> **« ... il est évident que le discours lui-même (comme ensemble de phrases) est organisé et que par cette organisation il apparaît comme le message d'une autre langue, supérieure à la langue des linguistes : le discours a ses unités, ses règles, sa « grammaire » : au-delà de la phrase et quoique composé uniquement de phrases, le discours doit être naturellement l'objet d'une seconde linguistique. »**

L'hypothèse de départ de cette nouvelle linguistique est qu'il existe une homologie entre la structure de la phrase telle que l'étudie la linguistique et la structure du discours telle qu'elle reste à étudier. De ce fait, il devient légitime d'appliquer aux récits tels que la littérature nous en propose, les outils méthodologiques de la linguistique. Dans le cas de la littérature, la démarche, on le voit, est la même que dans le cas de l'ethnologie. Le récit, au même titre que le système de parenté, devient langage pour celui qui l'analyse.

Même démarche encore si on s'intéresse maintenant à la psychanalyse de Jacques Lacan. En une formule devenue célèbre, celui-ci affirme que « *l'inconscient est structuré comme un langage* ». Par une nouvelle homologie, le modèle linguistique se trouve importé dans le champ de la psychanalyse. Au regard de l'œuvre de Freud, ce geste théorique est loin d'être illégitime et il se révélera extraordinairement fécond. Déroutante et fascinante, l'œuvre de Lacan nous amène à saisir que le langage tout entier nous constitue : nous croyons parler mais en fait c'est nous qui sommes parlés car en nous, et par le symptôme, le lapsus ou le rêve, se parle sans cesse le langage de l'inconscient. Pour ne retenir que l'une des formules nombreuses dont l'enchaînement énigmatique a fini par constituer tout le discours de Lacan, il y a moins, chez l'homme, de l'être que du « parlêtre », c'est-à-dire à la fois du parler et du paraître. Lacan l'a déclaré :

> **« Le langage est la condition de l'inconscient [...]. L'inconscient est l'implication logique du langage : pas d'inconscient en effet sans langage. »**

C'est en cela donc que la psychanalyse lacanienne peut être dite structuraliste. Affirmant la primauté du langage sur le sujet, elle cherche à analyser la logique de ce langage qu'elle s'est donné comme objet.

Dans le domaine de la philosophie, enfin — et pour ne retenir que le seul exemple de Michel Foucault —, le geste est sinon identique du moins en partie parallèle. Il consiste à découvrir derrière les discours d'une époque la « grammaire » du savoir qui en rend possible la formulation. Telle est l'entreprise de son ouvrage, *Les Mots et les choses* que, dans sa préface, Foucault présente ainsi :

> **« ...c'est une étude qui s'efforce de retrouver à partir de quoi connaissances et théories ont été possibles; selon quel espace d'ordre s'est constitué le savoir; sur fond de quel *a priori* historique et dans l'élément de quelle positivité des idées ont pu apparaître, des sciences se constituer, des expériences se réfléchir dans des philosophies, des rationalités se former, pour, peut-être, se dénouer et s'évanouir bientôt... »**

Il y aurait quelque abus à rabattre le projet de Foucault sur les éléments de définition du structuralisme qui ont été jusqu'ici introduits. Foucault, dans *L'Archéologie du savoir,* s'est explicitement opposé à ce type d'amalgame et il faut reconnaître avec lui qu'en aucun texte il n'utilise les outils de la linguistique et qu'à aucun moment il ne prononce le mot de « structure ». Cependant, on voit bien pourquoi le nom de Foucault est constamment associé à ceux des structuralistes. Pour lui comme pour eux, il s'agit de rendre compte de la multiplicité des discours en découvrant une sorte de socle ou de modèle qui, au-delà de la diversité des apparences, leur soit commun.

En ceci, le structuralisme se présente bien comme un discours sur le signe : il est la tentative de notre temps pour mettre à jour la régularité d'un ordre, la trame d'un langage derrière la foisonnante multiplicité des discours échangés.

Un anti-humanisme ?

Si le structuralisme n'avait été que révolution méthodologique, si son seul apport avait été sa contribution à l'intelligence des structures parentales primitives qu'analyse Lévi-Strauss ou à celle des savoirs révolus qu'étudie Foucault, on comprendrait mal le très large prestige intellectuel qui, dans les années 60, a été le sien. Au-delà d'eux-mêmes et peut-être à rebours d'eux-mêmes, ces travaux théoriques d'une très grande difficulté ont diffusé comme une idéologie ou du moins une vision du monde.

On ramène d'ordinaire celle-ci — et souvent de manière polémique — à cette image de la « mort de l'Homme » qui, de manière superbe et énigmatique, habite les dernières lignes de *Les Mots et les choses.* On lit en effet à la dernière page de ce livre :

> **« L'homme est une invention dont l'archéologie de notre pensée montre aisément la date récente. Et peut-être la fin prochaine.**
>
> **Si ces dispositions venaient à disparaître comme elles sont apparues, si par quelque événement dont nous pouvons tout au plus pressentir la possibilité, mais dont nous ne connaissons pour l'instant encore ni la forme ni la promesse, elles basculaient, comme le fit au tournant du XVIIIe siècle le sol de la pensée classique, — alors on peut bien parier que l'homme s'effacerait, comme à la limite de la mer un visage de sable. »**

Au-delà de ce texte de conclusion à la signification très complexe, en quoi le structuralisme serait-il un anti-humanisme ? En ceci qu'il congédierait définitivement la vision naïve et inexacte d'un sujet autonome, transparent à lui-même sur laquelle l'essentiel de la tradition occidentale est fondée. Ce que nous découvrirait le structuralisme ne serait rien d'autre que le poids insoupçonné sur nous des systèmes qui s'imposent aux individus sans même que ceux-ci en aient conscience. Pour reprendre la célèbre formule lacanienne déjà citée, nous croyons parler — nous croyons tenir un discours dont nous détenons nous-mêmes le sens — mais en réalité, quelque chose parle en nous et par notre voix qui peut être le langage de l'inconscient, l'ordre du discours ou celui du système social auquel nous appartenons. Tout est langage et, aux règles de ce langage qui nous précède et nous enserre dans le filet qu'il constitue, nous sommes soumis sans possibilité de nous enfuir. Envisagé dans cette perspective, le structuralisme se présenterait donc comme une sorte de rigide et impitoyable déterminisme qui viderait de toute substance les notions de liberté et d'individu.

Telle est en tout cas l'interprétation du structuralisme qui souvent prévaut. Elle est au cœur, par exemple, du pamphlet de Luc Ferry et Alain Renaut intitulé *La pensée 68*. Pour eux, la cause est entendue :

> **« … la philosophie française des années 68, elle, a résolument choisi le parti de l'anti-humanisme.**
>
> **De la proclamation foucaldienne de "la mort de l'homme" telle qu'elle intervient pour clore *Les Mots et les choses*, à l'affirmation lacanienne du caractère radicalement anti-humaniste de la psychanalyse après "la découverte de Freud" selon laquelle "le centre véritable de l'être humain n'est désormais plus au même endroit que lui assignait toute une tradition humaniste", c'est la même conviction qui s'affirme : l'autonomie du sujet est une illusion… »**

Alors, le structuralisme est-il un anti-humanisme ? La question est des plus complexes. A la thèse de ses adversaires, on pourra cependant opposer quelques objections.

D'abord, il y a quelque mauvaise foi à amalgamer le refus de l'humanisme avec l'affirmation que l'autonomie du sujet est une entière illusion. On peut tout à fait affirmer qu'une certaine conception de l'individu disparaît ou parler de « décentrement du sujet » sans pour autant sombrer dans une sorte de déterminisme ou de nihilisme : il s'agit simplement de promouvoir une vision nouvelle et moins confortable de ce que nous sommes. Ensuite, à définir le structuralisme comme négation entière de la liberté et de l'individu, on aurait du mal à expliquer ce double paradoxe : comment les théoriciens du structuralisme auraient-ils réussi eux-mêmes à échapper au poids des structures qui pèsent sur eux pour en énoncer la logique ? Pourquoi le structuralisme a-t-il débouché, et ceci aussi bien chez Foucault que chez les post-structuralistes comme Kristeva, sur une véritable volonté d'engagement souvent révolutionnaire ?

On peut bien entendu résoudre le paradoxe en arguant d'une contradiction interne au structuralisme ou d'un reniement de leurs propres thèses par ses théoriciens. La démonstration n'est cependant qu'à moitié satisfaisante. La vérité est sans doute ailleurs. Si le structuralisme est bien description d'une langue qui nous donne les mots mêmes avec lesquels nous parlons notre vie, il pose aussi pour l'individu la possibilité d'une forme d'accomplissement.

Lacan l'a dit de manière superbe. Certes, toute notre vie, nous sommes pris dans les rets du langage :

> **« Les symboles enveloppent en effet la vie de l'homme d'un réseau si total qu'ils conjoignent avant qu'il vienne au monde ceux qui vont l'engendrer "par l'os et par la chair", qu'ils apportent à sa naissance avec les dons des astres, sinon avec les dons des fées, le dessin de sa destinée, qu'ils donnent les mots qui le feront fidèle ou renégat, la loi des actes qui le suivront jusque-là même où il n'est pas encore et au-delà de sa mort même, et que par eux sa fin trouve son sens dans le jugement dernier où le verbe absout son être ou le condamne... »**

Mais, poursuit Lacan, dans cette servitude ne s'anéantit pas cependant le vivant car le désir préserve sa part « dans les interférences et les battements que font converger sur lui les cycles du langage ». Et faire advenir ce désir — et avec lui le sujet — est justement l'objectif difficile mais non interdit de la psychanalyse et, au-delà, de toute expérience humaine.

REPÈRES

Roland Barthes, « L'activité structuraliste », *Essais critiques,* (Points) Seuil, 1964.
« Introduction à l'analyse structurale du récit », *L'analyse structurale du récit,* (Points) Seuil, 1966.
Michel Foucault, *L'Archéologie du savoir,* Gallimard, 1969.
Claude Lévi-Strauss, *Anthropologie structurale,* (Agora), 1958.
Ferdinand de Saussure, *Cours de linguistique générale,* Payot, 1916.
François Wahl, *Qu'est-ce que le structuralisme? 5. Philosophie,* (Points) Seuil, 1973.

Surréalisme

Le surréalisme est un mouvement artistique et littéraire qui s'est développé essentiellement entre les deux guerres.

Plus que cela, il a voulu être à l'origine d'une véritable crise de civilisation : « évangile du désordre », *il a exprimé, au lendemain de la Grande Guerre, la révolte de toute une génération contre le carcan social;* « expérience intérieure », *il a débouché sur la plus fascinante des explorations poétiques de l'esprit humain; mouvement révolutionnaire, il a pris parti dans les grands conflits historiques de notre siècle.*

Deux définitions

Les définitions du surréalisme sont nombreuses qui ont été l'œuvre de poètes, de critiques, d'historiens de la littérature. Parmi celles-ci, on en retiendra deux qui furent composées par André Breton, l'âme véritable du mouvement et le plus significatif de ses représentants. Elles figurent dans les deux *Manifestes* dont il fut l'auteur et qui, plus que de simples textes théoriques, prennent place parmi les grands ouvrages de la littérature française du XXe siècle.

Parodiant les sèches notices des dictionnaires, Breton dans le *Manifeste du surréalisme* (1924), après s'être autorisé de références à Apollinaire et à Nerval, introduit « une fois pour toutes » la définition du surréalisme :

> **« SURREALISME, n.m. Automatisme psychique pur par lequel on se propose d'exprimer, soit verbalement, soit par écrit, soit de toute autre manière, le fonctionnement réel de la pensée. Dictée de la pensée, en l'absence de tout contrôle exercé par la raison, en dehors de toute préoccupation esthétique ou morale.**
> **ENCYCL. *Philos.* Le surréalisme repose sur la**

> **croyance à la réalité supérieure de certaines forme d'associations négligées jusqu'à lui, à la toute-puissance du rêve, au jeu désintéressé de la pensée. Il tend à ruiner définitivement tous les autres mécanismes psychiques et à se substituer à eux dans la résolution des principaux problèmes de la vie. Ont fait acte de SURREALISME ABSOLU MM. Aragon, Baron, Boiffard, Breton, Carrive, Crevel, Delteil, Desnos, Eluard, Gérard, Limbour, Malkine, Morise, Naville, Noll, Péret, Picon, Soupault, Vitrac. »**

En un *Second Manifeste du surréalisme* qui, à cinq ans d'ıntervalle, fait écho au premier, Breton propose une nouvelle définition du surréalisme :

> **« Tout porte à croire qu'il existe un certain point de l'esprit d'où la vie et la mort, le réel et l'imaginaire, le passé et le futur, le communicable et l'incommunicable, le haut et le bas cessent d'être perçus contradictoirement. Or, c'est en vain qu'on chercherait à l'activité surréaliste un autre mobile que l'espoir de détermination de ce point. »**

Les deux définitions qui précèdent sont certes loin de se superposer exactement. Elles présentent comme deux formulations distinctes de l'entreprise surréaliste. Cependant, dans un cas comme dans l'autre, on voit que le surréalisme est défini comme tout sauf un mouvement esthétique et littéraire — ce qui peut, à juste titre, surprendre dans la mesure où c'est à ce titre qu'il figure aujourd'hui dans l'histoire de la culture occidentale.

L'ambition du surréalisme, telle qu'elle s'exprime dans la bouche de Breton, est plus haute et moins spécifique. Elle se présente comme philosophique et morale plus qu'artistique. Il s'agit — par le biais d'un certain nombre de techniques — d'atteindre au *« fonctionnement réel de la pensée »*, de parvenir à ce *« point suprême »* où s'abolissent toutes les contradictions. L'objectif ultime est de permettre à l'homme, divisé à l'intérieur de lui-même par les cloisons et les limites qui lui sont imposées, de se réapproprier sa propre pensée, dans toute sa profondeur et toute sa richesse. A terme, le surréalisme ne vise donc à rien de moins qu'à un homme enfin réunifié avec lui-même.

« Evangile du désordre »

Tel est donc le programme que le surréalisme, par la voix de son principal représentant, s'impose à lui-même. Cependant, on ne saisirait rien à ce qu'a véritablement été le surréalisme si on s'en tenait à des déclarations de principe si générales. La compréhension du surréalisme est au prix d'un examen de son histoire et des œuvres dans lesquelles celle-ci se donne à lire.

Le surréalisme, « évangile du désordre », l'expression est d'Albert Camus dans *L'Homme révolté*. Elle permet de saisir la force de refus qui est à l'origine du mouvement et qui ne s'explique que par les circonstances historiques dans lesquelles, au tout début des années 1920, naît le surréalisme.

A un titre ou à un autre, les principaux acteurs du surréalisme peuvent être tenus comme les enfants de la Première Guerre mondiale : ils ont été les témoins du plus absurde des grands massacres de l'histoire. Reprenant contact au sortir de la guerre avec un monde sur lequel ils ne peuvent porter qu'un jugement sévère et désabusé, ils vont s'engager dans la voie d'une révolte absolue.

Sur cette voie, Breton, Aragon, Soupault avaient été précédés par Dada, mouvement fondé en 1916 à Zurich par Tristan Tzara et dont l'ambition se réduisait à une destruction systématique et désinvolte de toutes les valeurs, à un nihilisme aussi bien esthétique que politique et moral. Il s'agissait de nier tous les principes par la plus violente des dérisions. Le surréalisme ne naît pas, comme on l'affirme quelquefois, de Dada : l'année précédant l'arrivée de Tzara à Paris (1920), Breton, Aragon et Soupault — rapidement rejoints par Eluard — avaient fondé la revue *Littérature* et étaient déjà parus *Les Champs magnétiques,* œuvre poétique essentielle du surréalisme. Cependant, dans la genèse du mouvement, Dada joue bien un rôle considérable dans la mesure où jusqu'en 1922 au moins, c'est dans la proximité avec la fièvre iconoclaste de Dada — aussi bien d'ailleurs qu'en réaction contre elle — que va se développer l'esprit surréaliste.

La révolte absolue des surréalistes ne se contente pas de la seule soif de destruction qui animait Dada. Cependant, et tout spécialement au début des années 20, elle se marque d'abord par une violence intellectuelle et verbale qui confine parfois au nihilisme ou à la provocation gratuite. Les textes — comme le superbe et inégalé *Traité du Style* de Louis Aragon en 1928 — sont animés d'une verve qui ne laisse rien intact des figures solennelles de la pensée et de la société. Les surréalistes, pour faire bouger un monde littéraire enlisé dans ses conventions et ses habitudes, se font une spécialité de l'agitation et du scandale, traînant dans la boue au lendemain de sa mort le très officiel romancier Anatole France, ou encore, semant la panique au cours du banquet organisé en l'honneur du poète Saint-Pol-Roux.

L'aventure intérieure

L'opinion publique et le monde littéraire ne retiennent à l'époque du surréalisme que cette image scandaleuse. Cependant, l'essentiel est bien entendu ailleurs – quoique aucune frontière véritable ne soit à tracer par ici entre la vie et les œuvres. L'essentiel réside dans l'aventure intérieure dans laquelle se sont engagés tous les surréalistes et qui, comme on l'a signalé plus haut, n'a nulle autre ambition que l'exploration des profondeurs véritables de l'esprit.

Cette exploration n'est possible, affirme les surréalistes, que pour celui qui court le risque de sortir des sentiers battus de la rationalité. Il s'agit de se soustraire aux contraintes que font peser sur nous les règles de la morale, de la logique et du goût. A cette fin, les surréalistes ont recours à toute une série de techniques permettant de tourner les censures qui s'exercent sur notre esprit. L'écriture automatique, principalement, qui oblige la main à écrire sous la dictée directe de l'inconscient, sans souci de l'absurdité apparente du texte ainsi produit. Mais aussi les récits de rêves, les sommeils hypnotiques ou encore les jeux — comme le célèbre «cadavres exquis». Quel que soit le moyen utilisé, l'objectif est le même qui consiste à laisser surgir et s'inscrire dans le texte ou dans la vie les espaces profonds de notre esprit, ceux de l'inconscient, de l'irrationnel. D'où cet absurde et cet hétéroclite qui signalent une œuvre surréaliste et qui se marquent bien par exemple dans cette image empruntée à l'œuvre de Breton: «*La rosée à tête de chatte*», ou encore dans le célèbre: «*La terre est bleue comme une orange*» de Paul Eluard.

Plongée volontaire et risquée dans les profondeurs de l'esprit, le surréalisme ne resta pas indifférent à l'entreprise parallèle que, sous le nom de psychanalyse, était en train de mener Sigmund Freud. Breton vint rendre visite au docteur viennois dès 1921 et quel qu'ait pu être le caractère décevant de cette rencontre, il ne manqua jamais de témoigner à Freud la plus grande admiration. Les malentendus, certes, étaient nombreux et considérables: les surréalistes visaient à exalter les désordres de l'esprit alors que la psychanalyse s'attachait à réduire ceux-ci. Il n'est pas exagéré, cependant, d'affirmer que c'est le surréalisme qui contribua à la diffusion, en France, des éléments essentiels de la doctrine freudienne. A cet égard est particulièrement significative l'appartenance au groupe surréaliste du psychanaliste Jacques Lacan que l'on considère, en France au moins, comme le plus important des continuateurs de l'œuvre de Freud.

La Révolution surréaliste

L'aventure intérieure, cependant, n'est que l'un des versants de l'entreprise surréaliste. Celle-ci se double d'une volonté d'agir sur le monde extérieur pour parvenir à la transformation de celui-ci. L'homme réunifié que s'est donné comme fin le surréalisme ne sera possible qu'au prix d'une véritable révolution. En ce sens, aventure intérieure et révolution politique, morale et sociale définissent conjointement le surréalisme. Comme l'a marqué en une formule célèbre André Breton, il s'agissait de ne faire plus qu'un mot d'ordre de la volonté de Marx de « transformer le monde » et de celle de Rimbaud de « changer la vie ».

Forts de cette conviction et soucieux de ne pas s'enfermer, comme Dada, dans le cercle stérile d'une révolte vaine, les surréalistes se rapprochèrent de la seule force politique qui, dans les années 20, pouvait passer pour authentiquement révolutionnaire : le Parti communiste, auquel en 1927, adhérèrent simultanément Aragon, Breton, Eluard, Péret et Unik.

Les relations entre le surréalisme et le communisme étaient cependant lourdes d'autant de malentendus que celles entre le surréalisme et la psychanalyse. Il n'était en aucun cas question, pour Breton par exemple, de se plier totalement aux directives du Parti et de renoncer de ce fait à toute autonomie et à toute liberté pour l'artiste. De plus l'adhésion pouvait difficilement être entière à un Parti dont l'histoire montrait de plus en plus clairement de quelle puissance totalitaire il était l'allié.

Difficile, la question de l'engagement politique et des relations avec le P.C. fut l'une des principales lignes de fracture du surréalisme, l'un des lieux principaux de son éclatement. Certains, comme Artaud et Soupault, refusèrent d'entrée l'orientation militante du surréalisme et furent de ce fait exclus du mouvement. D'autres, comme Breton, ne prirent que plus tardivement leur distance avec le P.C. : lucide sur l'évolution du stalinisme et indigné par les procès de Moscou, l'auteur de *Nadja* se rapprocha de Trotski, puis rompit totalement avec le communisme. D'autres, enfin, au prix quelquefois d'un oubli de ce qu'avaient été leurs positions de départ, se rallièrent entièrement et définitivement au communisme. C'est le cas tout particulièrement de Louis Aragon qui, alors qu'il dénonçait en 1924 « Moscou la gâteuse » devint en quelque sorte l'écrivain officiel et orthodoxe du P.C.F. et ceci jusqu'à la fin de ses jours.

Quelles qu'aient été les options politiques des principales figures du mouvement, on peut affirmer que l'engagement resta l'un des horizons essentiels du surréalisme. En témoigne notamment — quoique de manière là encore souvent curieuse — la participation de nombreux surréalistes à la Résistance sous l'Occupation et la mobilisation — souvent poétiquement discutable autant que politiquement irréprochable — d'un Aragon ou d'un Éluard. En cela, le surréalisme s'est voulu fidèle jusqu'au bout à sa volonté d'agir pour libérer l'homme de toutes ses chaînes.

« ... Le paysage de l'adolescence ne s'est pas ensablé dans l'âge mûr... »

Dès la fin de la Seconde Guerre mondiale, historiens de la littérature et critiques se sont empressés de dresser le constat de décès du surréalisme. Force est de constater que les œuvres essentielles du surréalisme sont à chercher surtout dans les premières années de son existence, à l'époque où il était encore plein de tous ses possibles et riche de toute sa nouveauté et de son audace. Il sera difficile de trouver dans les textes plus tardif une force équivalente à celle qui, inouïe, éclate dans *Le Paysan de Paris* d'Aragon ou le *Manifeste du surréalisme* de Breton.

C'est peut-être de sa victoire même qu'est mort le surréalisme — si tant est que puisse véritablement mourir ce que Breton définissait comme une des dimensions éternelles de l'esprit humain. Diffusées, acceptées, parodiées, imitées, les découvertes du surréalisme ont perdu chez les épigones du mouvement le caractère de nouveauté qui faisait la force des tout premiers textes. Le surréalisme s'est figé souvent en une nouvelle préciosité, un académisme de l'anticonformisme dont le naufrage personnel et artistique de Dali renvoie de la manière la plus sûre l'image.

L'acquis cependant est énorme, et inentamables la séduction et la fascination que peuvent exercer aujourd'hui encore les témoignages les plus nobles de l'aventure surréaliste. Nul n'était plus qualifié qu'André Breton, au terme presque de son irréprochable trajectoire, pour dresser le bilan de sa propre entreprise et de celle du surréalisme :

> **« ... j'ai le sentiment de ne pas avoir déchu des aspirations de ma jeunesse et c'est déjà beaucoup, à mes yeux. Ma vie aura été vouée à ce que je tenais pour beau et pour juste. Tout compte fait, j'ai vécu jusqu'à ce jour comme j'avais rêvé de vivre [...]. Et la partie a bien été gagnée dans une large mesure. Je ne veux y mettre aucune vanité mais il est assez généralement reconnu aujourd'hui que le surréalisme a contribué pour une grande part à modeler la sensibilité moderne. En outre, il a réussi, sinon tout à fait à imposer, du moins à faire prendre en considération son échelle de valeurs. Si l'on se reporte à un titre de revue comme *La Révolution surréaliste* qui pouvait passer à l'époque pour hyperbolique, il n'est pas excessif de soutenir qu'une telle révolution s'est accomplie dans les esprits. »**

Et, dans cette certitude d'une totale fidélité à soi-même, il y a, continue Breton, quelque chose qui n'usurpe pas le nom de bonheur :

> **« ... il y a quelque chose de véritablement heureux à s'assurer que le paysage de l'adolescence ne s'est pas ensablé dans l'âge mûr, que les mêmes étendues imprescriptibles se découvrent chaque fois que le vent ramène les accents des poètes et de quelques autres, qui ont été les grandes sources d'exaltation, autrefois. »**

REPÈRES

Louis Aragon, *Traité du style,* (L'Imaginaire), Gallimard, 1928.

André Breton, *Manifeste du surréalisme,* (Idées), Gallimard, 1929.

Entretiens : 1913-1952 (Idées), Gallimard, 1952.

Henri Béhar et Michel Carassou, *Le Surréalisme, textes et débats,* Le Livre de Poche, 1984.

Alain Lewi, *Le Surréalisme,* (Littérature vivante) Pierre Bordas et fils, 1990.

► **Avant-garde, Engagement.**

Technique (progrès)

La technique est l'ensemble des procédés qui, fondés sur la connaissance scientifique, permettent à l'homme d'agir sur la nature.

Elle doit nous rendre, selon le mot célèbre de Descartes, « maîtres et possesseurs de la nature ». Tel est le rêve prométhéen qui définit largement la civilisation occidentale et a façonné le monde dans lequel nous vivons. Non sans poser toutefois un nombre croissant de problèmes que seule la soumission de la technique à l'éthique permettra de véritablement résoudre.

Maîtres et possesseurs de la nature

En un passage célèbre de son *Discours de la méthode,* Descartes, plaidant pour lui-même et pour son ouvrage, affirme qu'il est une science qui, loin de nous éloigner du monde, nous permet de saisir celui-ci, d'agir sur lui et de nous rendre, selon une formule célèbre, *« maîtres et possesseurs de la nature ».* Il écrit à la sixième partie de son ouvrage :

> **« ... sitôt que j'ai eu acquis quelques notions générales touchant la physique, et que, commençant à les éprouver en diverses difficultés particulières, j'ai remarqué jusques où elles peuvent conduire et combien elles diffèrent des principes dont on s'est servi jusqu'à présent, j'ai cru que je ne pouvais les tenir cachées sans pécher grandement contre la loi qui nous oblige à procurer autant qu'il est en nous le bien général de tous les hommes. Car elles m'ont fait voir qu'il est possible de parvenir à des connaissances qui soient fort utiles à la vie; et qu'au lieu de cette philosophie spéculative qu'on enseigne dans les écoles, on en peut trouver une pratique, par laquelle, connaissant la force et les actions du feu, de l'eau, de l'air, des astres, des cieux et de tous les autres corps qui nous environnent, aussi distinctement**

que nous connaissons les divers métiers de nos artisans, nous les pourrions employer en même façon à tous les usages auxquels ils sont propres, et ainsi nous rendre comme maîtres et possesseurs de la nature. »

Ainsi que le faisait remarquer Etienne Gilson dans son commentaire de 1925 du *Discours de la méthode :*

> **« Notre époque, marquée par le triomphe de l'ingénieur, serait chère au cœur de Descartes et rien ne l'y passionnerait davantage que le nombre sans cesse accru des « automates » dont les hommes se servent aujourd'hui. »**

Avec ce texte de Descartes — qui traduit la conviction de bien d'autres théoriciens de son temps —, le ton, en effet, est donné. La science, loin de s'enfermer en elle-même en des spéculations toujours plus éloignées du réel, doit participer à la lutte de l'homme pour l'amélioration de son bien-être et la maîtrise de son environnement. Le progrès scientifique doit aller de pair avec le progrès technique.

Tel est le projet prométhéen qui largement définit la civilisation occidentale. Il s'agit de voler le feu de la connaissance pour alimenter à sa flamme les fourneaux de l'industrie.

La révolution industrielle et technique du XIXe siècle donnera un commencement de réalité à ce qui, du temps de Descartes, ne pouvait être encore qu'un rêve ou un projet. Avec le développement des connaissances, du savoir-faire et des structures économiques, la perspective semble désormais ouverte d'une humanité avançant sans fin sur la voie du progrès des techniques et de l'amélioration corrélative des conditions de vie.

Telle est, par exemple, au tout début du XIXe siècle, la conviction du comte de Saint-Simon dont la pensée traduit de manière significative le scientisme et l'optimisme de son temps. Scientifiques et industriels doivent marcher la main dans la main, car c'est à eux qu'appartient l'avenir radieux de l'humanité. A condition que soient mises en place les structures sociales justes et appropriées, l'homme, par la technique, pourra dominer la nature :

> **« Jusqu'à présent, les hommes n'ont exercé, pour ainsi dire, sur la nature que des efforts purement individuels et isolés... Il est certain, néanmoins, que, malgré cette énorme perte de forces, l'espèce humaine est parvenue, dans les pays les plus civilisés, à un degré assez remarquable d'aisance et de prospérité. Qu'on juge, d'après cela, à quel point elle atteindrait s'il n'y avait presque aucune force perdue, si les hommes, cessant de se commander les uns aux autres, s'organisaient pour exercer sur la nature des efforts combinés, et si les nations suivaient entre elles le même système. »**

Le grand espoir du XXe siècle

L'évolution moderne n'a fait que confirmer les espoirs que le XIXe siècle avait placés dans le progrès technique. Tout individu vivant aujourd'hui dans un pays développé peut, par sa seule mémoire, mesurer les bouleversements considérables qui ont été apportés au monde dans lequel il vit et à son existence la plus quotidienne. Rappelons, pour nous contenter de quelques évidences, qu'un homme né avec le siècle a vu l'invention de la télévision et de l'ordinateur, de l'avion et de la fusée. Comme l'écrit Louis Aragon :

> **« Nos yeux furent premiers à voir**
> **Les nuages plus bas que nous »**

Pour reprendre une expression de l'économiste Jean Fourastié, le progrès technique a bien été *« le grand espoir du XXe siècle »*. Par les gains de productivité à l'origine desquels il a été, il a permis le développement global de la production et une redistribution massive des activités et des emplois des secteurs primaire et secondaire au secteur tertiaire. En travaillant de moins en moins, on réussit à produire de plus en plus, à satisfaire ainsi de nouveaux besoins et à dégager du temps libre pour d'autres activités.

Les désillusions du progrès

La médaille, bien sûr, a son revers qu'il ne conviendrait pas de taire. Très tôt, philosophes et écrivains ont dénoncé une société technique qui, arrachant l'homme à ses racines, détruisant le monde dans lequel il vit, le soumettant à un rythme pour lequel il n'est pas fait, lui créant des besoins artificiels, le privait en fait de toute identité, l'aliénait.

Ainsi Henri Bergson, dans *Les Deux sources de la morale et de la religion,* pouvait-il écrire :

> **« Sans contester les services qu'il (le machinisme) a rendus aux hommes en développant largement les moyens de satisfaire des besoins réels, nous lui reprocherons d'en avoir trop encouragé d'artificiels, d'avoir poussé au luxe, d'avoir favorisé les villes au détriment des campagnes, enfin d'avoir élargi la distance et transformé les rapports entre le patron et l'ouvrier, entre le capital et le travail. Tous ces effets pourraient d'ailleurs se corriger; la machine ne serait plus alors que la grande bienfaitrice. Il faudrait que l'humanité entreprît de simplifier son existence avec autant de frénésie qu'elle en mit à la compliquer. L'initiative ne peut venir que d'elle, car c'est elle, et non pas la prétendue force des choses, encore moins une fatalité inhérente à la machine, qui a lancé sur une certaine piste l'esprit d'invention. »**

La leçon, en somme, est la même que celle qu'énonçait, après bien d'autres, Rabelais : *« Science sans conscience n'est que ruine de l'âme. »*

Et pourtant, les enjeux ont changé du tout au tout. Et ceci à tel point que même la thèse de Bergson, aussi moralement juste qu'elle puisse être, ne peut manquer de nous sembler aujourd'hui, sur bien des points, un peu désuète. La question n'est plus en effet, aujourd'hui, seulement celle du déracinement ou des conditions de travail. La science et la technique ont donné à l'homme un tel pouvoir que toutes les dérives et toutes les catastrophes sont désormais possibles. Se nourrissant en effet de lui-même, le progrès technique, suivant en cela la pente de sa propre logique, étend chaque jour le champ du possible sans soulever jamais la question du souhaitable et encore moins celle du juste. Dans certains domaines, la technique, enivrée de ses propres possibilités et laissée à elle-même, ne semble plus se donner d'autres limites que celles, provisoires et toujours repoussées, de sa propre capacité à créer du nouveau.

Mais tout ce qui est techniquement possible est-il éthiquement fondé ? A voir les techniques nouvelles de contrôle social que rend possible le développement de l'informatique, à découvrir l'impensable remise en question de l'identité humaine et de la structure familiale que permettent les techniques dérivées des sciences du vivant, on peut en douter. Dans de telles conditions, il devient urgent de cerner les limites indispensables à assigner au rêve prométhéen. Au *« Science sans conscience n'est que ruine de l'âme »* de Rabelais, notre époque semble n'avoir pas d'autre alternative que de conjuguer cette seconde et nouvelle maxime : *« Technique sans éthique n'est que ruine de l'homme. »*

Bio-éthique

La bio-éthique — ou éthique médicale — est sans doute le champ dans lequel se posent les problèmes les plus spectaculaires. Grâce au progrès technique, ce qui relevait hier de la plus délirante des sciences-fictions est aujourd'hui du domaine de la science la plus quotidienne.

Certaines manipulations génétiques sont désormais possibles qui, si elles permettront peut-être de guérir des maladies jusqu'alors incurables, entraînent l'espèce humaine sur la voie périlleuse d'une redéfinition possible d'elle-même.

La procréation médicalement assistée bouleverse de son côté toutes les règles en matière de reproduction de l'espèce humaine. Insémination artificielle, don de sperme, banque d'embryons congelés, mères porteuses, bébés-éprouvettes, insémination post-mortem : autant de techniques qui sont justifiées en ceci qu'elles ont pour vocation de mettre fin à la stérilité d'un couple, mais qui soulèvent autant de questions qu'elles résolvent de problèmes. Toutes les combinaisons parentales deviennent possibles, qui priveront un enfant de parents ou au contraire lui donneront deux mères et deux pères : la structure familiale se décompose et se recompose, obligeant peut-être les générations futures à inventer un autre socle pour leur propre identité. Que deviendra dans ces nouvelles conditions l'universel complexe d'Œdipe ? Et à être ainsi saisi par la technique, stocké, échangé, manipulé, l'embryon ne risque-t-il pas d'être assimilé à un « pur produit » diffusé sur le plus nouveau, mais aussi le plus inquiétant des marchés ?

Joël de Rosnay, dans un article de *L'Expansion* du 21 septembre 1984, relate un cas célèbre qui en dit plus que bien des démonstrations :

> **« Un couple d'Américains stérile s'est rendu en 1981 en Australie pour tenter d'avoir un enfant. Les médecins ont prélevé trois ovules, qui ont été fécondés. Un premier œuf, réimplanté, a conduit à une fausse couche. Après avoir fait congeler les deux autres œufs, le couple rentre aux Etats-Unis et trouve la mort en 1983 dans un accident d'avion, laissant une fortune de 7 millions de dollars. Que faire des embryons ? Un tribunal australien vient de se prononcer pour leur destruction, sous réserve d'un avis contraire de l'opinion publique. Déjà les médecins australiens ont reçu de nombreuses demandes de femmes désirant se faire implanter ces embryons, susceptibles de conduire à des enfants riches dès leur naissance. Cependant, le sperme n'étant pas du mari mais d'un donneur volontaire, quels seront les droits des héritiers ? »**

Congelés, les embryons peuvent, paraît-il, se conserver pour l'éternité. Voilà donc des êtres qui sans être nés sont appelés à ne jamais mourir. La théologie avait inventé pour les enfants morts avant le baptême un espace à part, à l'intérieur des enfers : les limbes. Ce sont des limbes cryogènes que, pour sa part, la technique moderne a mises en place : plus inquiétantes encore et tout aussi injustes pour ceux qui s'y trouvent confinés *ad vitam aeternam*.

REPÈRES

Jean Fourastié, *Le Grand espoir du XXe siècle,* (Idées) Gallimard, 1963.

Alfred Sauvy, *La Machine et le chômage,* (Pluriel) Hachette, 1980.

► **Science.**

Tiers monde

Le tiers monde est l'ensemble des pays qui, n'appartenant ni au bloc occidental ni au bloc soviétique, composent pour l'essentiel cette partie de la planète qui est exploitée comme l'était le tiers état sous l'Ancien Régime.

A rebours de tous les espoirs qui étaient placés en lui, le tiers monde semble incapable aujourd'hui de jouer sur la scène internationale un rôle à la mesure de son importance démographique et humaine. Il s'enlise le plus souvent dans un sous-développement dramatique que la crise économique n'a fait que rendre plus intolérable. Du fait de sa diversité, il est incapable de se constituer en force politique autonome face aux pays riches.

Tiers état, tiers monde

L'expression de « tiers monde » a été forgée sur celle de « tiers état » par l'économiste français Alfred Sauvy.

Qu'était le tiers état ?

A la veille de la Révolution française, ceux qui, n'appartenant ni à la noblesse ni au clergé, n'étaient rien, aspiraient, selon le mot célèbre de Sieyès, à devenir quelque chose. Le tiers état constituait l'essentiel de la population mais un ordre social inégalitaire lui interdisait de jouer un rôle politique à la mesure de son importance. Il fallut la Révolution française pour que les exclus d'hier fassent leur entrée véritable sur la scène de l'histoire.

Une minorité accaparant tout pouvoir et toute richesse, une majorité comme laissée à l'écart de sa propre histoire. Au lendemain de la Seconde Guerre mondiale, la situation n'était guère différente à cela près que les inégalités et les enjeux s'étaient désormais planétarisés. Le conflit avait laissé face à face deux grands blocs : l'Ouest et l'Est. Les années à venir semblaient ne devoir être que celles de leur rivalité. Et pourtant, l'essentiel de la population se trouvait dans une situation tout autre : les trois quarts de l'humanité vivaient dans des pays sous-développés. A l'échelle du globe, la question principale aurait donc dû être celle du développement. Il faudrait une seconde révolution sans doute pour faire advenir un nouvel ordre mondial dans lequel le tiers monde occuperait enfin la place qui devrait lui revenir.

Tiers monde et tiers-mondisme

Telle était en tout cas la conviction du tiers-mondisme qui fut sans doute l'une des dernières grandes utopies occidentales. On peut définir celui-ci comme l'idéologie qui privilégie une zone géographique — le tiers monde en l'occurrence — pour en faire le lieu et l'enjeu de l'avenir tout entier de l'humanité. Floue dans son contenu, incertaine dans ses convictions, elle compte obtenir l'émancipation véritable des peuples les plus défavorisés de la planète. A plus court terme, elle vise à se traduire dans les faits par une aide des pays riches aux pays pauvres.

L'ambition est on ne peut plus légitime. Cependant, idéologie, le tiers-mondisme est surtout une utopie. Ses défenseurs ont souvent tendance à considérer le tiers monde comme les marxistes considèrent le prolétariat, c'est-à-dire comme une sorte de Christ collectif dont la résurrection entraînera la régénération de toute l'espèce humaine.

Or, pas plus que le prolétariat, le tiers monde n'existe. Il s'agit en effet d'une notion occidentale imposée de force à une réalité beaucoup plus complexe et diverse. Il n'y a pas, en fait, d'unité possible pour des peuples que tout sépare : culture, situation géographique, régime politique, et même niveau de développement. Quoi de commun par exemple entre le Mexique et l'Ethiopie ou entre le Brésil et le Bangladesh ? Quoi de commun entre des nations engagées sur la voie d'une industrialisation rapide et sauvage et des pays s'enfonçant chaque jour davantage dans un marasme économique et humain dont rien ne semble pouvoir les tirer ?

De plus, pas plus que le prolétariat introuvable des nations occidentales, le tiers monde semble n'être sur la voie de la révolution. Les tiers-mondistes espéraient que le tiers monde allait acquérir, dans la foulée de la décolonisation, son indépendance économique et politique. Or, sur aucun de ces deux plans, la révolution n'a eu lieu. Il faut conclure à l'échec économique autant que politique.

La question du développement économique

Les théories économiques du sous-développement sont nombreuses et diverses mais, en général, elles se ramènent à deux thèses opposées.

Selon la première, la situation du tiers monde serait à interpréter comme un simple retard par rapport aux nations industrialisées. Dans cette perspective, le développement consisterait en un cheminement obligé dont il s'agirait de suivre l'une après l'autre les étapes imposées. Il faudrait donc, pour les pays du tiers monde, s'engager, après l'Occident, sur la voie de l'industrialisation et, forts de leurs ressources encore inexploitées, combler progressivement leur retard.

A cette première thèse s'opposent les économistes qui définissent le sous-développement non pas comme un simple retard mais comme une conséquence néfaste du développement lui-même. La juxtaposition d'économies extrêmement avancées et d'autres, des plus archaïques, aurait produit au sein de ces dernières toute une série de déséquilibres qui expliqueraient la situation catastrophique qui est aujourd'hui la leur. Les structures traditionnelles auraient éclaté sans pour autant que des structures modernes soient mises en place. Les secteurs produisant pour l'exportation se développeraient à part d'une économie d'ensemble qui, elle, resterait inexorablement en rade.

Le sous-développement apparaît donc moins comme l'antithèse du développement que comme sa face d'ombre, le revers de la médaille, en quelque sorte.

Quelle est la situation économique actuelle du tiers monde ? Il est difficile de dresser un constat global tant les situations sont différentes qui ont obligé les analystes à distinguer, les uns des autres, les pays. Certains en effet tels que l'Arabie Saoudite, forts de leur richesses naturelles, connaissent une situation florissante. D'autres, les Nouveaux Pays Industrialisés — Corée du Sud, Taïwan... — sont engagés dans un processus de croissance très rapide qui fait d'eux de sérieux concurrents pour les pays développés. Les derniers, enfin, — pudiquement ou hypocritement nommés les Pays les Moins Avancés — sont sur la voie moins du développement que d'un sous-développement chaque jour plus dramatique.

D'une manière globale, cependant, et mises à part quelques exceptions brillantes, il faut conclure à une véritable catastrophe économique et humaine. Les causes, là encore, en sont multiples. La principale est sans doute à chercher dans la continuelle croissance démographique qui, plus rapide que la croissance économique, tire vers le bas le niveau de vie des individus, et ceci tout particulièrement en Afrique noire. A cela vient s'ajouter la dégradation des termes de l'échange qui entraîne une baisse du pouvoir d'achat des produits exportés par le tiers monde par rapport aux produits manufacturés des pays occidentaux. Il faut savoir en effet qu'au cours de la décennie 80 les cours des matières premières produites dans les pays sous-développés n'ont cessé de baisser et quelquefois de manière importante. Le problème le plus spectaculaire reste cependant celui de la dette contractée par les nations du tiers monde qui ont emprunté aux pays riches et sont maintenant dans l'impossibilité de rembourser ou même de payer les intérêts. Du coup, depuis 1983, les pays du tiers monde versent plus d'argent aux pays développés qu'ils n'en reçoivent d'eux.

Une spirale néfaste s'est mise en place, dont on saisit mal à l'heure actuelle comment il serait possible de sortir.

Le tiers monde sur la scène internationale

Pas plus qu'au plan économique, le tiers monde n'a réussi au plan politique à acquérir une place sur la scène internationale en rapport avec son poids démographique et géographique.

Pourtant, là aussi, les espoirs avaient été grands, les ambitions considérables. On peut les faire remonter, au moins, à l'historique conférence de Bandoung qui, en avril 1955, réunit en Indonésie les représentants de 29 nations du tiers monde qui, d'une seule voix, dénoncèrent le colonialisme. Là s'est ébauché le rêve du non-alignement. Il s'agissait d'expérimenter une manière de faire de la politique qui romprait simultanément avec la logique de chacune des super-puissances, de chacun des blocs, et qui permettrait aux anciennes nations opprimées, enfin unifiées, de faire rentrer l'humanité tout entière dans un âge d'équité, de paix et de progrès.

Les rivalités entre les principaux leaders du mouvement, les tensions et les divergences idéologiques, les réalités géopolitiques enfin, vont vite se charger de faire voler en éclats cette utopie. Déchiré entre le souci de neutralité de certains et la volonté manifestée par d'autres de s'en servir comme d'une arme dans la lutte contre l'impérialisme américain, le non-alignement est devenu sa propre parodie. Mouvement divisé, reflet d'un tiers monde impuissant.

Charité et fanatisme

L'échec politique rejoint donc l'échec économique. Cependant, la question « tiers monde » demeure. Et les réponses que le monde moderne semble prêt à y apporter apparaissent soit comme inadaptées soit comme particulièrement dangereuses.

En Occident, le tiers-mondisme renaît sous une forme des plus discutables. Ayant changé de nature, il n'est plus l'espoir de l'avènement d'une société plus juste mais le sentiment de l'urgence qu'il y a à apporter une aide aux pays les plus menacés. Intellectuels, industriels, vedettes de la chanson ou du cinéma rivalisent de générosité pour mobiliser des fonds en faveur de l'Ethiopie ou d'une autre nation en péril. La charité a succédé à la révolution comme le rock a succédé au marxisme. A l'image de ces bourgeois du XIXe siècle qui portaient secours aux miséreux et aux prolétaires, les Occidentaux, se refusant à apporter une vraie solution politique au problème de la pauvreté, se donnent bonne conscience comme ils le peuvent.

Quant aux pays du tiers monde eux-mêmes, ils cherchent bien souvent dans le fanatisme religieux, non pas la solution, mais l'oubli de leurs problèmes.

Le tiers monde en quelques chiffres

Produit national brut par habitant (en 1988)
Etats-Unis : 19 780 $
Brésil : 2 280 $
Kénya : 360 $
Bangladesh : 140 $

Consommation d'énergie par habitant en kilogrammes d'équivalent charbon (en 1987)
Etats-Unis : 9 542
Brésil : 767
Kénya : 102
Bangladesh : 64

Taux d'alphabétisation des adultes (en 1982)
Etats-Unis : 99 %
Brésil : 75 %
Kénya : 47 %
Bangladesh : 25 %

Taux de mortalité infantile (en 1982)
Etats-Unis : 1,1 %
Brésil : 7,3 %
Kénya : 7,7 %
Bangladesh : 13,3 %

REPÈRES

Collectif, *Pauvreté, progrès et développement*, L'Harmattan/Unesco, 1990.

E. Jouve (sous la direction de), *Pour un nouvel ordre mondial*, Berger-Levrault, 1985.

Edem Kodjo, *L'Occident, du déclin au défi*, Stock, 1985.

Willy Brandt (sous la direction de), *Nord-Sud : un programme de survie*, (Idées), Gallimard, 1981.

Totalitarisme

On qualifie de « totalitaire » tout système politique qui impose à la société dans son ensemble et aux individus qui la composent la toute-puissance d'un Etat et d'une idéologie.

Le totalitarisme est sans conteste le phénomène politique majeur du XXe siècle : avec l'Allemagne nazie et la Russie stalinienne, il a donné son visage effrayant à notre temps. Il convient cependant de manier avec prudence un terme au contenu quelquefois incertain et dont le langage politique abuse aujourd'hui : par lui, et au prix des amalgames les plus discutables, l'Occident s'invente souvent un commode et facile repoussoir.

L'Empire du Mal

Le mot de « totalitarisme » est de ceux qui ne connaissent pas d'autre définition que péjorative. Apparu dans les années 30, il servit, pour les défenseurs du libéralisme, à désigner d'abord le système fasciste en Italie, puis l'Allemagne nazie et enfin l'Union soviétique de Staline. Ces trois régimes étaient présentés par les analystes comme partageant les mêmes traits caractéristiques : purs produits du XXe siècle, ils constituaient la forme moderne d'un despotisme qui, par la propagande, l'idéologie, l'embrigadement et la terreur, soumettait la société dans son ensemble à la loi d'un parti unique. *« Tout dans l'Etat, rien contre l'Etat, rien en dehors de l'Etat »*, déclarait, en une formule célèbre, Mussolini. L'individu se doit d'être soumis au groupe, car il ne tire sa valeur que de la participation à celui-ci. Toutes les forces nationales — politiques, économiques, professionnelles ou culturelles — se retrouvent du coup au service d'un Etat en lequel elles se perdent.

Le terme est cependant susceptible moins d'une définition scientifique que d'une utilisation polémique. Dans le vocabulaire politique moderne, il sert à désigner le Mal absolu, celui à rebours duquel les systèmes démocratiques eux-mêmes cherchent à se définir. Pour les intellectuels, il est ce concept obligé par lequel, pour dire notre temps, la science politique se doit d'oublier son habituelle prudence pour consentir aux jugements de valeur qui ont été l'ambition de toute la pensée politique classique. Pour les hommes politiques occidentaux, il est ce terme commode par lequel, en jetant l'opprobre sur les systèmes adverses, on redore à bon compte le blason de la démocratie. Ainsi Ronald Reagan qui, confondant la réalité avec quelque film de science-fiction, qualifiait avant le temps de la perestroïka l'Union soviétique d'« Empire du Mal », croyant peut-être du coup que l'opinion internationale allait d'elle-même associer les Etats-Unis aux forces du Bien.

Nazisme et stalinisme

Quelles que soient les utilisations polémiques discutables auxquelles il prête, le terme de « totalitarisme » a cependant ce mérite énorme de désigner ce qui fut sans doute la réalité historique essentielle de notre temps. Des camps de concentration hitlériens aux goulags staliniens, un nouveau système de servitude s'est imposé à notre monde. Ce seul constat doit être à la base de toute réflexion authentique sur la réalité historique dont nous sommes les contemporains.

Nécessaire, ce constat est cependant loin d'être suffisant à l'intelligence véritable de ce phénomène complexe qu'est le totalitarisme. Evidence historique, le totalitarisme reste largement une énigme théorique.

La raison en est d'abord que personne n'est en mesure véritablement d'en dessiner les limites. Chacun s'accordera, certes, à définir l'Allemagne nazie comme un système totalitaire : le fanatisme absolu d'un peuple, sa quasi-unanimité dans le crime, la soumission aveugle à un chef charismatique, l'encadrement de la société tout entière suffisent à justifier une hypothèse dont la validité n'est que trop flagrante pour quiconque a le courage de se mesurer au spectacle du génocide juif.

La plupart des analystes accepteront de faire un pas supplémentaire en définissant également comme totalitaire le régime soviétique. Et il est vrai qu'avec ses purges, ses procès et ses déportations, le stalinisme fait au nazisme une redoutable concurrence dans l'ordre de l'horreur. Cela est-il suffisant pour poser la simple et définitive équation nazisme = communisme ? Aux yeux de la plupart des théoriciens libéraux, la réponse à cette question est positive. Dans son célèbre ouvrage, *Le Système totalitaire,* Hannah Arendt, constatant le recours commun en Allemagne comme dans la Russie stalinienne à la terreur de masse, définit ces deux systèmes — et eux exclusivement — comme totalitaires. Plus mesurée, la thèse que développe Raymond Aron dans *Démocratie et totalitarisme* est également plus convaincante. Le philosophe français n'hésite pas un instant à définir comme totalitaire le système soviétique. Il découvre, en effet, à l'œuvre en lui un parti qui, jouissant du monopole de l'activité politique, s'arroge, au nom d'une idéologie, le monopole des moyens de force et celui des moyens de persuasion, prenant sous son contrôle l'ensemble des activités économiques et professionnelles et imposant la terreur policière à la société tout entière. Raymond Aron se refuse cependant à confondre purement et simplement nazisme et communisme. Il s'en explique ainsi :

> **« ... entre ces deux phénomènes, la différence est essentielle, quelles que soient les similitudes. La différence est essentielle à cause de l'idée qui anime l'une et l'autre entreprise; dans un cas, l'aboutissement est le camp de travail, dans l'autre, la chambre à gaz. Dans un cas est à l'œuvre une volonté de construire un régime nouveau et peut-être un autre homme, par n'importe quels moyens; dans l'autre cas, une volonté proprement démoniaque de destruction d'une pseudo-race.**

Si j'avais à résumer le sens de chacune de ces deux entreprises, voici, je crois, les formules que je suggérerais : à propos de l'entreprise soviétique, je rappellerais la formule banale : « qui veut faire l'ange fait la bête » ; à propos de l'entreprise hitlérienne, je dirais : l'homme aurait tort de se donner pour but de ressembler à une bête de proie, il y réussit trop bien. »

La pratique de l'amalgame

Moins prudents ou moins honnêtes, certains théoriciens du libéralisme n'auront souvent aucun scrupule à pratiquer l'amalgame et à agiter, derrière toute critique des limites du système occidental actuel, le spectre des camps de concentration et de la police politique. Le totalitarisme devient alors un concept aussi incertain que pratique pour la bonne conscience occidentale. On peut en faire surgir partout la menace et en découvrir le germe aussi bien dans *La République* de Platon que dans *Du Contrat social* de Jean-Jacques Rousseau. On peut s'amuser à exhumer toutes les filiations secrètes et à démontrer que la Révolution française, par exemple, est le lieu de naissance de tous les totalitarismes. Toute volonté de transformer en profondeur la société se trouve du coup condamnée. Une équation aussi impressionnante que peu convaincante est mise en place, qui vise à nous faire tenir pour équivalents ou du moins complices et Rousseau et Marx, et Robespierre et Staline, et Hitler et Lénine. La grande chaîne de la tyrannie est ainsi déroulée, selon laquelle : nazisme = stalinisme = communisme = jacobinisme. Outre que chacune de ces égalités est en soi discutable, rien ne prouve qu'en histoire les propriétés de la transitivité soient respectées. Si Staline, en effet, est en germe dans Lénine et Lénine dans Robespierre, si 1917 ne s'explique que par 1793 et 1793 par 1789, faut-il voir dans la Déclaration des droits de l'homme la première pierre posée de l'édifice du goulag ? On frise l'absurde.

Et Jean-Pierre Faye a raison d'écrire dans son *Dictionnaire politique portatif en cinq mots :*

> **« Il est maintenant de mode, à Paris, dans ce qui a été abusivement désigné comme la "nouvelle" philosophie, d'assurer que l'idéologie nazie découle de la Révolution française... Cette assurance péremptoire nous vient de ceux qui ont pratiqué, juste avant, la redondance "révolutionnaire", au nom de ce qu'ils nommaient, de façon également acritique, le marxisme-léninisme. Mais si le fascisme mussolinien se proclame "révolution fasciste" et si l'hitlérisme après lui se désigne comme "révolution national-socialiste", c'est en ne retenant de la Révolution française que la Terreur — et en excluant ce qui en fait précisément une révolution. »**

Etendu jusqu'aux extrêmes limites de lui-même, désignant tout projet politique d'envergure, le concept de totalitarisme se trouve du coup vidé de toute signification. Il n'a plus d'autre utilité que de servir les plus discutables des amalgames.

Alexandre Zinoviev : la réalité du communisme

Mathématicien, philosophe et romancier, Alexandre Zinoviev, non sans provocation, se situe délibérément à rebours de toutes les interprétations habituelles du communisme et du totalitarisme.

« *L'idée dominante,* écrit-il, *que l'on se fait du communisme à travers le monde est celle d'une invention de malfaiteurs (ou de génies), introduite de l'extérieur et imposée par le mensonge et la force.* » Les soviétologues occidentaux, dans le confort de leurs bibliothèques et de leurs universités, considèrent le communisme comme une gigantesque erreur qui ne saurait être que passagère et prédisent, de manière aussi vaine que répétitive, l'écroulement prochain du système : asservi, le peuple russe va secouer ses chaînes et renverser un pouvoir qui ne se maintient que par le mensonge idéologique et la répression policière; colosse fragile, le communisme est condamné à disparaître et de ses ruines, naîtra une humanité réconciliée dans le respect de la démocratie.

Rien de plus naïf et de plus criminel que cette conception simpliste du communisme, affirme Zinoviev : et rien, pas même la perestroïka, ne justifie que l'on s'y rallie. Le communisme n'est pas l'exception aberrante d'un système sain dont la règle serait la liberté et la démocratie. Malgré tous les discours lénifiants de la bonne conscience occidentale, c'est l'inverse qui est vrai :

c'est la liberté qui est l'exception fragile dans un système dont la règle rigide est celle de la servitude :

> **« Le communisme n'est pas une invention de malfaiteurs, un défi au bon sens et à la nature de l'homme, comme le supposent ses adversaires, il est au contraire un phénomène naturel dans l'histoire de l'humanité et découle pleinement de la nature de l'homme dont il est le reflet. Né de cet irrésistible appétit de survie qui habite dans chacune de ces créatures bipèdes appelée homme, de son désir d'adaptation parmi la foule de ses semblables et de son besoin de sécurité, il est le fruit de ce que j'appellerai l'*esprit communautaire.* Ce sont justement les moyens mis en place pour faire écran à cet esprit communautaire (autrement dit la civilisation), tels que le droit, la morale, la publicité, la religion, l'humanisme et tous les moyens qui, dans une certaine mesure, visent à protéger l'homme de ses voisins et à le défendre contre le pouvoir du groupe, qui font figure d'inventions et de fables. »**

Le communisme n'est donc pas un accident de l'histoire mais la traduction la plus stable, la plus profonde, mais aussi la plus néfaste des composantes de la nature humaine : ce que Zinoviev nomme le « communautarisme » et qui n'est rien d'autre que cette force d'inertie qui pousse les individus et les groupes à rechercher la satisfaction la plus immédiate au prix du moindre effort, à instaurer dans chaque cellule sociale des relations de servitude, de dépendance, d'incurie et de violence.

Il est donc vain d'espérer la fin du communisme car il est le régime le plus « naturel » qui soit, celui qui, enserrant l'individu dans la collectivité, lui permet de traduire dans la vie sociale ses instincts les plus vils mais aussi les mieux enracinés en lui. Ainsi, l'avertissement que Zinoviev, avec urgence, nous adresse est le suivant. Le communautarisme n'est rien d'autre que la pente la plus profonde de notre nature et, déboulant à leur tour cette pente, les pays occidentaux pourraient bien en être les prochaines victimes.

REPÈRES

Hannah Arendt, *Le Système totalitaire,* (Points Politique) Seuil, 1951.

Raymond Aron, *Démocratie et totalitarisme,* (Folio Essais) Gallimard, 1965.

Jean-Pierre Faye, *Dictionnaire politique portatif en cinq mots,* (Idées) Gallimard, 1982.

Alexandre Zinoviev, *Le Communisme comme réalité,* (Biblio), Livre de Poche, 1981.

► **Etat, Politique.**

Utopie

L'Utopie *est un texte littéraire dans lequel l'auteur construit de toutes pièces un monde imaginaire dans lequel régnerait la perfection et la félicité.*

La fonction de l'utopie est double : elle est à la fois formulation d'un idéal et expression d'une critique : en décrivant ce qui devrait être, on dénonce ce qui est. Quant à l'histoire de l'utopie, elle peut être largement décrite comme passage de la fonction normative de l'utopie à la fonction critique de celle-ci.

L'Utopie de Thomas More

Le terme d'« utopie » a été forgé par l'humaniste anglais Thomas More (1478-1535) pour servir de titre à son principal ouvrage publié en 1516. L'étymologie même de ce néologisme constitue la plus parfaite des définitions de celui-ci. Forgé par More à partir du grec *ou* = « non », le mot de forme latine *utopia* signifie en effet « nulle part ». Et c'est bien dans un pays de nulle part, une contrée impossible que More nous entraîne dans son livre : société qui, miraculeusement préservée du temps, à l'abri dans un espace hors de l'espace ordinaire, aurait su résoudre tous les problèmes qui se posent à l'humanité, inaugurant un règne de bonheur, de paix et de justice pour tous ses membres.

Derrière la fiction, et ainsi que l'indique le sous-titre de l'ouvrage, More nous invite en fait à découvrir un « traité de la meilleure forme de gouvernement ». En cela, et quelles que soient les différences qui le séparent de son presigieux modèle, More met clairement ses pas dans ceux de Platon qui, dans *La République,* mettait en place le plan d'une communauté où, sous le règne des philosophes, triompherait enfin la Justice. Sur la nature exacte du modèle que bâtit More, les commentateurs sont loin de s'accorder. Certains, soulignant la dimension communautaire de l'Utopie de More, veulent faire de lui, au prix d'un anachronisme évident, l'un des plus lointains précurseurs de la pensée socialiste. D'autres dénoncent encore dans sa Cité idéale l'une des premières formes de totalitarisme ou, à l'inverse, présentent son texte comme étant exclusivement une critique, à peine masquée, du régime anglais dont il était le contemporain.

Toujours est-il que, quelle que soit la signification de son œuvre, More a inventé avec *L'Utopie* un genre littéraire des plus séduisants et dont la postérité sera riche et abondante.

La fonction de l'utopie

De Platon aux modernes en passant par More, la fonction de l'utopie est double : elle est à la fois formulation d'un idéal et expression d'une critique.

La première de ces fonctions est la principale et la plus apparente : c'est par elle que l'utopie véritablement se définit. Se laissant aller au gré de sa fantaisie ou tout au contraire s'imposant la plus grande rigueur à lui-même, l'utopiste invente un monde à part à travers lequel il exprime sa propre conception de l'idéal politique, moral, religieux ou social. L'utopie, du coup, est un monde clos et en dehors du temps : dans l'espace préservé d'une île, d'une ville ou d'une demeure règne pour toujours l'ordre de la perfection. Selon les époques et les sensibilités, le visage de cette perfection peut varier : l'ordre désiré sera celui de la hiérarchie ou de l'égalité, de la discipline ou de la liberté, de la frugalité ou de l'abondance. Mais toujours l'utopie se voudra synonyme d'idéal.

L'utopie, cependant — et c'est là sa seconde fonction — est porteuse d'un autre message, plus secret mais tout aussi important. On ne rêve de l'ailleurs que pour être déçu de l'endroit où l'on est. L'utopie — de manière chiffrée — est donc dénonciation et critique de la réalité et très souvent on peut lire en elle, comme en creux, le refus, qu'y manifeste l'auteur, du monde dans lequel il vit : chacune des vertus de l'utopie est comme le reflet inversé des vices de la société. Cela était déjà vrai pour l'œuvre de More et le restera pour celles de ses principaux successeurs. L'utopie n'est pas un simple rêve à l'improbable réalisation : elle est l'arme par laquelle, sous le masque de l'invention gratuite, un homme dénonce les travers de son temps.

L'utopie : de l'eu-topie à la dys-topie

Chaque utopie se trouve donc en équilibre entre ces deux pôles : la formulation d'un idéal; l'expression d'une critique. Mais le lieu de cet équilibre est tellement variable qu'il est légitime de distinguer deux formes presque opposées de l'utopie.

Lorsque la dimension normative et positive l'emporte largement sur la dimension critique, on parlera d'eu-topie (le préfixe « eu- » signifiant en grec « bien »). L'utopie est alors essentiellement le rêve d'un nouvel âge d'or et c'est seulement de manière seconde qu'on peut interpréter celui-ci comme la dénonciation d'une réalité existante.

Lorsque, à l'inverse, l'ailleurs que l'on invente n'a d'autre fonction que de révéler avec violence les vices du temps présent, on parlera de dys-topie, empruntant à la langue grecque le préfixe inverse. Le rêve alors se fait cauchemar : l'univers créé accuse en lui les traits les plus négatifs de notre propre monde comme pour nous obliger à en prendre conscience.

Dans une large mesure, et au prix d'une inévitable simplification, si l'on devait résumer l'histoire de l'utopie, sans doute faudrait-il envisager celle-ci comme le passage de l'eu-topie à la dys-topie. Eu-topies, en effet, les utopies d'hier : celles de More, de Campanella, de Fourier ou d'Owen. Dys-topies à l'inverse, les utopies du XXe siècle telles *Le Meilleur des mondes* d'Aldous Huxley ou *1984* de George Orwell. Empruntant le langage de la science-fiction, les auteurs y décrivent une société monstrueuse où, sous le règne de la technique et de l'idéologie, l'individualité se trouve purement et simplement niée.

Au XXe siècle, l'utopie ne se situe pas dans un ailleurs inaccessible mais dans un futur si proche qu'il semble presque déjà notre présent. Elle n'est plus l'expression de nos désirs mais celle de nos angoisses.

REPÈRES

E.M. Cioran, *Histoire et utopie,* (Idées) Gallimard, 1960.

Gilles Lapouge, *Utopie et civilisations,* (Champs) Flammmarion, 1978.

Thomas More, *L'Utopie,* G.F., 1516.

Index des écrivains, philosophes, hommes d'Etat, artistes, savants, cités dans cet ouvrage

Au catalogue Marabout

Formation Parascolaire

Parascolaire/Formation permanente

Astronomie (L'), Von der Weid J.N. ... FL 0043 [07]

Bouddhisme (Le), Santoni E. [mars] ... FL 0037 [07]

100 chefs-d'œuvre à la loupe, Borile G. ... MS 0765 [14]

100 clés du succès aux examens et concours (Les), Guédon J.F. & Gourmelin M.J. ... GM 0096 [07]

100 dictées pièges, Franlain ... MS 0096 [07]

100 grandes citations expliquées, Désalmand P. & Forest Ph. ... MS 0089 [07]

100 grandes citations littéraires expliquées, Désalmand P. & Forest Ph. ... MS 0103 [12]

100 grandes citations politiques expliquées, Désalmand P. & Forest Ph. ... MS 0073 [14]

100 grandes phrases historiques expliquées, Désalmand P. & Forest Ph. ... MS 0098 [12]

100 livres en un seul, Coremans J.F. & Arnould M. ... MS 0087 [09]

50 grandes citations philosophiques expliquées, Amiel A. ... MS 0099 [09]

50 modèles de commentaires composés, Anglard V. [mars] ... MS 0050 [N]

50 modèles de dissertations, Amancy N. & Ventura Th. [mars] ... MS 0053 [N]

50 modèles de résumés de textes, Clerc G. [mars] ... MS 0051 [N]

50 mots clés de la culture générale, Forest Ph. ... MS 0097 [12]

Comment acquérir une super-orthographe, Weil M. [juin] ... GM 0138 [N]

Devenir Champion d'Excel sur PC, Vuylsteke J.P. ... MS 0120 [09]

Devenir Champion de d-Base III, Mesters J.P. ... MS 0107 [09]

Devenir Champion de Logo +, Grigorieff V. ... MS 0106 [07]

Devenir Champion de MS-DOS, Virga ... MS 0112 [09]

Devenir Champion de Multiplan, Mesters J.P. ... MS 0113 [07]

Devenir Champion de programmation structurée et de GW Basic T.1, Laurent L. ... MS 0111 [14]

Devenir Champion de programmation structurée et de GW Basic T.2, Laurent L. ... MS 0115 [14]

Devenir Champion de Turbo Pascal, Rousselet M. ... MS 0114 [09]

Devenir Champion de VP Planner, Laloux D. ... MS 0108 [07]

Devenir Champion de Word 3 sur PC, Mesters J.P. ... MS 0105 [07]

Devenir Champion des fonctions mathématiques et financières, Gille Ph. ... MS 0116 [13]

Ecrivains du XIXe siècle, Gazier M. ... FL 0012 [07]

Formules de chimie, Von der Weid J.N. ... FL 0011 [07]

Formules de mathématiques, Von der Weid J.N. ... FL 0010 [07]
Formules de physique, Von der Weid J.N. ... FL 0007 [07]
Grandes puissances (Les), Vallaud P. ... FL 0008 [07]
Guide alphabétique des difficultés du français, Bénac H. ... MS 0081 [07]
Guide d'orthographe, Bled E. & Bénac H. ... MS 0084 [06]
Guide de calcul, Caparros G. ... MS 0082 [06]
Initiation à la philosophie, Aubral F. ... FL 0019 [07]
Initiation à l'économie, Colonna d'Istria R. ... FL 0002 [07]
Islam (L'), Santoni E. ... FL 0020 [07]
Judaïsme (Le), Santoni E. [fév.] ... FL 0038 [07]
Lecture rapide (La), Richaudeau F. ... MS 0102 [07]
Méthode Super-learning (La), Maier Ch. ... MS 0052 [09]
1000 citations pour réussir, Uyttenhove L. ... MS 0071 [07]
1000 citations à retrouver, Play Bac [fév.] ... MS 1533 [N]
1000 questions d'anglais, Play Bac [fév.] ... MS 1530 [N]
1000 questions d'histoire, Play Bac [avr.] ... MS 1537 [N]
1000 questions de géographie, Play Bac [avr.] ... MS 1536 [N]
1000 questions de philo, Play Bac [fév.] ... MS 1531 [N]
1000 questions pièges en français, Play Bac [fév.] ... MS 1532 [N]
1000 questions sur les écrivains, Play Bac [mars] ... MS 1534 [N]
1000 questions sur les œuvres, Play Bac [mars] ... MS 1535 [N]
Musiciens du XIXe siècle (Les), Von der Weid J.N. ... FL 0021 [07]
Mythologie (La), Hamilton E. ... MU 0020 [09]
Mythologies du monde entier (Les), Grigorieff V. ... MU 0470 [09]
Orthographe maîtrisée (L'), Jouette A. ... MS 0070 [07]
Panorama de la littérature française, Masson N. ... MS 0101 [12]
Philo de base, Grigorieff V. ... MS 0056 [07]
Philosophes (Les), Aubral F. ... FL 0018 [07]
Philosophie (La), Chatelet F.
T.1: de Platon à saint Thomas ... MU 0311 [09]
T.2: de Galilée à J.J. Rousseau ... MU 0312 [09]
T.3: de Kant à Husserl ... MU 0313 [09]
T.4: au XXème siècle ... MU 0314 [09]
Pièges du français actuel (Les), Jouette A. [fév.] ... MS 0125 [N]
Poésie française des origines à 1940 (La), Seghers P. ... MU 0003 [09]
Précis de mythologie, Arnaud M. ... FL 0033 [07]
Règles d'or de la lecture rapide (Les), Gourmelin M.J. ... GM 0077 [07]
Religions (Les), Santoni E. ... FL 0001 [07]
Religions du monde entier (Les), Grigorieff V. ... MU 0491 [13]
Romanciers du XXème siècle (Les), Lepape P. ... FL 0013 [07]
Termes philosophiques (Les), Aubral F. ... FL 0017 [07]
Tester et enrichir son vocabulaire, Désalmand P. ... MS 0104 [09]
Tester et enrichir sa culture générale, Dansel M. [mai] ... MS 0126 [N]
Tester et enrichir sa mémoire, Dansel M. [mai] ... MS 0128 [N]
300 questions tests de culture générale, Biélande P. ... MS 1481 [09]
300 questions tests sur la CEE et les organismes internationaux, Rousselet M. & Chatagner F. ... MS 1484 [09]
300 questions tests sur la géographie générale, Fleury P. ... MS 1485 [09]
300 questions tests sur la littérature française, Wright M. ... MS 1486 [12]
300 questions tests sur l'économie et les finances, Biélande P. ... MS 1480 [09]
300 questions tests sur l'histoire de France T.1, Grigorieff N. ... MS 1482 [09]

300 questions tests sur l'histoire de France T.2,
Grigorieff N. .... MS 1487 [09]
300 questions tests sur l'histoire de France T.3,
Grigorieff N .... MS 1489 [09]
300 questions tests sur l'histoire de France T.4,
Grigorieff N. [fév.] .... MS 1495 [N]
300 questions tests sur l'homme et son environnement,
Denis B. .... MS 1492 [12]
300 questions tests sur le cinéma, Lefebvre P. .... MS 1491 [09]
300 questions tests sur les découvertes et les inventions,
Gille Ph. .... MS 1483 [09]
300 questions tests sur les grands hommes du XXe siècle,
Biélande P. .... MS 1490 [12]
300 questions tests sur les Jeux Olympiques d'hiver,
Grigorieff N. .... MS 1493 [09]
25 grands romans résumés et commentés, Conio G. .... MS 0100 [12]

Vie professionnelle

Avez-vous la tête de l'emploi, Azzopardi G. .... MS 0266 [06]
Comment prendre des notes vite et bien,
Le Bras F. [mars] .... GM 0135 [N]
Guide des commerçants et artisans, Ziwié W.F. .... MS 0260 [13]
Journalisme (Le), Loiseau Y. .... FL 0040 [07]
Management (Le), Hubel A. .... FL 0048 [07]
Règles d'or du curriculum vitae (Les), Huguet C. .... MS 0268 [06]
Réussir les tests d'entreprise, Azzopardi G. .... MS 0269 [04]
Réussir un entretien d'embauche, Bernardini A. .... MS 0270 [07]
Un job sur mesure, Cadart N. .... MS 0799 [07]
Vendre ça s'apprend, Posno P. .... GM 0024 [06]

Langues

Anglais courant (L'), Olorenshaw R. & Rogers P. [avr.] ..... MS 0063 [N]
5.000 mots d'allemand (Collins) .... MS 0066 [07]
5.000 mots d'anglais (Collins) .... MS 0067 [07]
5.000 mots d'espagnol (Collins) .... MS 0068 [07]
5.000 mots d'italien (Collins) .... MS 0069 [07]
Courrier des affaires en anglais (Le), Olorenshaw R., Rogers P.,
Laughton S. .... MS 0088 [09]
Grammaire facile de l'allemand (La), Schumacher N. ..... MS 0060 [06]
Grammaire facile de l'anglais (La),
Cupers J.L. & Loriaux Ch. .... MS 0058 [06]
Je parle allemand, Barreau A. .... FL 0006 [07]
Je parle anglais, Perin M.M. .... FL 0005 [07]
Je parle espagnol, Barreau A. .... FL 0009 [07]
Je parle italien, Noah de Angelis P. .... FL 0029 [07]
Manuel de conversation en allemand, Barreau A. .... FL 0032 [07]
Manuel de conversation en anglais, Perin M.M. .... FL 0036 [07]

Manuel de conversation en anglais, Perin M.M. .... FL 0036 [07]
Pièges de l'anglais (Les), Rogers P. & Olorenshaw R. ..... MS 0062 [06]
15 minutes par jour pour apprendre l'allemand,
Van Ceulebrœk N. .... GM 0010 [09]
15 minutes par jour pour apprendre l'allemand
(livre + cassette audio) .... GM 1010 [16]
15 minutes par jour pour apprendre l'anglais,
Van Wesenbeeck E. .... GM 0001 [07]
15 minutes par jour pour apprendre l'anglais
(livre + cassette audio) .... GM 1001 [16]
15 minutes par jour pour apprendre l'espagnol,
Blasquez M., Giltaire A.-C., Marquant H. .... GM 0040 [09]
15 minutes par jour pour apprendre l'espagnol
(livre + cassette audio) .... GM 1040 [16]
15 minutes par jour pour apprendre l'italien,
Lebouc G. .... GM 0114 [09]
15 minutes par jour pour apprendre l'italien,
(livre + cassette audio) .... GM 1140 [16]
15 minutes par jour pour apprendre le néerlandais,
Visser C. .... GM 0066 [06]
15 minutes par jour pour apprendre le néerlandais,
(livre + cassette) .... GM 1066 [16]

Dictionnaires

Dictionnaire anglais/français des affaires,
Perin M.M. .... FL 0015 [07]
Dictionnaire Collins français/allemand .... MS 0251 [09]
Dictionnaire Collins français/anglais .... MS 0252 [09]
Dictionnaire Collins français/espagnol .... MS 0253 [09]
Dictionnaire Collins français/italien .... MS 0254 [09]
Dictionnaire d'orthographe, Bled E. .... MS 0086 [06]
Dictionnaire anglais-français/ français-anglais,
Perin M.M. .... FL 0027 [07]
Dictionnaire de la mythologie, Grant M. & Hazel J. .... MS 0233 [07]
Dictionnaire des citations, Petit K. .... MS 0230 [09]
Dictionnaire des synonymes, Younes G. .... MS 0235 [09]
Dictionnaire des termes de la sociologie, Hermans A. ..... FL 0046 [07]
Dictionnaire des termes économiques, Ménard M. .... FL 0024 [07]
Dictionnaire des termes juridiques, Colonna d'Istria P. .... FL 0025 [07]
Dictionnaire des termes scientifiques, Von der Weid J.N. . FL 0026 [07]
Dictionnaire du christianisme, Mathieu-Rosay J. .... MU 0493 [09]
Dictionnaire étymologique, Mathieu-Rosay J. .... MS 0240 [12]

Performance

Psychologie

Psychologie et personnalité

ABC de la parole facile, Bower S.A. .... GM 0128 [06]
Analyse transactionnelle (L'), De Lassus R. .... MS 0035 [09]
Art d'engager la conversation et de se faire des amis (L'),
Gabor D. .... GM 0104 [06]
Communication efficace par la PNL (La),
De Lassus R. [mai] .... MS 0010 [N]
Connaissez-vous par votre écriture, Uyttenhove L. .... GM 0052 [07]
Développez votre créativité, Bacus A. & Romain Ch. ...... MS 0043 [07]
Développez votre intelligence, Azzopardi G. .... MS 0024 [09]
Du bon usage du nouvel âge, Demornex J. .... S 2000 [06]
Etrangers intimes (Des), Rubin L. .... MS 0034 [07]
Expression orale (L'), Colonna d'Istria R. .... FL 0039 [07]
Femmes qu'ils aiment, les femmes qu'ils quittent (Les),
Dr C. Cowan & Dr M. Kinder .... MS 0033 [07]
Force de l'esprit (La), Groupe Diagram .... MS 2001 [12]
Il (ou elle) boit, que faire? Pacout N. .... MS 0030 [07]
Langage des gestes (Le), Pacout N. .... GM 0124 [07]
Méthode Coué (La), ... MS 0028 [07]
Oser être soi-même, De Lassus R. [fév.] .... MS 2002 [N]
Parler en public, Pacout N. .... GM 0095 [07]
Partez gagnant, Hopkins T. [mars] .... MS 2003 [N]
Qui êtes-vous? Groupe Diagram .... MS 0005 [12]
Qui étiez-vous? Groupe Diagram .... MS 0006 [12]
Relaxation (La), Césari C. .... FL 0055 [07]
Se faire des amis, Wasmer A. [avr.] .... MS 2005 [N]

Tests

IMPRESSION : BUSSIÈRE S.A., SAINT-AMAND (CHER). — N° 1494
D. L. MAI 1992/0099/172
ISBN 2-501-01381-6
Imprimé en France